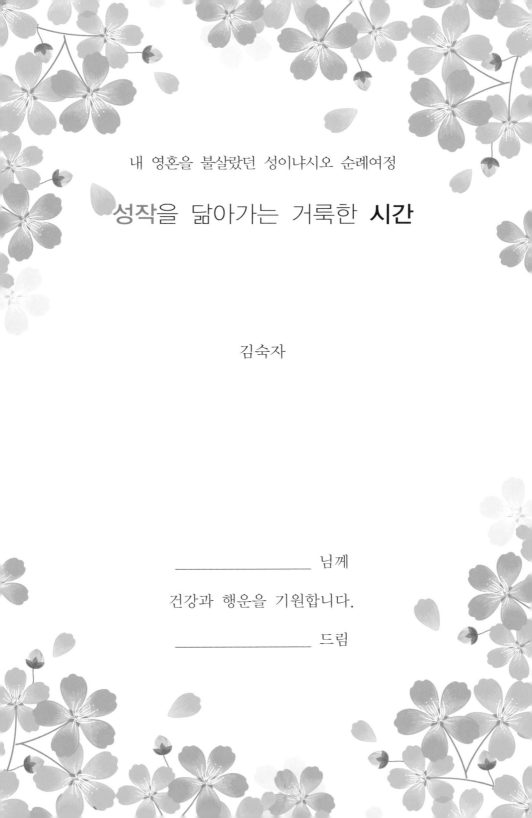

내 영혼을 불살랐던 성이냐시오 순례여정

성작을 닮아가는 거룩한 **시간**

김숙자

_____ 님께

건강과 행운을 기원합니다.

_____ 드림

내 영혼을 불살랐던 성이냐시오 순례여정

성작을 닮아가는 거룩한 **시간**

초판인쇄 2020년 7월 23일
초판발행 2020년 8월 01일

저 자   김숙자
발 행 인   윤석현
책임편집   김민경
발 행 처   도서출판 박문사
주 소   서울시 도봉구 우이천로 353
전 화   (02) 992-3253(대)
전 송   (02) 991-1285
전자우편   bakmunsa@hanmail.net
등록번호   제2009-11호

ISBN 979-11-89292-66-9 03230   정가 20,000원

내 영혼을 불살랐던 성이냐시오 순례여정

성작을 닮아가는 거룩한 시간

김숙자

박문사

영성의 숨결을 포개다

김숙자

그곳에 가니
지금도 심혼의 바람 불어와
눈물비 사정없이 쏟아져 내렸습니다
주님 향한 작은 피정 동굴
그 육중한 돌더미 머리에 이고
고뇌 가득 찬 당신 숨결
찬연히 뛰고 있었습니다

아주 오랜만에 찾은 순례 길
조심스레 안기어본 포근한 당신 품
너무 아늑하고 향기로웠습니다
걸식으로 뼈마디 다 비운 채
뜨거운 성찰로 끌어올린 피
골육 다 채워준 영성의 샘물
내 마음 순식간에 젖고 말았습니다

당신께 다가오는 연민의 길
왜 이다지 멀게 느껴졌을까

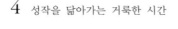

엉킨 피눈물 닦아 드리는 일
왜 이다지 오래 걸렸을까
지금도 내 곁에 머물 것만 같은
바람 스민 황량한 영혼의 동굴
그 외롭고 호젓한 바위틈에
나 오늘 거기서 함께 숨 쉽니다

그대 매순간 매만지시던
땀자국 선연한 십자 성호
아직 얼어붙은 피 선연한데
차가운 돌더미에 아로새겨
맥박으로 다시 뛰는 사랑 숨결
아, 그대 지금 아니 계셔도
이제 내 안에서 함께 숨 쉬며 사십니다

세상 부귀영화 아낌없이 뒤로하고
사정없이 몰아치는 진눈개비 맞으며
차가운 영혼의 동굴에서
피보다 존귀한 성찰의 눈물로
주님께 한 발작씩 다가가는
거룩한 말씀으로 지은 영혼의 집
튼실한 영신 수련 그물 잘 자아내셨습니다.

당신의 뜨거운 사도적 열정
내 가슴에 쉼없이 요동치도록
만레사 차가운 동굴 십자가에
내 숨결 천만번 포개놓고 옵니다

성작을 닮아가는 복된 영성의 시간
(성이냐시오 발자취를 따라서)

　겨울답지 않은 포근함 속에 소리도 없이 2월의 문이 스르륵 열렸다. 그런데 요즈음 심상치 않은 코로나19바이러스로 전 세계가 민감해 있는 아주 조심스러운 무렵이었다.

　국내에서도 확진 감염자 수가 날로 늘어나 나라 안은 2015년 여름 메르스 때처럼 아주 어수선하고 불안해하는 시기였다. 게다가 코로나 발원지에 살고 있는 중국 우한 교포들을 우리나라 특정 지역으로 수송을 해 오는 과정에서 천안과 아산 지역에서 서로 자신들의 지역으로 받지 않으려는 불협화음이 일며 코로나 전파 확산 우려에 국민 모두가 몸살을 앓고 있는 때였다.

　이처럼 감염병으로 인해 국내가 매우 민감해 있는 시기인데도 불구하고, 순례여정은 취소되지 않고 시행되기에 이르렀다. 대전 영성대에서 함께 '이냐시오 영성'을 공부하는 학우들이 거의 대부분이다. 그래서 일 년 전부터 기도로 철저하게 준비하고 계획해 왔던 성이냐시오 순례여정을 정해진 기일에 정상적으로 추진하기에 이르렀다. 내심 많은 염려도 있었지만 예수 수도회에서 철저히 준비해온 이 과정에 모두 확신을 갖고 모두 순례의 길에 오르게 되었다. 이 순례여정엔 하느님의 특별한 보호와 은총이 있으실걸 깊이 믿는 마음이 컸기에 가능한 일이었다. 우리 모두 얼마나 마음 졸이며 이 길을 기다려 왔던가? 아니 얼마나 간절한 마음으로 특별한 이 여정을 기도로 준비해 왔던가? 이런 철저한 준비 끝에 우리 순례단 일행은 드디어 2020년 2월 3일 출발의 닻을 올리게 되었다. 이른 여명을 박차고 대전예수 수도회에 집결하여 고속버스에 탑승하여 무사히 인천공항으로 향했다.

함께 갈 총 인원은 지도 신부님과 수녀님 두분을 포함하여 모두 21명이지만 타 지역에서 합류하는 인원들은 모두 인천공항에서 만나기로 했기에 '로욜라의 성이냐시오 순례여정'은 기쁜 마음으로 출항을 하게 되었다.

그간 몇 차례 유럽 여행을 다녀왔어도 직접 로마로 향하는 건 이번이 처음이었다. "세계의 길은 로마로 통한다."라는 말을 의미심장하게 느끼는 순간이었다.

이번 우리가 순례할 여정은 스페인과 포르투갈, 이탈리아 등 세 나라를 오가며 순례여행을 해야만 한다.

말이 세 나라이지 2주간에 걸친 이 대장정의 길에 그 많은 프로그램을 다 소화할 수 있을지 은근히 걱정도 되었다. 그러나 우리는 든든한 하느님의 백그라운드가 있는 사람들이지 않은가? 무얼 지금부터 걱정을 하는 건지 그건 한낱 작은 기우에 지나지 않을 것 같다.

'하느님은 모든 것을 가장 좋은 방법으로 가장 좋게 섭리해 주신다.'는 사실을 왜 믿지 못하고 걱정 아닌 걱정을 미리 사서 하는 것인지 벌써부터 나약한 신심에 작은 경종을 울리고 있는 중이다.

지금부터 나는 착실한 예수님의 애제자인 성이냐시오의 거룩한 족적에 내 발자국을 포개가며 하나하나 예수님을 닮아가는 철저한 순례자가 될 것이다.

맨 처음 우리 일행이 로마에 도착하면 바로 스페인 바르셀로나를 향한다. 그 다음엔 바르셀로나에서 가우디의 걸작품들과 '구엘공원'을 거쳐 바로 이냐시오의 영신 수련의 텃자리 '만레사'로 향한다. 공부시간에 배운 관심이 쏠리던 만레사동굴을 간다 생각하니 정말 가슴이 요동을 친다. 책으로만 배웠던 그 역사의 현장으로 내가 발길을 옮기다니 정말 흥미진진한 순례일 수밖에 없다. 그 다음은 그 만레사를 떠나 몬세라트로 간다. 이곳은 이냐시오가 회심을 한 뒤 궁정 기사를 지낼 때 사용했던 자신의 목숨과도 같은 대검을 바치러 가는 것이다. 몬세라트는 큰 바위산으로 그 산이 마치 톱니날 같다해서 톱니산으로 부른다고 한다. 그곳엔 베네딕도수도원에서 운영하는 대성당이 있었다. 정말 천상과도 같은 영험한 명산 위에 세워진 수도회성당이었다.

다음은 사라고사를 지나 예사로 그다음은 이냐시오 동료였던 '프란치스코 하비에르' 생가를 지나 팜플로나에 도착한다. 팜플로나는 이냐시오가 전투에 참가하여 큰 부상을 당하게 되어 고향 로욜라로 돌아오게 된다. 그리하여 부상을 치료하는 과정 중에 이냐시오는 인생의 대변혁이 일어난 회심에 들어가게 되고 드디어 궁정의 기사에서 하느님의 기사가 되기로 마음먹기에 이른다. 그리하여 이냐시오가 나고 자란 로욜라성을 지나 부르고스를 거쳐 산티아고 데 콤포스텔라를 거치게 된다.

그런 다음 우리는 국경을 넘어 포르투갈에 도착하여 '파티마성모님' 발현지를 돌아보고 다시 이냐시오가 면학의 불을 살랐던 대학가 '살라망카'로 돌아온다. 그 다음 살라망카를 지나 '아빌라'에 들어와 성녀 대 데레사의 생가를 돌아보고 다시 스페인의 옛 수도 톨레도로 돌아온다.

그리하여 톨레도에 있는 대성당들을 돌아본 뒤 이탈리아 로마로 들어오게 된다. 이탈리아 로마에서는 이냐시오가 '예수회'를 설립하기에 온 몸을 불살랐던 '라 스토르타'라는 작은 경당을 돌아 그의 동료들과 예수회 설립을 인가 받기 위해 정성으로 함께 순례했던 7개의 대성당을 다 돌아보게 되었다.

성바오로대성당, 성베드로대성당, 성모마리아대성당, 프락세대성당,

성이냐시오성당, 예수회성당, 성예루살렘 십자가성당 등을 모두 의미 깊게 돌아보았다.

그 중 성이냐시오가 마지막까지 생활을 하시며 영신수련과 예수회 회헌 등을 완료 하시며 조용히 눈을 감으셨던 아주 작고 초라한 로마의 한 칸 작은 경당 '이냐시오방'에서 마지막 눈물의 미사로 그분의 영혼을 위로하며 올렸던 미사 시간이 더없이 이번 순례여정에 특별함으로 내 기억 속에 남아있다.

아마도 이번 '로욜라의 성이냐시오와 함께하는 순례여정'은 내 인생에서 아주 특별하고 감미로운 경험이며 '거룩한 성작을 닮아가는 아름다운 영성의 시간'이었다고 자부하고 싶다.

| 차 | 례 |

chapter 1

용기는 감정이 아니라 습관이다

책 속에서 배운 성인 이냐시오와 나고 자란 그 현장에서 배울 이냐시오가 어떻게 내 가슴에 다르게 다가오는지가 중요하다. 그걸 배울 것이다. 그 차이를 배울 것이다.

아주 뜨겁고 정열적으로 말이다. 그분이 태어난 고향 로욜라를 간다는 것도 무척 떨리는 일이다. 로욜라가 어떤 곳이며 자연 환경이나 시대적 배경이나 가문의 문화적 관습이나 이 모든 게 어마어마한 세월이 지났기 때문에 많이 퇴색 되었을 테지만 어떤 문화유산으로도 훌륭한 학습 자료가 될 것이기 때문이다.

그분이 태어난 로욜라 이름만 들어도 정겹다. 그리고 그때만 해도 귀족의 가정에서 태어났으므로 얼마나 성장과정이 남달랐을까? 그러나 좋은 가문에서 잘 태어났지만 어머니가 일찍 돌아가셨으므로 모성 실조는 분명히 있었을 것이다.

그래도 유모의 손에서 잘 자랐을 테고 또 귀족 가문에서 공부도 잘 배우며 성인이 되었을 것이다. 그러나 불행이도 나라에 전쟁이 일어나 팜플로나전쟁터에 나가 싸우다가 몸을 많이 다쳐 예전의 패기 있던 기사로서의 이냐시오는 바랄 수가 없었나 보다. 그래서 고향으로 내려와 치료를 하던 중에 살아온 그의 생애를 반추해 보며 드디어 이냐시오는 회심을 하게 되었던 것이다.

그 회심의 과정 뒤에 피눈물 나게 체득한 영신수련의 귀한 댓가가 오늘날 우리들의 나약한 영성을 높게 키우는 바로미터가 될 줄이야. 어찌 알았겠는가? 귀족 가문의 부잣집 아들인데 무엇이 부족하여 모든 영화를 뒤로하고, 그 허름하고 초라한 만레사동굴로 갔겠는가? 그곳에서 갖은 고초를 겪어가며 일 년이 다 되는 세월을 오로지 하느님 사랑을 위한 영신 수련의 기초를 그곳에서 싹트게 했으니 그 만레사동굴이야 말로 이냐시오성인이 그토록 몸부림 한 '영신수련의 텃자리'라 할 수 있을 것이다. 그 귀하디귀한 귀족 가문의 막내아들이 무엇이 아쉽기에 그 고생을 자초했겠는가 ? 그가 겪었던 모든 고초의 결과로 하느님을 더 뜨겁게 사랑하게 된 이냐시오!

하느님께서는 당신 보시기에도 하느님 사랑이 너무 갸륵하기에 그를 제자로 택하셨을 것이다. 그런 공덕으로 후에 성인으로 추대 되셨으리라. 누구든 고생 끝에 보람이 오고 고생 끝에 낙이 오고, 고생 끝에 얻어진 하느님께 향하는 사랑의 방법 '영신 수련'이야 말로 하느님께서 우리 인간에게 가장 바라고 계신 참모습일 것이다.

그래서 이번 순례 기간 동안에 그분의 진면목과 '영성의 향기'를 오롯이 맡고 오고 싶다. 다시 말하지만 이번 순례여정 속에서 이냐시오성인의 그 '뜨거운 사도적 열정'이 내 몸에 체득 되었으면 한다. 성인께서는 얼마나 하느님을 사랑하고 하느님 곁에 꼭 함께 머물고 싶었으면 내 모든 걸 다 바쳐가며 우리에게까지도 하느님을 사랑하는 방법과 하느님께로 돌아가는 방법을 연마할 수 있는 영신 수련의 과정을 책으로 집필 하셨을까?

나도 작가라고 그 앞에서 함부로 입을 열어선 안 되겠다. 어찌 주님을 향한 주님께서 기뻐하실 시 한편 제대로 쓰지 못하면서 감히 작가라고 함부로 나불대지 않을 것이다.

이 순례를 잘 마치고 돌아가서는 나도 이냐시오성인처럼 하느님께서 가장 기뻐하실 시와 하느님을 깊이 찬양 하는 글을 쓰기 위해 나의 집필 방향을 다시 바꿀 것이다. 나의 편협한 생활 테두리 중심의 얄팍한 사조의 글에서 이제 하느님 중심의 깊은 통찰을 체감하는 영성의 폭넓은 사조로 과감히 탈피해 나갈 것이다.

오로지 이번 성지순례는 이냐시오성인의 훌륭한 발자취를 재발견 해보는 순례여정인 만큼 기쁘고 행복하게 그분의 숨결을 느끼며 가는 곳마다 행복에 젖으며 다닐 것이다. 어느새 영종도에 가까이 오니 비행기가 낮게 날고 있는 모습이 보인다. 그런데 바다의 색깔이 어쩐지 거무죽죽하다. 파란 바다를 느낄 수 없어 아쉽다. 아마 미세먼지도 많은 날인 것 같다. 미세먼지에 코로나19바이러스에 떠나는 입장이 그리 밝지 않으나 큰 목적을 품고 떠나는 순례여정인 만큼 어떠한 작은 조건에 절대 연연하지 않을 것이다.

나의 이냐시오를 향한 유럽 성지순례 파이팅!

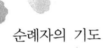

순례자의 기도

언제나 나를 구원의 길로 이끌어 주시는 하느님!
찬미 받으소서
로욜라의 이냐시오성인의 발자취를 따라
당신의 친밀한 삶을 배울 수 있는 길을
이렇게 마련해 주심에 감사드립니다

주님!
언제나 모든 것을 가장 좋게 섭리 해 주시는
당신 현존을 느끼며 순례의 모든 일정동안
당신의 자애로운 은총을 청합니다

당신 가르침을 마음에 새기며
일생을 사도적 열정에 불타오른
이냐시오성인의 전구를 청합니다

인도해 주시는 곳곳마다 당신의
숨결을 느끼며 주님을 더 잘 알고
더욱더 사랑하며 더 열심히 주님을
따를 수 있도록 도와주소서

또한 저의 가족들도 이 순례의 길에
영적으로 초대하오니 한 사람 한 사람에게
성령의 빛을 비추어주소서

chapter 2

내 삶의 자리에서 희망의 등불을 켜다
(가슴 뛰는 영적 여정 성이냐시오와 함께)

1   누구나 연민이 그립다

새벽 6시45분쯤 집을 나서서 순례여정의 첫 집결장소인 대전 '예수 수도회'가 있는 학교 운동장에 도착을 했다.

어쩔 줄 몰라 이른 아침을 조금 챙겨 먹고 든든히 집을 나섰다. 오늘 아침 체감온도는 겨울 날씨 치고는 포근한지 춥지는 않았다. 내가 가는 곳 유럽의 날씨도 미리 챙겨 보니 거의 우리나라와 비슷했다. 그러나 낮 온도는 우리나라보다 조금 높다.

그러나 겨울철 여행인 만큼 더 든든히 챙기고 또 챙겼다. 마지막 하나 겉에 입은 빨간 오리털 점퍼가 약간 부담스러워서 놓고 갈까 입고 올까 를 두고 좀 망설였지만 내가 추위를 좀 많이 타는 체질이라 후회를 하더 라도 입고 가는 것으로 결정을 보았다. 필자가 가게 되는 유럽은 이곳보 다 약간 더 더울 수도 있겠지만 스페인의 날씨가 아침저녁으로 많은 온 도차가 있어 자칫 짐이 될 수도 있는 점퍼를 겉에 하나 더 껴입고 가기 로 했다.

만약 내가 타국에서 감기라도 걸린다면 여행뿐만 아니라 모든 게 수 포로 돌아가기 때문에 건강한 몸은 여행의 기본 중에 기본인 것이다.

내가 이번에 스페인으로 이냐시오 영성을 배우는 순례 여행을 떠나는 길은 참으로 오랜 나날 준비해오고 기도로 다져온 아주 존귀한 순례 여행이다.

재작년에 내 나이 70각을 세우며 스페인의 산티아고 순례길을 도보로 걷고 왔던 용감한 순례 이력을 발판 삼아 이번에도 큰 용기를 내어 보았으나 항시 두려움은 숨길 수 없는 사실이었다. 그러나 하느님 배경 하나 더 든든히 믿고 주저 없이 떠나는 것이다.

'용감하게 실행에 옮기는 자는 그 자체가 청춘이다.'

나는 아직 이런 자신감을 발판삼아 의욕 있는 일에는 용감히 앞장서는 버릇이 있다.

한 나이 두 나이 숫자가 늘어간다고 자신감을 벌써 잃어서는 안 되기 때문이다.

나는 청춘을 이렇게 정의하고 싶다. '아직도 내 다리가 움직이고, 하고 싶은 일이 용솟음처 가슴이 뛰는 한 나는 청춘이다.'라고 말이다.

그런 정신 사조를 갖고 사는 나이기 때문에 이번에도 주저 없이 머나먼 순례여정에 두려움 없는 발자국을 찍으려는 것이다.

그런 만큼 이번 순례 기회를 통해 하느님과 더 밀접한 사랑이 싹트길 고대한다.

이번 순례여정은 하느님을 너무나도 닮고 싶어 했던 성이냐시오의 사도적 열정을 높이 사고 그 열정을 나도 본받고 싶기 때문이다. 이냐시오 성인에게 특히 애착이 가는 부분이 있다면 바로 그 '사도적 열정'이 나와 공감대가 맞았던 것이다.

필자도 인생의 삶 거의 대부분을 열정적인 교육에 혼신을 다해 투자하였으므로 성이냐시오와 그 마인드가 딱 들어맞는 것이다. 그래서 그분을 더 흠모하게 되었고 그분의 숨결과 발자국에 내 숨결과 발자국을 포개고 싶은 열정이 이 길을 택하게 된 동기이다. 나는 그분의 뜨거운 숨결에 오래도록 머물다 오고 싶다. 어떤 일을 할 때 열정적인 마인드로 모든 걸 시작하고 그 열정적 행동이 많은 사람들의 교육과 정신에 감동을 불러일으킨다면 그처럼 좋은 일이 또 어디 있으랴!

고작 2주를 통해 그분의 발자취를 다 더듬을 수는 없겠지만 영성대에서 이론으로 배우고 자서전으로 읽어서 이미 그분의 외곽적 삶은 어느 정도 이해하였지만 그가 태어나고 자라고 공부하고 영신 수련에 몸을 불태웠던 현장에 가서 그 땀 젖고 눈물 젖은 발자국과 힘겨웠던 숨결을 피부로 느껴보고 싶다.

아무나 되고 싶다고 성인의 반열에 들지는 못한다. 그러나 모든 사건이 일어나고 행하였던 그 사건의 현장에서 존경하는 성인의 체취와 발자국을 포개본다는 일은 너무도 중요하다. 그 확고한 연민 때문에 비록 어려운 일 앞에서도 물리쳐가며 이렇게 순례를 떠나는 것이다. 2주라는 길지 않은 순례 기일이지만 어떻게 그 기일을 값지게 보내느냐가 더 큰 과제가 되어야 한다. 꼭 물리적인 기일만 길다고 해서 그 순례여정이 빛을 발하는 건 아니다. 아무리 짧은 일정이라 해도 한없이 그분과 오래 머물 수 있는 거룩한 성체와 교감하는 시간과 깊이 머물다 오면 되는 것이다.

오로지 그걸 느끼는 마음은 온전히 자신에게 있기 때문이다. 나는 이번 여정의 시간을 그렇게 보내고 오고 싶다. 짧은 기일만 한탄하지 않을 것이고 우리가 정해 놓은 시간이지만 그 시간의 테두리 안에서 이냐시오성인의 눈부신 발자취를 통해 하느님을 더 뜨겁게 사랑하는 방법을 배우고 올 것이다.

　　내 영혼을 가꾸는 시간

　　코로나19바이러스가 한창 상승곡선을 타고 있을 때 필자는 일행들과 함께 스페인과 포르투갈, 이탈리아를 경유한 성지순례여정에 돌입했다. 짐가방에 제일먼저 마스크를 챙겨 넣고 평소에 안하던 마스크를 하고 있으니 일상생활에서 이렇게 불편할 줄은 이번에 처음 느끼게 되었다. 우리 순례단 일행이 나가는 유럽 쪽은 아직 아무 소리가 없는 걸 보면 동남아 보다 코로나19는 조용한 것 같았다. 그렇지만 우리나라에서는 사스나 메르스 때 전파 속도보다 걷잡을 수 없이 빠른 걸 보면서 자신들이 조심 하지 않으면 안 된다는 걸 알게 되었다.

　　더구나 접촉성이라고 하니 개인위생부터 우리가 미연에 철저히 방지해야 할 것 같다.

　　마스크를 쓴 채 짐을 부치고 입국 수속을 마치려니 불편한 게 한두 가지가 아니다. 상대방이 말하는 소리도 확실히 들리지 않는다. 인천공항에서는 모든 이들이 다 마스크를 쓰고 있으니 모두가 다 위중한 환자처럼 보인다. 제발 말은 안 나누더라도 마스크만이라도 벗었으면 좋겠다. 삼삼오오 짝을 지어 비행기를 기다리는데도 꼭 병실의 환자들 같다.

　　중국 우환의 환자수가 어마어마하다. 사망자 수도 날마다 기하급수로 늘어나고 있다. 왜 그렇게 방역이 허술했는지 의료 시설이 미비한 건지 인구가 많은 반면에 위생지수는 형편없이 낮다는 걸 증명이라도 하는 것 같다. 그러나 이런 틈바구니에서 비난보다는 하루빨리 잠잠해 지기를 바랄 뿐이다.

이렇듯 코로나19가 국내에도 성행 할 무렵 입국 수속을 마치고 탑승을 하기 위해 258게이트에 줄을 서고 Alitalia 비행기로 입장을 하고 있다. 우리 시간으로 로마행 14시05분 출발 비행기이다.

내 좌석은 21L이다. 옆 사람과 좌석을 바꾸어 내가 창 쪽이 되었다. 퍽 안정감이 드는 좋은 자리이다. 인천에서 로마국제공항으로 가는 Az 759 비행기이다.

Alitalia 비행기는 지금 인천에서 모든 짐 싣기를 완료하고 이제 로마를 향한 이륙을 준비하고 있다. 급박하게 돌아가는 심호흡을 토해내며 날개를 펼치고 혼신을 다해 내달리다가 이내 부릉부릉 날아오른다. 내 마음도 따라 요동치다가 이내 안도감으로 손이 펴진다. 제발 이번 여정이 '내 생에 가장 아름다운 순례여정'이 되었으면 하고 기도해 본다.

'하느님, 이제 나의 모든 순례여정을 당신께 오롯이 봉헌 합니다.'

'제게 주신 모든 것은 다 당신 것이오니
이제 모두 당신 뜻대로 하소서.'

3 가슴 뛰는 로마에 도착하다

순례여정의 첫발을 내딛는 곳은 로마이다.

내 생에 첫발을 딛게 되는 로마는 내 가슴을 다시 뛰게 한다. 나는 지금 로마로 가고 있다. 이번 순례여정 중에서 로마를 간다는 일이 그렇게 좋을 수가 없었다. 내가 그간 다녔던 유럽여행은 모두 다른 곳을 경유하였고 로마로 직접 가게 되는 건 이번이 처음이다. 그래서 첫 발길이 로마라서 이렇게 설레는 건지 아직도 내 가슴이 통통통 뛰고 있다.

"내가 너희를 로마에서 축복하리라. 로마에서 너희와 함께 있겠다."

이 말은 곧 이냐시오가 하느님을 기다려 왔듯 하느님께서도 당신을 위해 뜻깊은 봉사의 삶을 감행한 이냐시오와 그와 봉사를 함께 할 예수회의 동지들에게 이르신 말씀인 걸로 기억된다. 원래 ROMA를 거꾸로 하면 AMOR(아모르)가 된다.

사랑의 도시 로마는 한마디로 설명하기가 힘든 독특한 매력을 소유한 도시임에 틀림없다. 마치 도시 전체가 거대한 박물관이라 할 수가 있다.

로마는 옛 유적을 고스란히 간직하고 있는 현대 문명과 멋진 조화를 이루고 있다.

그래서 로마는 시대를 거스르지 않고 해가 갈수록 찾아오는 관광객과 모든 지구상의 여행객들이 다함께 가고 싶어 하는 곳이기도 하다. 지금 로마로 떠나는 이 순간 우리나라 시간을 구태여 환산할 필요는 없지만 아직은 자꾸 한국 시간이 궁금해진다. 시차는 확실히 7시간 정도의 차이를 보이고 있다. 로마가 늦은 것이다.

12시간 정도를 날아왔으나 아직도 로마는 아침이 밝아오지 않았다. 한국은 지금 2시를 넘어가고 있고 로마는 이제 저녁시간을 맞고 있다. 로마에 오는 동안 3시경에 점심을 먹었고 오늘 저녁메뉴는 빵 한 조각에 치즈 한 조각 그리고 약간의 샐러드가 나올 뿐이다. 유럽식단을 처음 대한 건 아니지만 정말 한국음식이 얼마나 맛있고 풍성한가를 새삼 깨달았다.

그러나 한 가지 특별한 것은 늘 식사시간에 와인을 곁들여 먹는 여유 있는 모습이다. 기내 식사시간에도 주문만 하면 와인은 한 잔씩 곁들일 수가 있다. 난 의식적으로 점심시간에는 화이트와인을 주문했고 저녁시간엔 레드와인을 주문하여 처음으로 여유를 느껴가며 마셨다. 장시간의 여행에 활력소가 된 것 같다.

비행시간이 길어서 영화도 2편이나 보았다. 이웃자리가 내다보이는 곳에서는 한국영화 기생충을 보는 사람들도 보였다. 과연 기생충의 인기를 실감해 볼 수가 있었다. 한류가 유럽에서 자연스레 부각되어가고 있는 게 정말 실감났다.

오늘 처음 발을 딛게 되는 로마에는 오래 머물지 못하고 곧바로 국제선으로 갈아타고 우리 일행은 스페인의 바르셀로나로 가야만 한다. 로마의 첫 날은 매우 맑고 최고 온도는 섭씨 15도라고 한다. 낮엔 봄처럼 따뜻할 것 같다. 곧 이어 비행기가 착륙이 되면 우리 일행은 다시 짐을 찾아 바르셀로나로 가는 출국 수속을 밟아야 한다.

바쁘겠지만 우리 일정이 그리 짜여있고 첫 행선지가 바르셀로나이기 때문에 바쁜 수속을 기쁘게 견뎌내야 한다. 고생을 하게 되지만 그건 그 다음에 오는 즐거움의 통로이기에 기꺼이 감내해야만 한다.

4

스페인 살짝 찍고 가기

스페인의 정식 명칭은 레이노 데 에스파냐(Reino de Espana)이며 영어로
는 스페인왕국(Kingdom of Spain)이다. 서쪽으로는 포르투갈, 북쪽으로는
프랑스에 접하고 남쪽으로 지브롤터해협을 사이에 두고 모로코와 마주
하며 동쪽으로 지중해, 북쪽으로는 비스케이만, 북서쪽으로 대서양에 면
한다. 국토는 이베리아반도의 대부분을 차지하며 발레아레스제도, 카나리
아제도에 흩어져 있다. 모로코북부에도 스페인령인 세우(Chafarlnas), 페논데
알우세마스(Penon de Alhucemas), 페논데벨네스델라고메라(타, 멜리야 및 모로코
해안으로부터 떨어져 있는 3개의 작은 섬인 차파리나스 Penon de Velez de la Gomera)가
있다. 행정구역은 17개주(comunidad autonoma) 2개, 해외 자치시(ciudad autonoma)
인 세우타, 멜리야로 구성되어 있다.

너무나 유명한 구석기 시대 최고의 알타미라동굴 벽화로 상징되는 스
페인 구석기 문화는 일찍이 시작되었으며 소집단으로 구성된 무리가 식
량을 찾아 여러 곳을 이동하는 생활을 영위 하였다. 다른 지역과 마찬가
지로 어로 수렵이 주생활이었으며 주술 행위가 성행하였다. 이베리아반
도 민족의 주 골격은 북아프리카에서 이주한 햄계의 이베로인과 BC
1000년경 피레네를 넘어 들어온 켈트들의 혼혈인들이었다. 이후 남부에
는 페니키아인들에 의해서 동부에는 그리스인들에 의한 식민 도시들이

건설되며 지대한 영향을 남기게 된다. 따라서 남부와 동부는 발달한 데 비해 켈트계의 영향을 받은 중북부 지역은 개발이 미진하였다.

이베리아반도는 카르타고 최후 최고의 중요한 식민지였다. 로마가 카르타고를 정복하고 이베리아반도도 정복하였다. 이후 5세기 초에 게르만족의 침입이 있게 된다. 처음에 고트족은 이베리아인들과의 결혼금지 등 게르만족의 문화를 고수하려는 경향을 보이나 300년간의 통치기간 동안 법률적, 종교적 뿐만 아니라 인종적으로도 원주민과 통합된다. 5~7세기의 서고트 지배 하의 가장 큰 특징은 노예사회가 봉건사회로 진화과정에 있었다는 것이다.

8세기경 아랍과 베르베르족이 이베리아반도로 침입해 온다. 그들은 서고트의 왕위 계승 문제로 불러들인 족속이었으나 바로 이베리아반도를 강점하게 된다. 허나 여러 개의 타이와왕국들로 나누어져 취약해지고 피지배 민족에 대한 그들의 수도 현저히 부족하였다. 결정적으로 그들은 종교 문화적으로 피지배 민족과 동화될 수 없었다. 이 당시의 이슬람권의 문화는 유럽보다 일반적으로 높았다.

이후 그것은 스페인이 유럽의 선진 세력이 되는데 기여하게 된다. 그들의 관개 농업 법은 척박한 스페인의 농토를 개간 할 수 있었고 공업, 상업 분야에서도 아랍민족과 유태인이 기여하게 된다.

이들은 금혼정책을 끝까지 관철하며 그들의 정체성을 지켜간다. 북쪽 끝에 몰린 기독교세력들은 산악지대를 방패삼아 몇 차례 적들의 공격을 방어 해내고 힘을 구축하여 11세기 이후 국토회복운동에 나서게 된다. 13세기경에는 그라나다를 제외한 전 지역을 회복한다. 재정복 운동은 왕위 상속의 문제로 인해 레온, 카스티야, 아스투리아스, 나바로 등 각기 나누어진 왕국에서 진행되며 결국 좀 더 득세한 왕국이 약한 왕국을 합치는 정쟁을 거치면서 진행 되고 기사단에 의해서 주로 진행 되게 된다.

1975년 프랑코의 죽음으로 독재적인 정치체제는 붕괴되고 부르봉가의 후안 카를로스1세가 즉위 한다. 1976년12월 국민투표로 정치 개혁법이 입법되어 77년4월에는 공산당의 합법화, 프랑코가 이끌었던 국민운동의 해산, 검열 제도의 폐지 등이 실현되었고 6월에는 2차대전 후 최초의 총선거가 실시되었으며 78년12월 스페인 신헌법이 국민투표로 승인되어 입헌 군주제의 민주주의 국가가 된다. 82년에는 신헌법에 의한 선거가 치러져 사회 노동당이 정권을 장악하였다.

정치는 내각 책임자이며 삼권분립이 이루어져 있고 지방행정 단위는 본토 47주, 발레아레스 1주, 카나리아 2주 등 총 50주로 이루어져 있다. 78년 지방선거법 시행 후 중앙정부의 지방정부에 대한 간섭이 거의 없어 졌다. 신헌법에서는 지방색 강한 스페인 고유의 지역에 대한 자치주의를 보장하고 있으며 최근 스페인 외교의 주안점은 서유럽으로의 편입이었으며 이는 1977년 ECC 가입, 1985년 EC 정식 가입으로 결실을 맺게 된다.

5

그리울 땐 그리워하자 -바르셀로나-

　우리 일행은 로마를 경유하여 다시 스페인 바르셀로나로 가기 위해 로마행을 했을 뿐이다. 우리가 가야할 첫 번째 순례지는 엄연한 스페인의 바르셀로나였다. 바르셀로나는 항상 '스스로 재창조 되는 도시'라고 들어왔다. 그런 만큼 도시가 항시 재개발에 꿈틀거리며 도시의 모습이 점차 바뀌어 가고 있는 도시라고 한다. 거기에서 발전에 한몫을 차지한 사람이 바로 세계적인 명건축가 안토니오 가우디이다.

　이 건축가는 여러 세대를 거쳐 바르셀로나에서 가장 멋지고 기이한 건축 양식으로 정교하면서도 독특한 바르셀로나의 모습을 새롭게 재창출해 가는 건축가 중의 명장이다. 이러한 매력적인 바르셀로나에 첫발을 내딛는다는 사실이 또한 나를 설레게 했다. 우리 일행은 여러 시간의 시차를 극복해가며 장장 15시간의 비행 끝에 바르셀로나에 무사히 안착하였다.

　이곳에 오니 한국과의 시차가 약7시간 정도 생겼다. 그러나 그러한 시차에도 불구하고 우리 일행은 바르셀로나에 도착하여 23시경에야 'CATALONA VERD' 호텔에 투숙하여 쌓인 피로를 잠시나마 풀게 되었다.

　꿈에도 그리던 바르셀로나였지만 시간적으로 늦은 자정에서야 도착하였으므로 피곤에 쌓인 눈을 부치자마자 또 아침을 맞아 일어나야 했다. 유럽 지역의 순례로서는 첫날인 2월4일 아침이다. 6시에 기상을 하여 부랴부랴 호텔식으로 아침식사를 마치자마자 우리 일행은 다시 버스에 몸을 싣고 가우디의 걸작품이 있는 성가족성당으로 첫 발길을 내달렸다. 정말 첫날부터 피곤했지만 내 눈빛만은 호기심으로 가득 찰 수밖에 없었다. 그간 말로만 들었던 그 걸작품을 마주하는 순간 나의 벌어진 입은 다물어지지 않았다. '아, 이래서 세계에서 가장 아름다운 건축이라 일컬어졌구나.' 정말 그 이름값만큼이나 우리 모두의 관심을 한 몸에 받을 수밖에 없었다. 나의 카메라는 여지없이 여기저기서 터지기 시작했고 우리 일행뿐만이 아닌 모든 여행객들의 시선은 모두 가우디의 걸작품에 탄성을 자아냈다. 멋진 모습을 잘 담아내는 사진 기술이 부족함을 자꾸만 한탄 하게 되면서도 여기저기서 눌러대는 카메라 셔터소리를 자각할 수 있었다. 그토록 근사한 성가족성당의 모습을 화면에 담아보기 위해 안간 힘을 썼지만 역시 한계에 부딪칠 수밖에 없다.

셀프카메라를 찍을 준비를 안 해 온 것도 후회가 되었다. 모두가 자기 사진 담기에 바쁜관계로 누구에게 내 모습을 찍어 달라고 할 염치가 도무지 나질 않는다.

겨우 가이드의 인도에 따라 가장 사진이 잘 나오는 곳을 택하여 잠시 안전한 장소에서 사진을 찍을 수 있었다. 그래도 아쉬움은 항시 남는 법 외부 모습만을 찍을 수는 없어 이제 성가족대성당 내부로 들어가게 되었다. 밖에서 보는 아름다움은 수박의 겉핥기에 불과하고 성당의 내부는 또다시 입이 다물어지지 않았다.

6   자유분방한 건축가 가우디의 성가족대성당

    가슴이 떨려온다. 아니 가슴이 설레고 있다. 세계적인 명건축가 가우디의 이름만 들었지 정말 그 작품 앞에 내가 서 있을 줄은 정말 꿈에도 몰랐다. 그의 명작 성가족대성당 앞에 서고 보니 정말 입이 먼저 쩍 벌어지고 말았다. 사람들로 둘러싸여 제대로 보려고 인파가 적게 몰려있는 장소로 자꾸 뚫고 지나갔다. 1852년6월25일 스페인의 레우스(1926년6월10일) 바르셀로나 카탈루냐 출신 건축가의 작품 성가족대성당 건축을 눈앞에 대하니 이게 꿈인지 생시인지도 구분이 안 되도록 내가 홀려있다.

    자유분방한 건축의 형태, 풍부한 색채와 질감, 그리고 유기적 통일성이 특징인 독특한 가우디의 양식 앞에 지금 내가 홀릭되어 있다.

    가우디는 거의 평생을 바르셀로나와 그 근처에서 일했다고 하며 성가족성당을 짓는데 일생을 바쳤으나 끝내 이를 완성하지 못하고 죽게 되었다고 한다.

    가우디는 지중해 연안에 있는 카탈루냐지방에서 비천한 집안의 구리 세공인의 아들로 태어났다고 한다. 평생 그는 결혼도 하지 않았고 연로한 아버지와 조카딸과 함께 살았다고 한다.

    일찍부터 건축에 흥미를 갖기 시작하여 건축을 공부하려고 1869~70

년에 스페인의 근대적인 도시이자 카탈루냐지방에서 정치와 지식의 중심이었던 바르셀로나대학에 입학했었다. 그러나 군복무와 다른 활동 때문에 8년 뒤에야 겨우 졸업할 수 있었다고 한다.

가우디의 건축양식은 몇 시기로 나누어 볼 수가 있다. 1878년 바르셀로나 건축학과를 졸업했을 때는 학교의 설계과제에서 그랬던 것처럼 현란한 빅토리아양식을 썼다. 그러나 곧 기하학적인 모양의 덩어리들을 희한하게 병렬시키는 구성 방식을 만들어냈고 그 표면에 무늬를 새긴 벽돌이나 돌, 화려한 자기 타일 및 꽃이나 파충류 모양을 세공한 금속을 붙여 작품에 생동감을 주었다. 그리고 다른 형식의 세부를 빼면 이 양식의 전반적인 효과는 이슬람양식과 그리스도교양식을 혼합한 스페인 특유의 무어양식들이었다. 무데하르양식으로 지은 건물들은 카사 비센스(1878~80)와 엘카프리초(1883~85), 그리고 1880년대말에 지은 구엘저택과 구엘궁전이 있으며 엘카프리초를 빼고는 모두 다 바르셀로나에 있다.

두 번째 시기에서 가우디는 역사상 유명한 양식들의 역학적 가능성을 실험했다. 그래서 고딕양식으로는 아스토르카의 주교궁전(1887~93)과 레온의 카사 데 로스 보티네스(1892~94)를 지었고 바로크양식으로는 바르셀로나의 카사 칼베트(1898~1904)를 지었다. 그러나 1902년부터는 리언양식을 과감하게 벗어나기 시작했다.

그의 건물들은 몇 가지의 뚜렷한 자연적, 종교적 상징물을 제외하고는 본질적으로 구조와 재료를 표현했다. 바르셀로나의 벨에스과르트별장과 구엘공원, 콜로나구엘교회는 내부 기둥이 외부 부축 벽 없이도 지탱할 수 있도록 설계방식을 바꾸기도 했다.

이 구조는 평형구조로 일컬어지는데 가우디는 이것을 나무가 서 있는 것 같은 원리라고 했다. 이 구조의 기본 요소는 사선으로 미는 힘에 견디도록 설계된 비스듬히 서 있는 기둥과 미는 힘을 거의 받지 않도록 얇은 판과 타일로 이루어진 볼트 등이 그렇다. 그는 자신의 평형 구조를 바르셀로나에 있는 두 고층 아파트 건물에 적용했다. 카사비틀로는 기존 건물을 개축한 것으로 특히 정면에 새로이 고안한 평형 구조 요소들을 덧붙였다. 카사밀라에서는 몇 층의 구조에서 마치 연꽃의 잎맥처럼 철근을 이용했다. 그의 많은 작품에서 자주 그랬듯이 그는 이 두 건물의 특성을 은유적으로 표현했다.

정말 세상에 단 하나 밖에 없는 창의적인 명건축가임에 틀림없다.

정말 괴짜였지만 훌륭한 건축가였던 가우디는 카탈루냐 문예부흥에 크게 공헌한 건축가임에 틀림없다. 미술과 공예 부흥운동인 카탈루냐 문예부흥은 열렬한 반 카스티야주의인 '카탈루냐주의'로 일어난 정치부흥과 결합되었다. 이 후 두 운동의 목적은 카스티야 사람들이 지배층이 되고 마드리드가 중심이 된 스페인정부 밑에서 오랫동안 압박받던 카탈루냐의 생활 방식에 활기를 불어넣는 계기가 되었다.

정말 바르셀로나에 있는 성가족성당은 카탈루냐 르네상스를 종교적으로 상징하는 명건축임에 틀림없다. 이것은 가우디가 전 생애를 다 바쳐 세운 계획으로 1883년에 이 교회 건설을 위탁 받았으나 끝내 완성하지 못하고 그는 세상을 떠나고 말았다.

이 일을 하면서 그는 신앙이 깊어졌으며 1910년 뒤에는 실제로 다른 모든 일을 포기하고 그곳에 은둔하며 일에만 매달리기도 했다. 75세 때에 그는 저녁 기도를 하러 가다가 그만 전차에 치어 죽게 된다.

미완성 된 성가족성당은 애초 계획되었던 탑 4개 중 하나만 세워진 트렌셉트만이 그가 죽기 전에 완성 되었다고 한다. 그리하여 성가족성당의 설계도와 모형에는 고딕양식성당의 모습을 어디에서고 찾아 볼 수 없을 만큼 나선 기둥, 쌍곡면의 볼트와 측벽, 쌍곡포물면 지붕 등이 복잡하게 상징적으로 균형을 이루고 있다.

이 경이로운 성당 구조는 1960년대의 많은 엔지니어들과 건축가들에게 많은 영감을 주었으나 이들에 의해 만들어진 어떠한 콘크리트 골조물

보다 가우디의 것이 더욱 높은 평가를 받고 있다고 한다. 정말 몇 세기에 한 명 나올까 말까 한 천재적인 명조각가임은 두 말할 여지가 없어 보인다. 우리 일행은 가우디가 만든 가족성당에 들어와 성당 안을 둘러보고 있다. 그런데 분명 성당 안으로 들어왔는데도 이곳이 성당 안인지 밖인지 구분이 되지 않을 정도로 아름다움의 극치를 보여주고 있다.

정말 현란한 빅토리아양식에 기하학적인 모양의 덩어리들을 교묘하게 병렬 방식으로 나타내는 구성방식을 만들어 낸 것이 가우디 작품의 특징인 것 같았다. 마치 실내에 아름다운 나무들이 서 있는 것 같은 환상을 자아내기에 충분했다.

바르셀로나에 서 있는 이 '성가족성당'이야말로 카탈루냐 르네상스를 종교적으로 상징한 건물이며 이 건물의 기초를 이룬 것은 편안한 가족들을 위한 쉼터 같은 그런 안락한 공간을 연출 한 것이 가장 큰 특징이라 할 수 있다. 온갖 나무를 주제로 봄, 여름, 가을, 겨울의 숲을 거닐고 나온 느낌이다.

죽음을 앞두고 그의 전 재산을 사그리다 파밀리아의 건축을 위해 전액 기부한 가우디는 굳이 계획된 르네상스가 아니더라도 예술의 힘은 세인들의 상상을 넘어서기에 충분했다.

가우디가 만들어낸 우아한 건축미는 바르셀로나를 예술과 디자인의 도시로 재탄생시키기에 충분했다. 그 완성에는 지난 한 세월과 건축에 대한 짙은 사랑의 배경이 되기에 충분하다. 가우디를 부둥켜안은 바르셀로나가 그래서 더욱 설레고 끌리는 도시임에 틀림없다.

광활하고 볼 것 많은 성가족성당을 뒤로하고 우리 일행은 가우디의 진면목을 더 잘 이해할 수 있는 구엘공원으로 발길을 돌려야 했다. 이곳 구엘공원은 도심에서 조금 떨어진 조용한 공원으로 가우디의 재기 발랄한 작품들로 가득 채워져 있었다.

7 가우디에 취하고 예술에 취한 구엘공원(Pare Guell)

바르셀로나에서는 '곡선의 미'에 취하게 된다. 육감적인 플라멩고댄서의 휠 듯한 춤이 아니더라도 거리를 지나치다 보면 문득 건축물에서 유연한 아름다움을 발견하게 된다. 바로 가우디의 작품들이다. 바르셀로나에 오면 누구나 천재 건축가 가우디를 추억하지 않을 수가 없다.

이 고집스러운 건축가 한 명이 바르셀로나의 지도를 바꾸어 놓았다고 해도 과언이 아니다. 그의 작품을 감상하기 위해서는 바르셀로나를 찾는 관광객만도 수백만 명에 달한다고 한다. 그래서 바르셀로나는 중독의 도시가 되었고 그 지독한 중독의 중심에는 가우디가 있다고 할 수 있다.

가우디가 19세기 말, 20세기 초에 걸쳐 바르셀로나에 남긴 건축물 중 다수는 세계문화유산으로 지정 되어 있다. 그 중 여행자들을 품에 안고 눈을 자극하게 하는 대표적인 작품이 바로 구엘공원이다.

야자수를 닮은 돌기둥과 벤치에 새겨진 모자이크에는 모두 그의 열정이 서려있다.

사람들은 그 벤치에 누워 따사롭고 호화로운 휴식을 취하고 싶어질 수밖에 없다.

자연에서 모티브를 빌린 아르누보양식의 작품들은 화려하면서도 기이한 느낌이 우러나게 한다. 구엘공원의 모든 건축물들은 마치 파도를 치는 듯 언덕을 따라 흘러내린다. 마치 바다의 파도가 출렁거릴 것 같기도 한 생동감이 넘쳐나는 것이다.

우리 일행들도 도심에서 얼마 떨어지지 않은 조용한 곳에 가우디의 재기발랄한 작품들이 가득 채워진 구엘공원으로 발길을 돌렸다. 이 공원은 도자기를 잘라 만든 의자가 있는 공원으로 오랜 역사만큼이나 바르셀로나 시민들의 정신적 안식처로도 자리하고 있다고 한다.

구엘공원의 정문은 매우 특이한데 꼭 동화 속 풍광을 담고 있는 두 개의 범상치 않게 생긴 집이 현관 역할을 하고 있다. 정문에 들어서면 정면으로 계단이 나오고 계단 한 가운데쯤은 스페인 관광 책자에 한 번쯤 등장하는 카탈루냐문양을 새겨 넣은 모자이크 도마뱀이 아래를 내려다 보고 있는 게 아닌가?

그리고 올라가는 계단 양 편으로는 타일로 물결치는 외벽과 분수 그리고 도마뱀 모양의 조각, 돌로 쌓은 기둥과 천장 등 내 눈이 정말 어디로 향할지 갈피를 못 잡을 정도이다.

담 자락에서 발견하는 모자이크들은 깨진 타일들을 정교하게 조합한 형상으로 디자인도 가지각색이다. 이렇게 신기하고 처음 본 건축물들을 따라 쉴 새 없이 이리 저리 움직이며 다녔다.

그만큼 이 넓은 공원은 계단을 따라 한층 한층 오를 때마다 모두 기발함으로 물결을 이루었다.

특히 지금도 멋있다고 생각되는 해안선 모양의 기인 벤치 모자이크, 작은 집들, 울퉁불퉁한 돌을 이용한 기둥과 벽 등 모두가 색다른 작품들은 기발함이 돋보였다.

그리고 그 모든 건축물들은 주위의 꽃과 나무들과 조화를 잘 이루고 있었다.

이 공원에서 오늘 하루는 종일 쉬며 놀고 가고 싶다. 이 구엘공원 안에는 가우디가 디자인한 의자, 벤치, 체스트 등이 전시 되어 있어 가우디의 야외 미술관이라 해도 손색이 없을 정도이다.

구엘공원을 건축하게 된 동기는 가우디의 오랜 친구이자 후원자인 구엘과의 끈끈한 인연 때문에 시작하였다고 한다. 본래는 주거용 목적으로만 지었지만 공사는 도중에 중단되었고 일반인에게 선물로 주어졌다.

가우디의 저택과 광장을 거쳐 공원 뒤편 언덕에 오르면 바르셀로나 시내가 한눈에 내려다보인다고 한다.

사그라다 파밀리아 등 가우디가 꿈꾸며 그려낸 도시의 실루엣이 지중해에 비껴 어우러진다고도 할 수 있다.

1900년경의 바르셀로나는 인구 50만 이상의 산업력에 경제를 기반한 현대적이고 국제적인 대도시였다. 성벽은 이미 50여년 전에 철거 되었으며 신도시 즉 엔지니어 알데폰스 세르디가 설계한 연산체로 신규 개발 지구를 의미한다. 이 연산체는 1860년 이후 놀라운 속도로 성장해 가고 있었다. 이는 19세기 유럽 내 가장 큰 규모의 도시 개발이었다. 바르셀로나의 규모 성장은 평지에 연산체를 확장함으로써 19세기 중반 이후 매우 빠르게 진행 되었다. 그 중심 지역은 대다수의 중산층의 모습을 닮아가기 시작 했으며 근교 지구 또한 좀 더 서민적이고 공업적 성격을 띠면서 평지에 자리 잡고 있던 구교의 공장 지역 쪽으로 발전해 갔다. 1888년 세계 엑스포를 통해 유럽과 세계 앞에 사회적으로 매우 다양한 충돌이 존재하나 예술적으로 매우 역동적인 다시 태어나는 카탈루냐 민족의 수도인 산업 대도시 바르셀로나의 위상을 보여 주었다. 이런 분위기 속에서 새로운 예술 언어와 도시상 모색의 전성기를 이루었다.

이것이 현재까지 연산체의 중심부에 살아 있으며 안토니오 가우디의 같은 유일한 건축가의 작품이 담긴 모더니즘을 성공적으로 이끈 원천이 되었다.

에비세비 구엘은 가우디에게 펠라다산이라고 하는 통속적으로 알려져 있던 지역에 매입을 해 둔 큰 규모의 대지에 자신의 가족을 위한 주택 단지 건설을 의뢰 하였다. 대지는 아주 깨끗한 환경에 바다와 바르셀로나의 전경이 모두 내려다보이는 최적의 위치에 있었다. 그러나 주택단지 안에는 지형을 고려한 도로망과 다리, 계단 등을 갖춘 삼각형 모양의 약60개의 분양지 건설이 계획 되었다.

구엘은 건축 조건이 너무 엄격하여 단지 분양지의 6분의 1만을 건설할 수 있었으며 건물의 용도 또한 거주지로 제한되어 구엘은 영국의 콘도미니엄을 건설하길 원했고 따라서 이 공원을 Park Guell이라 작명 하였다.

구엘과 가우디가 유리한 관계는 단순히 예술가와 후원가간의 관계가 아닌 진정한 우정 스토리라 할 수 있다. 가우디는 구엘공원 건설을 위해 기존에 존재하지 않던 예술 창작의 과정을 통해 도시 건설에 관한 심도 있는 연구로 구엘공원을 빠른 속도로 진행시켜 갔다.

그러나 구엘공원의 분양지 매입 조건과 주택 단지 특성상 프로젝트 진행이 불가능하게 되었다. 구엘은 1974년 공사 중단 결정을 내렸고 구엘의 죽음 이후 이 공원은 시청에 제공되고 말았다.

가우디는 구엘공원에 서른 채의 멋진 집을 지었으나 분양이 전혀 되지 않았다. '산 위의 높은 달동네'라는 평판을 이기지 못하여 겨우 서너 채의 집만 팔리게 되었다. 그리하여 가우디는 자존심에 깊은 상처를 받고 다시는 가정집을 만들지 않겠다고 다짐하고 그 뒤로는 다시 집을 짓지 않았다고 한다.

지금도 구엘공원 안에 남아있는 집 세 채는 아직도 남아 있으나 실용도와 정원이 매우 아름다운 그 집은 아직도 그 아름다움을 고스란히 자랑하고 있다.

바르셀로나 시민들의 정신적 안식처인 이 구엘공원에는 아직도 가우디의 재기 발랄한 작품들로 가득 채워져 있다. 산 위로 올라가며 지은 집 두 채의 주인은 구엘과 가우디 그들뿐이었다고 한다.

지금은 헨델과 그레텔의 집으로 만들어져 찾아오는 이들의 입을 다물지 못하게 하고 있다. 그 아름다운 집을 둘러싸고 있는 해안식 의자는 모자이크조각을 이용하여 가장 편안한 인체공학적 의자로 사용되고 있으며 타일로 만든 바다를 연상케 하고 그 자연스런 바다를 연상케 하는 타일 의자는 비가 올 때도 빗물이 잘 빠지도록 구멍을 뚫어 놓아 실용성과 아름다움을 함께 자랑하며 반짝이는 아이템을 자랑하고 있다.

그리고 지어놓은 집 중 집을 받치는 기둥들이 마치 살아있는 나무가 팔을 뻗어 천장을 받치고 있는 것처럼 윗 지붕을 받치고 있어 가장 초자연적인 건축 양식의 집으로 평가받고 있다.

아무리 천장을 둘러보아도 어떻게 서까래 하나 없이 그 거대한 나무 모형의 조형물이 지붕을 받치고 서 있는지 아리송하기만 하다.

구엘공원에 오니

김숙자

지중해가 오라고 손짓하는
예술 출렁거리는 천상공원
타일 조각마다 뛰는 가우디 숨결
직선 곡선 신의 선 아름답게 어우러져
실타래 꼬아놓은 듯
굽이치는 정문까지 놀러와
가우디와 내가 조우하고 있다

플라멩고 휠듯 한 춤 따라
고집스런 곡선미에 취하고
건축 속에 녹아낸 유연한 아름다움
가우디가 꿈꾸며 그려낸 숨결
자연 살려낸 모티브 아르누보
물결치듯 언덕 따라 흘러내리면
그리운 실루엣은 파도를 탄다

야자수 닮은 돌기둥
벤치에 새겨진 모자이크
지중해 태양보다 뜨거운 삶
산기슭에 꽃피워낸 예술의 힘
가우디 부둥켜안은 바르셀로나
이리도 끌리고 날 설레게 한다

8

세계에서 가장 매력적인 람블라스 거리

세계적인 명건축가 가우디의 작품 '성가족성당'을 뒤로하고 우리 순례
일행은 점심을 먹기 위해 지중해 해변으로 향했다. 스페인의 전통 음식
'빠에야'를 먹기 위해 람블라스거리를 향해 버스로 달려갔다.

바르셀로나에서 북쪽 카탈루냐의 광장에서 남쪽 항구의 포르탈 데 라
파우광장까지 1Km에 이르는 아름다운 거리를 람블라스거리라고 한다
고 한다. 차에서 내려 우리 일행은 점심을 먹을 겸 이 거리로 발길을
돌렸다.

도로변에 플라타너스가로수가 빽빽하게 수 놓여져 있어 도심의 삭막함
을 덜어주기에 충분했다. 바르셀로나 시민들의 영원한 산책로로 서머셋
모옴이 '세계에서 가장 매력있는 거리'라고 말한 '람블라스(Ramblas)'의 뜻은
아랍어로 강바닥(Raml)을 의미한다고 한다. 피카소, 달리, 미로가 이 길
을 자주 거닐었다고 하며 파블라스 카잘스가 바흐의 무반주 첼로 조곡
의 악보를 이곳에서 발견하기도 했다고 한다.

람블라스거리를 가로 지르면 바르셀로나의 중심지인 카데드랄을 비
롯해 중세풍의 건축물과 미술관, 박물관, 시민의 휴식처인 시우타데야공
원 등이 몰려있는 곳이다.

그 밖에도 서민적인 잡화점과 카페, 거리 예술가 등 우리가 연상하는
유럽의 거리 풍경이 그대로 펼쳐지는 곳이다.

메트로 리세우역 부근의 산책로 바닥에는 후안 미로가 디자인 한 다채로운 모자이크(1976)가 깔려 있다. 주말에는 다양한 퍼포먼스를 펼치는 거리의 행위예술가 덕분에 눈요기하기에 좋다고 한다.

미로의 모자이크를 지날 무렵 오른쪽에는 유럽에서도 유수의 아름다움을 자랑하는 바르셀로나의 오페라전당, 리세우극장도 보인다.

거리 중간쯤에 해당하는 리세우역 근처에는 바르셀로나 최대의 재래시장인 산조세프시장이 있다고 한다.

레이알광장부터 람블라스거리의 종점인 콜럼버스탑이 있는 포르탈데 라 파우광장까지 예전에 마약상들이 오가는 우범 지역이 있었다고 한다. 그러나 지금은 경찰관들이 상주해 비교적 안전하다고 한다. 콜럼버스 탑 안의 엘리베이터를 타고 전망대로 올라가면 시내 항구와 바르셀로나 시가지가 한 눈에 들어온다. 바로 옆에는 지중해가 보이는 유람선 선착장이 내다보인다. 바람이 불어서인지 하얀 요트들이 즐비하게 항구에 정박해 있는 모습만 바라보았다.

왼쪽에 있는 다리를 건너가면 영화관과 수족관, 쇼핑센터 등이 입점해 있는 마레마그눔으로 통한다고 한다. 우리는 이렇게 전망 좋은 해안가를 바라보며 스페인에서 특별 요리를 맛보았다. 스페인요리 이름은 빠에야라고 부르는데 오징어의 먹물을 이용한 볶음밥 같은 음식이었다. 완성된 겉모양은 비록 까만색이어서 식탐은 안 생겼지만 먹어보니 맛은 일품이었다. 연 이어 귀여운 꼴뚜기 튀김이 올라왔고 다음은 먹음직스러운 생선 튀김도 더 나왔다. 스페인의 주요 음식인 이 빠에야는 발렌시아에서 기원하였다고 한다.

점심으로 스페인의 거한 요리를 맛보았다. 참 풍성하고 맛있었다.

아쉬움은 항시 뒤따르지만 개인 여행이 아니기에 서둘러 다시 '만레사로 가야 해서 서둘러 이동을 해야만 하는 아쉬움이 있었다. 언제 또다시 바르셀로나의 항구 도시에 와서 멋진 요트들이 즐비하게 정박해

있는 이 거리에서 우리 그대와 여유롭게 편안한 시간의 강을 건너 볼
수 있을까?

9

아, 꿈에도 그리워했던 만레사

이냐시오성인 하면 결코 만레사를 빼놓을 수 없다. 내가 만레사에 가면 그분을 꼭 만날 것 만 같다. 아니 그가 기다리고 계실 것 만 같다. 그가 성인으로 추대 받게 된 가장 큰 계기와 원동력이 만레사에서 치열한 영신 수련 과정 속에서 하느님의 깊은 사랑이 짙게 싹텄기 때문이다.

만레사에서의 혼자만의 그 피땀 어린 회심과정이 없었다면 아무래도 하느님을 뒤쫓아 가는 수련과정은 쉽지 않았을 것이다.

만레사는 정말 이냐시오성인과 떼려야 뗄 수 없는 불가분의 관계가 성립 되는 곳이다. 심한 비바람이 몰아치는 동굴 노천에서 온갖 눈과 비바람을 맞아가며 보낸 그 회심의 세월! 만레사는 이냐시오를 성인으로 탄생시킨 제2의 탯자리이기도 하다.

오직 만레사 그 동굴 속에서 자신의 화려했던 과거를 과감히 청산하고 오직 하느님만을 향한 절절한 회심으로 영신 수련의 그 고통스런 산고의 기초를 그곳에서 다 출산 해 내셨기 때문이다. 이상하게도 만레사를 찾아가면 꼭 이냐시오성인을 만날 것만 같은 생각이 들었다. 지금도 그 동굴에 살아계실 것만 같은 이냐시오!

왜 내가 그런 생각에 사로잡혀 있었을까?

아무리 생각해봐도 내가 그분을 맘속 깊이 흠모하고 있었나보다. 한 번도 뵙지 못한 그분이었지만 왠지 모르게 그분의 살아오신 과정에서의 멋진 기사도 정신도 멋진 외모도 한몫 톡톡히 했으리라. 그러나 가장 중요한 것은 그간 자신이 지니고 자신이 소유한 그 모든 것들을 아낌없이 과감히 벗어내기란 쉽지 않은 것이다. 그러나 그분의 그 뛰어난 용단과 과감히 내려놓는 그 결렬한 의지에 내가 더 반했다고 볼 수 있다.

우리처럼 보통 사람이라면 내게 처한 모든 환경과 입장을 그렇게 과감히 청산하기란 매우 힘든 일이다. 그러나 오로지 하느님 사랑에 불타올라 이 세상 모든 것을 다 부질없다 생각하고 하느님 한분에게 자신을 온전히 의탁해 버린 그 확고한 사랑과 의지에 지금도 박수를 보내드리고 싶다. 그러기에 나는 할 수 없는 이냐시오의 멋진 용단에 내가 반하지 않을 수 없었나보다. 그러나 어찌하랴. 인간의 사랑에 연연한 거보다 하느님 사랑에 더욱 열렬한 이냐시오가 얼마나 멋지게 보였던지 이번 만레사에 와서야 사랑 고백이 절로 나오게 된다. 정말 이냐시오의 정열적이고 아름다운 영성을 나도 본받고 싶다. 멋진 상상 속 궁정 기사도 정신도 톡톡히 한몫을 했으리라.

영성이란 하느님을 오롯이 사랑하며 하느님께 모든 사랑과 공경을 온전히 드리는 삶이 바로 영성이라 생각된다. 내가 요즈음 특히 성지순례를 자주 나서는 것은 다름 아닌 성인들의 삶을 나도 본받고 싶어지기 때문이다.

영성의 숨결에 나를 포개다

김숙자

지금도 심혼의 바람 불어와
눈물비 쏟아져 내릴 것 같은
차가운 노천 기념 동굴
그 차가운 돌더미 머리에 이고
고뇌 가득 어렸을 당신 숨결
보석되어 찬연히 박혀있네요

당신 뼛속 골육 다 비워
만들어 낸 영혼의 숨결
반짝이는 영성의 향기로
내 마음 사로잡습니다

당신께 다가오는 길
당신께 돌아오는 일
왜 이다지 먼 길이었을까
지금도 거기 머무를 것 같은
황량한 영혼의 들판에
나 잠시 와 머물다 갑니다

이제 달디 단 당신 숨결 위에
뜨거운 고동 쉼 없이 요동치도록
내 숨결 포개놓고 온 만레사
황량했던 그 바위 동굴에서
당신이 그어놓은 십자성호에
영성의 새살 두두룩히 돋습니다

성작을 닮아가는 거룩한 시간

10 '찬미 받으시옵소서' 동굴경당 첫미사

우리 순례 일행이 이곳 만레사를 찾은 날은 겨울햇살이 찬란하게 반짝이는 초봄 같은 날이었다.

영성대학 교실에서 배운 공부 중에서 가장 가슴을 설레고 떨리게 했던 곳이 바로 오늘 찾아온 만레사이다. 그렇게 풍족했던 귀족 생활을 과감히 박차고 만레사 초라한 동굴로 자신의 거처를 옮겼던 이냐시오! 정말 그의 생애에 하느님에 대한 신심을 향한 비장한 각심이 아니고선 이럴 수는 없다. 귀족의 화려한 생활 범주에서 한낱 가난하고 보잘 것 없는 순례자로 전락을 했으니 하느님의 이끄심은 이냐시오도 어쩔 수 없었던 같다. 우리 일행은 구엘공원의 아름다운 정경을 벗어나 만레사에서 내렸다. 버스에서 내리자마자 주변의 경치를 돌아보았다.

강 주변이 저녁때가 되어가니 겨울을 아직 벗어나지 못한 스산한 날씨는 만레사를 더욱 고적하게 만들었다. 가까스로 주변에 굴러 떨어진 낙엽들이 바람에 이리저리 날리니 쓸쓸하기 그지없다. 우리는 만레사의 '성이냐시오 로욜라성당' 앞에서 성당으로 들어가기 전에 몇 장의 추억사진을 찍었다. 만레사 주변을 돌아보니 책에서 배우며 눈여겨보았던 멋진 카르도네르강도 보였다.

많이 반가웠다. 그 강 주변으로 멀리 보이는 산등성이에 또 하나의 성당 '성모마리아성당'도 눈에 들어왔다. 카르도네르강가엔 물이 많이 흐르진 않았지만 강 위로 굽이굽이 멋진 원추형 다리가 주변의 경치와 아름답게 조망되었다. 아, 이 강가에서 이냐시오성인께서 많은 영적인 체험들을 하셨겠구나. 이 작은 마을에 엄청난 축복이었구나라는 생각도 잠시 스쳐 지나갔다. 우리 일행은 그 카르도네르강이 보이는 다리를 배경으로 몇 장의 기념사진을 찍기도 했다. 잠시 후 우리 일행은 성이냐시오 로욜라성당 안으로 안내되어 들어가 또다시 한적한 동굴을 막아 만들었을 자그마한 '성이냐시오동굴기념경당'으로 들어갔다. 좁고 열악한 동굴경당이지만 우리일행은 여기에서 정말 의미 깊은 첫미사 '찬미 받으시옵소서'를 봉헌했다. 우리 일행 20명 정도가 겨우 들어앉을 만큼 작은 경당이었다. 우리의 숫자만큼의 의자를 놓는데도 제법 시간이 걸렸다. 동굴이었기에 환경이 열악할 것은 미리 알고 있었지만 막상 들어와 보니 옛날엔 이 동굴에 비바람이 다 들이쳤을 것 같다. 지리적으로 아주 열악한 산자락 동굴이었는데 지금은 공사를 하여 비와 바람이 들이치지 않도록 창문을 달아 '성이냐시오동굴'을 작은 예배실(경당)로 만든 것 같다. 그래도 옛 동굴의 모습을 보존하려고 많은 노력을 기울인 것 같다. 동굴 복도에는 많은 성화가 게시 되어 있었다. 동굴경당 입구의 비둘기와 두 천사상을 보며 내 마음에 평화가 가득해졌다.

정말 이 동굴경당에 고개를 숙이며 들어서니 이렇게 좁고 열악한 환경에서 이냐시오성인은 어떻게 의식주를 해결하며 11개월 정도를 이 동굴에서 지내셨을까? 정말 고생이 심했을 이냐시오의 모습이 짠하게 가슴속으로 파고들었다.

그의 풍족하고 화려한 생활을 과감히 청산하고 하느님만을 향한 가난한 순례자로 전락한 이냐시오의 굳은 결심이 이 경당 안에 더 높게 자리하고 있다.

날마다 하느님과의 사랑을 굳혔을 돌무더기 위에 새겨둔 때와 땀 젖은 십자 성호!

지금은 그 주인은 잃었지만 그 자리에 더 두드러지게 빛이 났다.

정말 가슴이 꼭 찔린 것 같은 아픔으로 다가와 내 손을 그 십자 성호 위에 살며시 포개 보았다. 아주 잠깐 사이에 행한 일이었다. 싸늘한 돌 덩이 위 십자 성호였지만 순간 이냐시오성인과의 첫 교감을 떨린 마음 으로 느껴볼 수 있었다. 우리 일행은 모두가 한마음으로 경건한 마음과 성심을 다해 성이냐시오의 영혼을 위로하며 그분이 피땀으로 설립하신 '예수회'에 대해 다시 한 번 생각해 보게 되었다.

예수회 회원이신 김연수 신부님과 박경희 수녀님, 장길선 수녀님 두 분과 함께 온 우리 이십 명의 순례자들은 진심어린 감사 미사를 올렸다. 우리도 정말 감동이었지만 이냐시오성인께서 창설해 놓으신 그 길을 함 께 이어가고 계신 예수회 회원들이야말로 더 큰 감동으로 다가왔을 만 레사동굴에서 드리는 뜻깊은 미사였다고 생각된다.

이냐시오 그분이 안 계셨더라면 누가 우리에게 영신 수련에 필요한 자료를 만들어 주셨을까?

감사와 흠모의 마음을 금할 수가 없다. 동굴에서 그윽하게 울려 퍼지 는 권구연 소화데레사의 오카리나 반주에 맞추어 이냐시오의 기도 성가 '받아주소서'를 모두 가슴으로 절절이 불렀다. 정말 구슬프고도 이냐시 오의 진심이 잘 드러난 그 기도 성가가 울려 퍼지는 동안 모두가 숙연하 였고 눈시울이 뜨거워졌다. 정말 어떤 미사보다 동굴경당에서 드리는 이 미사가 감동이었다.

이냐시오가 영신 수련을 한 역사적 현장에 와서 보니 그의 고행과 배 고픔 처절한 기도 그리움 등이 뭉클뭉클 전해져 왔다.

정말 우리가 존경하지 않을 수 없는 로욜라의 성이냐시오는 1522년 3월부터 1523년 초까지만 만레사에 있는 동굴에서 은둔 생활을 했다고 한다. 이냐시오성인이 성지순례를 가려던 중에 전염병 페스트가 퍼져

약1년 정도를 이 만레사동굴에서 머물게 되었다고 전해진다. 그곳에서 기거하는 동안 이냐시오는 매일 음식을 구걸하다시피 하며 지냈다고 하니 그 고초가 오직했으랴. 이냐시오는 하루에 일곱시간씩 기도를 했다고 전해지며 그는 그곳에서 많은 영적 체험들을 하였다고 한다.

그러나 세심증으로 많이 시달렸다고 하며 영들의 다양성에 관하여 몇 가지 경험을 만레사에서 얻었다고도 한다. 그리고 하느님께서는 학교 선생님들이 학생을 다루듯 이냐시오를 그렇게 다정하게 다루셨다고 한다. 그래서 그는 지극히 거룩하신 성삼위께 극진한 신심을 더 갖게 되었고 매일 성삼위께 기도를 바쳤다고 한다. 하루는 수도원 층계에 앉아 성모의 성무일도를 하고 있노라니 그의 오성이 승화되더니 지극히 거룩하신 성삼위가 세 개의 현의 형상으로 보였다고 한다.

그러자 그는 눈물을 감추지 못하고 끝내는 흐느끼며 자제를 잃고 말았다고 한다. 그날 아침에 그 층계 위에서 시작된 그 감격은 점심때가 되도록 눈물을 거두지 못하는 지경이 되었다고 한다.

그날 점심을 먹은 후 그는 크나큰 희열과 위안을 느끼며 여러 가지 다른 비유를 들어가며 지극히 거룩한 성삼위에 관한 이야기를 계속 하였다고 한다. 지극히 거룩하신 성삼위께 기도 하던 때에 커다란 경건심을 경험했던 그 인상이 평생을 두고 결코 지워지지 않았다고 한다.

하느님께서 세상을 창조하시던 손길로 언젠가 자신을 비추어 주셨는데 그는 거기에서 위대한 영성의 환희를 맛보았다고 말했다.

어느 날 앞서 말한 수도원 성당에서 미사에 참례하고 있는데 거양 성체 때 새하얀 광선과 같은 것이 위에서 내려옴을 심안으로 보았다고도 한다. 먼 훗날에 와서도 그 는 이 일을 제대로 설명할 수 없었다고 한다.

그러나 우리 주 예수 그리스도께서 지극히 거룩한 그 성사에 어떻게 현존하시는가 하는 사실을 심안으로 분명히 보셨다고 한다.

그리고 그는 기도 중에 그것도 자주 상당히 긴 시간동안 그리스도의 인성을 심안으로 뵈었다고도 한다. 그에게 나타난 형상은 그다지 크지도 작지도 않은 흰 몸체인데 지체는 뚜렷이 보이지는 않았다고 한다. 그는 예루살렘에서도 비슷한 형상으로 뵈었는데 지체를 명확히 구분할 수는 없었다고 한다. 그가 본 것들은 그를 강화 시켰고 그 후에도 언제나 그의 신앙을 굳게 하는 힘이 되었다고 한다.

한번은 그가 신심으로 만레사에서 1마일쯤 떨어진 성당으로 길을 나섰다. 길은 강가를 뻗어 있었다고 한다. 그런데 길을 가다가 신심이 솟구쳐 그는 강 쪽으로 얼굴을 돌리고 앉았다고 한다. 강은 저 아래로 흐르고 있었고 거기 앉아 있을 동안 그의 마음이 열리기 시작하더니 여러 가지를 깨닫고 배우게 되었다고 한다. 만사가 그에게는 새로워 보일만큼 강렬한 조명이 비쳐왔던 것이다. 비록 깨달은 바는 많았지만 오성에 더없이 선명한 무엇을 체험했다는 것 외에는 자세한 설명을 더하지 못했다고 한다. 그는 예순 두 해의 전 생애를 두고 하느님으로부터 받은 그 많은 은혜와 그가 알고 있는 많은 사실들을 다 모은다 하더라도 그 순간에 그가 받은 것만큼은 되지 않을 것이라는 생각을 했다고 한다.

이냐시오의 동료였던 디이에고 라이네스는 그 시절을 이렇게 이야기하고 있다.

만레사에서 이니고는 참으로 기이한 방법으로 하느님께 북돋움 받고 가르침과 비추임도 받았다. 그 결과 그는 전혀 다른 안목으로 하느님의 사물들을 보게 되었고 상이한 영들을 분별하고 시험할 줄 알게 되었으며 하느님의 사물에 맛들이기 시작하고 자신이 가르침을 받은 그 단순함과 사랑으로 그 사물들을 자기 이웃에게 나누어 주기에 이르렀다고 한다. 그러고 나서 그는 또 예루살렘 순례를 위해 바르셀로나로 떠났고 로마를 거쳐 베니스, 키프러스, 야파 그리고 예루살렘에 도착하여 순례를 시작하고 그 성지에 머물 수 없게 되자 그는 다시 스페인으로 돌아왔다고 한다.

정말 성이냐시오와 함께 하는 이번 순례여정은 참으로 우리 신앙생활에 따끈따끈한 도화선이 될 것 같다. 우리 순례단 일행은 아쉬움을 뒤로하며 정해진 일정에 의해 다시 몬세라트를 향해 기수를 돌렸다. 가는 차 속에서 몇 번이고 만레사를 돌아보며 아쉬운 작별을 고했다. '언제 내가 다시 이곳을 또 올 수 있을까?' 라는 생각을 하게 되니 더더욱 아쉬움이 커져만 갔다.

이냐시오의 기도가 자꾸만 읊조려진다.

주님 저를 받으소서

주님 저를 받으소서
저의 자유와 저의 기억력과 지력과 모든 의지와
제게 있는 모든 것과 제가 소유한 그 모든 것을 받아들이소서
당신이 제게 이 모든 것을 주셨나이다
주님 그 모든 것을 당신께 도로 드리나이다
모든 것이 다 당신 것이오니
온전히 당신 의향대로 그것들을 처리 하소서
제게는 당신의 사랑과 은총을 주소서 이것이 제게 족하나이다
(영신 수련 234번)

11

삶의 치장 벗겨낸 톱니산 몬세라트(Montserrt)

만레사의 여운을 뒤로하며 우리 일행이 지금 차로 오르고 있는 바위 산은 바로 톱니산이라고 한다. 몬세라트는 스페인 카탈루냐 지방에 있는 바르셀로나 근교에 있는 산이라고 한다. 아서왕의 성배 전설에 등장하는 베네딕도의 산타마리아 몬세라트수도원이 있는 곳이기도 하다. 이 몬세라트는 기독교의 성지이기도 하며 또 세계 최고의 4대 성지로 손꼽힌 곳이기도 하고 프란치스코 교황이 방문할 만큼 유명한 곳이다. 원래 몬세라트(Montserrat)는 '톱니 모양의 산이라고 해서 붙여진 이름인가 보다. 산의 높이가 1236m나 되며 이 인근 지역에서는 가장 장엄한 성지로 소문이 나 있는 곳이다. 화석이 된 스테고사우루스처럼 생긴 거대한 산 문타냐 드 몬세라트는 연한 색의 역암질 기둥으로 하늘을 찌를 듯 솟아나서 바르셀로나 뒤로 펼쳐진 평원을 압도 할 듯 굽어보고 있다. 이 산을 찾아오는 사람들은 약2000개가 넘는 등산로를 찾아오는 등산객도 있지만 '라모레네타'라고 하는 검은마돈나를 보기 위한 순례자들의 발길이 끊이지 않는다고 한다.

전설에 의하면 이 작은 목각상은 성누가 만든 것으로 서기 50년에 성베드로가 이곳으로 가져왔다고 한다. 물론 방사성 탄소 연대 측정법으로 이 조각상이 12세기에 만들어진 것임이 밝혀졌다고 한다. 이 조각상과 관련한 또 다른 종교적 일화가 있다.

성이냐시오 로욜라가 그의 칼을 이곳에 내렸을 때 자신의 소명을 깨닫고 예수회를 창건했다고도 전해진다.

들은바 대로 산 주변이 가깝게 시야로 들어오니 온통 산줄기 모두가 바위로 되어 있는 거대한 바위산이다. 그런데 산 아래서 바라보니 그 돌들이 기기묘묘하게 생긴 것도 기이 하려니와 산 전체가 다 뾰족뾰족한 돌무더기가 마치 톱날처럼 날카롭게도 보이고, 우리들의 치아처럼 가지런하게 보이기도 하고 끝없이 이어진 그 돌무더기들의 장관에 입이 다 물어지질 않는다. 먼 곳에서부터 사진에 담아보려고 누른 셔터가 차가 움직이는 차 속에서 누른 관계로 한 장도 제대로 찍힌 게 없다. 사진이 안 나오면 어떠랴. 우리가 오르고 있는 이 몬세라트가 너무도 장엄하게 거대한 돌들이 산줄기 전체를 감싸고 있다는 것 자체가 신기할 뿐이기 때문이다. 더구나 오르막 산길을 돌고 돌아가는 험한 바위산이기 때문에 가만히 앉아 있어도 몸이 좌우로 자꾸 흔들린다. 조금 무서워지기도 하여 앞좌석의 손잡이를 의식적으로 붙들게 되는 아주 아슬아슬한 톱니 같은 산이 맞다. 조금씩 그 산이 가까워지니 아까 그토록 작게 오밀조밀 보였던 톱니 같은 바위는 올라오며 보니 어마어마하고 거대한 돌산이었다. 그만큼 낮은데서 볼 때 마치 톱니 모양을 한 거라고 표현을 한 거지 절대 톱니 정도가 아니었다. 거대한 바위 그러니까 골리앗처럼 어떤 힘을 발휘할 것 같은 어마어마한 바위들의 끊임없는 조합이었다. 점점 톱니산에 다다를 때는 그 위용에 기가 눌려 우리가 점점 작아지는 것을 느낄 수 있었다. 이런 곳이 영험한 성지가 아니고 무엇이랴. 하느님의 신비 아니고선 이런 바윗돌 하나도 이 높은 산자락에 절대 올려놓을 수 없는 것이다.

몬세라트산의 단층 지괴는 모두 자연보호 구역으로 지정되어 있다고 한다.

산트헤로나봉까지 이어지는 하이킹루트를 포함하여 이 스펙터클한 바위투성이 풍경을 잘 감상할 수 있는 산책로도 많이 보인다. 정말 톱니산이라 할 만하다.

정말 하느님의 전지전능하심에 경외심이 저절로 샘솟고 거대한 산세에 기가 눌리고 신선한 공기에 압도되고 고적함에 눌리고 구름의 이동과 그 양에 눌리고 바람의 세기에도 압도 되고 말았다. 거기에다가 이렇게 가파른 산벼랑을 돌고 돌기에도 어려운 이곳에 터를 닦아 수도원을 세운 것만 해도 기가 막혔다. 이곳에 수도원을 설립하면서 수도원성당도 자연히 생기고 그에 따른 부대시설이 들어섰나 보다. 아무튼 천상의 정원이라 할 만큼 깨끗하고 아름다운 명산에 자연히 몬세라트박물관도 만들게 되었을 것이다. 덩달아 이곳을 찾고 기도하고, 머문 이들을 위해 교육관과 숙소도 자연스레 들어섰나보다. 아무튼 이 모두가 인간이 이곳에 하느님의 터전을 만들어 우리들의 영성과 피정에 도움이 될 곳을 선택 하셨던 것 같았다. 이냐시오성인도 각오한바 있어 이곳 몬세라트 성당에 당신의 몸보다 더 귀중했을 기사의 '장검'을 당당히 성모님께 바치는 계기가 되었나보다.

미사를 드리러 몬세라트수도원 소성당에 들어서니 이냐시오의 장검이 먼저 눈에 들어왔다. 얼마나 굳은 각오가 섰기에 그토록 귀이 여기던 기사로서의 생명이나 마찬가지였을 그 애지중지한 장검을 이 성당의 성모마리아께 올렸을까? 정말 이냐시오가 '궁정의 멋진 기사'가 아닌 진정 '하느님의 기사'가 되겠다는 각오와 의지를 이곳에서 관철시켰을 것이라는 의미 깊은 몬세라트였다.

이 몬세라트산은 가우디의 건축에도 가장 많은 영감을 준 자연물이라고 할 정도이며 가우디는 어릴적 몬세라트수도원에서 마음의 위안을 많이 얻었다고 전해진다.

그에게 있어 이 자연물은 건축 구조의 또 하나의 완성을 의미하기도 한다고 했다.

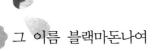

그 이름 블랙마돈나여

김숙자

우람한 바위 병풍 곱게 펼쳐놓고
운무로 복음 환호성 올리며
천사 노랫소리 울려 퍼지는
하늘 끝 아름다운 천상계단
기도 꽃 가득 핀 몬세라트

아기 예수님 품에 안고
자애로이 내민 당신 손에
부끄러운 내 손 올려놓으니
세상 모든 번뇌 사라지더이다
나의 온갖 근심 씻겨 지더이다

그대에게서 풍겨 나온
사랑 가득한 광휘의 미소
말라죽은 나뭇가지에도
슬픔의 구렁텅이에서도
신심 가득 환호꽃 피어오릅니다

12

은둔속에 평화 몬세라트성지수도원(Visit Montserrat Monastery)

몬세라트는 스페인 카탈루냐지방 바르셀로나 근교에 있는 산이다. 아서왕의 성배전설에 등장하는 베네딕도의 산타마리아 몬세라트수도원이 있는 곳이다. 세계에서도 4대 성지로 꼽힐 만큼 유명한 곳이다. 몬세라트수도원에는 수도원의 성모마리아 성지에 거주하는 수도사들이 우리들의 가슴에 담고 있는 모든 애로 사항을 자신들이 떠 안고자하는 마음을 담고 있는 '포옹'을 상징하는 수도원이다.

죽기 전에 꼭 가봐야 할 세계적인 휴양지로 이 몬세라트수도원을 꼽는다. 이곳에는 베네딕도회 수사들이 살고 계신다. 칠팔십 여명이라고 알고 있었지만 정확하게 몇 분 정도가 살고 계신지는 알 수 없으나 꽤 규모가 큰 것으로 보아서 많은 수사님들이 함께 사신 걸로 추측이 된다.

문득 이 베네딕도수도회에 대해서 좀 더 자세히 알고 싶어졌다. 성 베네딕도수도회는 로마 가톨릭교회 소속의 수도회이기도 하다. 529년에 누르시아의 베네딕도가 몬테카시노에서 창시한 공동 수도회 및 그의 누이 스콜라스티카를 중심으로 결성된 여자 수도회로 구성되어 있다고 한다.

베네딕도수도회는 넓은 의미로는 540년경부터 베네딕도회가 집필한 '회칙'을 채용하는 수도회의 총칭을 말한다. 5~6세기의 이탈리아는 게르만 여러 왕국 흥망 중에서 정치, 경제적 황폐가 심하였는데 동시에 정신적 갱생을 구하는 분위기도 왕성해서 모든 사회계층에서 수도사 지원자가 속출하기도 했다고 한다.

베네딕도는 이들 사람들을 모아서 '하느님께 봉사하는 학교'를 창립하고자 시도하고 로마법이나 '레귤라 마지스트리' 등을 참조로 하였으며 개인적 체험하에 독자적인 중용을 얻는 수도 생활의 원칙을 수립하고 수도원장을 아버지로 하는 가정으로서의 조직을 정비한 것이라고 한다. 이 회칙은 결국 서구 수도제에 의한 전형이 되었으며 아일랜드계의 계율과 경합해서 8세기 이후 압도적인 영향력을 나타내게 되었다고 한다.

그의 특색은 수도사의 정주를 엄격하게 의무 짓고 전례적 기도와 수덕을 천직으로 정하였으며 이에 지적 훈련, 수작업(사본제작 및 그 채식)이나 농경작업 등의 노동 시간을 가미한 일과를 권장하는 곳에 있었다고 한다.

또한 수도자가 사제에 임명되어 교구민의 사목에 임하는 관례도 만들었다고 한다. 베네딕도의 전기를 쓴 교황 그레고리오1세가 잉글랜드 첫 포교(596년)에 파견한 캔터베리의 아우고스티누스는 이 회의 수도사이며, 주교(대주교)에 임명되었다고 한다. 수도원의 물적 기반은 서구제국에 공통된 봉건제 대토지 소유에 있으며 불입권 특권부 봉토수여나 기부 등으로 획득한 소령에 장원풍의 공동체를 경영해서 경제적으로 자립하였다고 한다.

아니얀의 베네딕도는 피핀, 샤를르마뉴, 루이와 3대의 프랑크 왕을 섬기고 카롤링거 왕조 지배하의 전국에 걸쳐서 수도회의 통일과 개혁을 수행하였으며 대 수도원장의 권한 하에 중앙집권적 조직망을 확립하여 운영되고 있다고 한다.

참으로 모든 수도회들도 이와 못지않은 수도회의 엄정한 회칙이 있겠으나 필자는 이번 몬세라트에 와서 첫날 여정을 이곳 베네딕도수도원에서 묵으면서 베네딕도수도회에 대하여 좀 더 깊이 알아보는 좋은 기회가 된 것 같다.

베네딕도수도회의 모토는 '평화'와 '기도하고 일하라'라고 한다.

이름을 한자로 음차하면 분도회라고 부르기도 하는 수도회이다.

나도 이전에는 수도회에 대한 관심이 적었는데 이번 순례여정으로 이곳에 와보고서야 비로소 관심이 넓어졌음을 고백하지 않을 수 없다. 정말 이곳 몬세라트수도원에 와보니 전에 느껴보지 못한 경건함 그리고 깊은 정적에 싸인 기도 그리고 마음에 평화를 느끼게 되는 분위기에 반론할 여지가 하나도 없다. 정말 천상의 계단이 이러할까? 몬세라트수도원을 찾아오면서 차로 오르긴 했지만 그 첩첩 산등성이를 차가 이리 구불 저리 구불 오를 때는 정말 조마조마하기까지 하였다. 산등성이를 에워싸고 있는 커다란 돌덩이들이 산자락 끝까지 즐비하게 쌓여있어 마치 톱니 날처럼 뾰족뾰족하게 느껴졌다. 그 긴 산등성이를 이어져 오르는 동안 정말 영험하기 짝이 없는 명산이라는 느낌을 지울 수가 없다. 왜 그런 말이 튀어 나오는지는 올라와봐야만 알 것이다.

나는 죽기 전에 이곳에 와 보았으니 정말 행복한 사람 중의 하나이다.

정말 파란 하늘 아래 톱니산 산등성이엔 하얀 구름송이가 마치 하얀 치마폭을 휘날리며 춤을 추는 듯 했고 그 운무는 하늘을 향해 천사에게 심부름을 하는 것처럼 보인다. 지금으로부터 880년 한 무리의 목동 아이들이 몬세라트산 하늘에서 빛이 내려오는 것을 목격했다고 한다. 마치 그들은 하늘에서 천사들이 노래하고 있는 모습을 보며 너무 기쁜 마음으로 가득 찼었다고 한다.

그 천사들의 방문은 한 달 동안이나 계속 되었으며 산속의 동굴로 이어졌다고 한다. 그 마을 사제들은 이곳을 둘러보다가 동정녀 마리아의 이미지를 발견하였다고 한다. 훗날 11세기에 와서야 올리바 수도원장이 이곳에 작은 수도원을 세웠고 오늘날에도 80여명의 베네딕도회 수사들이 이 바위투성이의 산을 찾는 순례자들을 환영하고 있다고 한다. 여기에서 순례자들이란 영적인 답을 찾아 수도원 문을 두드리는 모든 사람을 뜻하며 몬세라트의 수도사들은 그들과 함께 기도와 식사를 함께 나누고 하느님을 찬양하며 살고 있다.

차에서 내려 수도원 입구에 당도하니 그 유명한 조각가 가우디의 제자 수비라치가 만든 조각상이 먼저 필자를 반긴다. 수비라치는 우리가 바르셀로나에 있는 성가족성당 '수난의 문'을 조각했던 가우디의 제자라고 했다. 성가족성당에서도 보았던 똑 같은 조각상을 이곳에서 또 보게 되니 기쁘기 한량없다. 가이드한테 들어서 관심이 더 쏠렸지만 몬세라트에 당도하여 수도원으로 들어서는 입구에서 다시 그를 만나니 여간 반가운 게 아니다. 마치 그의 눈동자가 내가 가는 곳을 응시하며 따라오고 있는 것만 같았다.

정말 조각상이지만 살아있는 듯한 착각이 들 정도였다. 조금 더 올라오니 몬세라트박물관도 있어 오는 이들에게 많은 영감을 줄 수 있을 것 같다. 나는 간단히 기념사진 한 장만을 남기고 지나 칠 수밖에 없었지만 자꾸 눈이 그쪽으로 쏠린다.

몬세라트박물관 건물은 "네 마리의 고양이"라는 별칭으로 더 잘 알려져 있다.

레스토랑 카사 마르티를 포함하여 바르셀로나의 수많은 랜드마크를 설계한 조셉 푸치 카다파르크의 작품으로 건립되었다고 한다. 이 박물관에는 이집트의 석관부터 21세기 조각상에 이르기까지 1300여점의 작품을 소장하고 있다고 한다.

그리고 이곳 몬세라트수도원에 있는 '소년합창단은 세계적으로도 유명하다고 한다. 그리고 이곳 몬세라트수도원에는 이미 14세기 때부터 음악 학교가 자리 잡고 있다고 한다. 아이들이 이곳에서 기숙사 생활을 해가며 음악 공부를 하고 있으며 방학 때나 집을 다녀온다고 한다. 그러니까 여기 뽑혀온 소년합창단은 철저히 공부시켜 단련된 그 유명한 수도원 천사 합창단에서 천상의 목소리로 많은 사람들에게 신심을 불어넣어 주고 있는가보다. 우리가 도착 한 날 늦은 저녁에도 베네딕도 수도사들이 성무일도를 하는 시간에 우리 일행도 그 자리에 참석하게 되었다.

짧은 일정으로 이곳에 왔지만 저녁밥이 문제가 아니었다. 이곳 수도사들의 성무일도 하는 모습을 함께 참관할 수 있는 행운도 따랐다. 거의 기도의 대부분이 아름다운 합창으로 올리는 천상의 화음이 울려 퍼지는 가운데 하느님께 찬미 찬송을 올리고 있는 것이 너무 감동적이었다. 스페인어는 잘 몰라도 찬송은 잘하는지 못하는지 음으로 들려오기 때문에 그 깊이 있는 아름다운 하모니는 우리를 충분히 감동시키고 말았다.

뒤이어 소년 합창단들도 출연하여 우리 앞에서 성가를 들려주었는데 정말 하늘에서 천사들이 내려와 우리에게 속삭이는 것 같은 환상에 젖고 말았다.

정말 어쩌면 천사들과도 똑같은 예쁜 소년들이 하느님을 향해 올리는 기도로 드리는 아름다운 하모니와 목소리는 몬세라트의 밤을 천상의 밤으로 바꿔주기에 충분했다.

피곤하다고 수사님들의 성무일도 시간에 불참했더라면 이 아름다운 소년들의 합창까지는 듣지 못했을 게 아닌가? 아, 한 번도 들어보지 못했던 아름다운 이 천상의 소리! 아마도 내 인생에 이런 아름다운 합창은 '나무십자가'들이 부른 합창 이후 처음인 것 같다. 정말 몬세라트에 와서 들어본 청아한 천국의 소리였다. 두고두고 내 삶에서 추억의 한 페이지로 아름답게 흔들릴 것 같다.

이처럼 몬세라트산의 모든 곳은 다 자연 보호 구역으로 지정되어 있다. 몬세라트산은 산트 헤로니봉까지 이어지는 하이킹루트를 포함하여 스펙터클한 바위투성이로 아름다운 풍경을 감상할 수 있는 산책로도 많이 만들어 놓았다.

Monstserrat는 카탈루냐어로 "톱니 모양의 산"이라는 뜻이 유래했다고 한다.

대개는 바르셀로나에서 오는 당일치기 여행이 주로 많지만 좀 더 오래 머물면서 이곳의 매력을 즐기고 싶다면 인근에 있는 호텔 아바트 시스네로스나 아바트 마르세트아파트를 예약해 두면 매일 그 청정한 산등성이에서 일어나는 모든 대자연의 장관을 여유롭게 더 잘 즐길 수 있을 것 같다. 아쉽기 짝이 없지만 우리는 하룻밤만을 그 몬세라트의 신성한 기운을 맛보며 수도원 숙소에서 쾌적하고 짜릿한 단잠을 자게 되었다.

그 이튿날 일정이 사라고사로 가야 해서 신선하고 꿀맛 같은 식사와 하룻밤 휴식을 몬세라트에 있는 수도원 숙소를 사용한 것이다. 그래도 짧은 일정이었지만 구름이 춤을 추며 넘어가는 아름다운 일몰도 볼 수 있었고 또 아침에 떠오르는 대장관의 일출도 잘 감상할 수 있었다. 이 모두가 너무 아름다운 광경이 아닐 수 없었다.

그것도 이른 아침 미사 시간을 참석하고 나와서 맞이한 일출이 더 장관이었다. 사진에 담긴 그 일출 광경을 내 손으로 가리키며 추억의 앨범에 꼬옥 담아두었다.

아쉬운 하룻밤을 이곳에서 보내고 내려오면서 어찌 시인의 가슴이 몬세라트를 그냥 지나치랴. 나의 머릿속에 저장된 아름다운 시상을 떠올리며 그곳에 시 한 수 뿌리며 내려왔다.

몬세라트의 하룻밤

김숙자

하늘구름 소리도 없이 내려와
파도 운무로 날 껴안아준
아름다운 몬세라트의 첫날 밤
평화로 깔아놓은 저녁노을에
볼그레 미소 띤 몬세라트 성모님
세상 근심 모조리 걷어 가신다

아, 얼마나 부질없는 것에
내 마음 송두리째 빼앗기며
주님사랑 헐떡이며 살아왔나
나를 조이고 있던 허상의 매듭
스스로 풀리며 찾아온 참 평화
이리도 꿀맛 같을 줄이야

톱니산 에워싼 구름 파도여
장엄한 성지 감아 돌며
진중한 성찰로 내게 오신 주님
뜨거운 영성의 불 당겨주소서
목마른 사랑으로 올린 관상기도
합창단 노래 소리에 배어나온다

13   기쁨 환희의 근원 동굴수도원 블랙마돈나여

몬세라트에 계시는 검은성모님은 '기쁨'과 '환희' 그리고 새로운 희망의 광휘에 가장 밀접한 분으로 알려져 있다. 말라죽을 것 같은 나무에서도 새롭게 꽃을 피워주시는 기적의 성모님이시다.

검은성모님은 우리가 느끼는 환희의 근원이시고 그 안에 성스러운 예수님을 수태하시어 우리 인간들을 슬픔에서 자유롭게 해 주신다고 한다. 때때로 우리는 기쁨을 그 가치에 마땅한 만큼 중요하게 여기지 않을 수도 있다.

그러나 우리의 일상에서나 우리의 기도에서도 그럴 수가 있다. 그러나 시간이 지나면서 우리 중에 많은 사람들이 겪는 어려움과 좌절, 슬픔 등은 우리 안에 짙은 안개처럼 남아 우리 눈을 흐리게 한다. 그래서 우리 앞에 놓인 것을 바로 보지 못하게 한다.

그러나 검은성모님께서 알려 주셨듯이 이러한 슬픔을 이겨내는 것은 우리를 둘러싼 세상, 곧 하느님께서 우리가 맺길 원하시는 관계를 맺어 잘 지내는 것을 기본으로 삼으신다고 한다. 내가 가진 것 또는 상대방이 가진 것 또는 상대방이 가진 것보다 우리 둘 다 해당되는 것 즉 자신이 가진 것을 내어놓아 모두가 이용할 수 있도록 하는 관계가 더 중요하다는 것을 몬세라트성모님께서는 바라고 계신다고 한다.

이곳에 계시는 검은성모님은 우리가 가장 사랑하는 보물이자 기쁨인 아들 예수님을 세상의 손길에 내 맡기셨다. 그래서 성모님은 그것이 바로 예수님의 자유를 존중하는 방법으로 알고 계시며 그로써 예수님을 영원히 잃지 않고 죽음에서 되찾을 수 있었다고 한다. 그리하여 검은성모님은 자신의 너그러움으로 가장 소중하게 여기는 것을 지키셨을 뿐 아니라 기독교인이 되어 예수그리스도와 연합하여 새로운 방식으로 예수님을 되찾으신 분이라 할 수 있다. 이것이 바로 몬세라트 검은성모님에게서 배울 수 있는 사랑이다. 그리하여 우리에게 보내기 위해 수태하신 예수를 무릎 위에 앉혀놓고 예수님과 함께 빛과 기쁨에 휩싸여 계신 것이다. 그래서 우리가 세계에서 4대 성지를 꼽으란다면 바로 바르셀로나에 있는 몬세라트의 검은성모님을 꼽을 수가 있다. 웅장한 자연을 끼고 돌아 벼랑 위에 수도원을 세우고 그 수도원 성당 안에는 검은 성모님이 아기예수님을 안고 앉아 계신다고 한다. 안으로 들어가는 입구에 이런 글이 한글로 안내되어 있다.

성모마리아를 방문하러 몬세라트성당에 오신 여러분을 환영합니다. 성모마리아는 그의 아들 예수를 여러분 인생의 빛과 인도자로 내어 주십니다. 여러분을 영접하는 이 성소가 모든 이들의 안식처가 되길 바라며 여러분의 협조를 부탁드립니다. 평안 하십시오.라는 안내문이 우리 태극기와 함께 걸려 있는 걸 보면서 새삼 한국의 위상을 생각해 보는 좋은 기회도 되었다.

그 검은성모님을 만나기 위해 대성당 안을 조심스레 올라가는 2층 계단 한쪽에 검은성모님께서 아기 예수님을 안고 계셨다. 너무나 근엄한 모습으로 앉아 오른 손을 우리게 내밀고 계신 그 손 위에 내 손을 올려 놓고 성모님께 나의 모든 것을 봉헌 하였다. '라 모네레타'라고 불리기도 하는 검은성모마리아 성상은 보호 차원에서 주위에 유리벽을 둘러 세웠는데 성모마리아 손 위의 지구를 상징하는 구슬 부분이 뚫려져 있어 순례객들이 그 손으로 그 둥근 지구 위를 만져볼 수가 있다.

올라가는 좁은 통로 쪽이어서 나 혼자만 오랫동안 성모님을 뵈올 수가 없다. 잠시 잠깐이었지만 성모님의 오른손 위에 내 손을 포개며 감사와 위로를 보내기도 했다.

결코 말씀은 없으셨어도 꼭 내 마음속의 소원을 이미 알고 계시며 다 들어 주실 것 만 같은 믿음이 날 에워쌌다. 어떻든 이 몬세라트수도원성당은 하느님 나라 같은 오염에서 분리된 천당과 같은 깨끗하고 아름다운 곳이라 검은 성모님의 위상이 저절로 높아진 것 같다.

여기 계시는 검은성모님은 치유의 능력을 갖고 계신다고 하며 어떤 위험에서도 우리들을 지켜 주시는 도움의 성모님이라는 얘기도 들었다.

어떻든 베네딕도수도원에서 드리는 수사님들의 모든 기도와 우리들의 바람을 모두 들어주실 것 같은 따뜻한 우리의 성모 어머니이셨다. 얼굴 모습은 검으셔도 인자하게 아기 예수님을 안고 계시는 검은 성모님께 내 속마음을 다 털어놓고 오고 싶었다. 치유의 기적을 내뿜고 계신 성모님이라 모든 아픈 사람들이 더 의지하고 뵙고 싶어 할 것 같다. 다음 날 아침 되돌아 나오는 길에 성물방에서 '검은성모님' 성물을 사 가지고 조심스레 내려왔다. 성모님을 집에까지 모셔가 오랫동안 잊지 않고 기도하기 위해서이다.

chapter 3

두려움의 실체를 마주하는 것에서 시작하자
(나폴레옹 침략에 저항한 요충지 사라고사)

순례를 시작한 지 오늘이 3일째 되는 날이다. 발걸음이 나날이 무거울 줄 알았는데 스페인에 있는 새로운 성지에 발을 딛을 때마다 새로운 에너지가 퐁퐁 솟아오른다. 그런데다가 만레사와 몬세라트성지에서 신실하게 받은 에너지와 사랑이 사라고사로 향할 때까지 계속해서 용솟음친다.

참으로 성지를 순례한다는 일은 내가 가는 게 아니라 내 안에 계신 하느님께서 나를 이곳까지 인도해 주시고 이끌어 주시기에 그런지 절로 힘이 난다. 이제 나도 한 나이씩 더 먹어가며 나오는 성지순례라서 힘에 많이 부칠 줄 알았다.

그런데 정말 그건 아니었다. 어쩐 일인지 몰라도 새로운 성지에 발을 딛을 때마다 내 안에 주님이 나를 이끌어 주시며 새로운 힘을 불어넣어 주신 게 틀림없나 보다.

정말 내 안에 나만 살고 있는 게 아니라 내 안에 하느님께서 함께 살고 계심을 이번 순례 때 더 새롭게 느끼게 되었다.

오늘 발을 딛게 되는 사라고사는 스페인 바르셀로나에서 서쪽으로 250km 지점에 있다. 에브로강 우안에 위치하며 비옥한 부근 평야의 중심지를 이루고 있다.

사라고사는 옛 수도였던 마드리드와 바르셀로나 등지에 이르는 철도의 중심지로 예로부터 상업 군사의 요충지이기도 하다. 본래 이베리아족의 도시였으나 로마군이 전략적 위치를 중시하여 군사적 식민지로 건설했다고 한다. 그 후 이슬람의 지배를 받다가 에스파냐 통일 때까지 아라곤왕국의 수도로서 매우 번영하였었다.

나폴레옹 침략에 저항한 사라고사의 끈질긴 항전은 역사적으로도 유명하다. 현재는 공업의 중심지로 피레네산맥에서 전력을 대서양연안의 로타에서 송유관으로 석유를 공급 받아 농업 기계, 철도차량, 섬유, 유리, 화학 등의 공업이 이루어지고 있다.

나도 재작년 도보순례로 피레네 산맥을 넘어 보았기 때문에 이 지역의 농업에 대해서는 좀 더 이해가 쉽게 갔다.

　그리고 사라고사에 있는 성당들은 대부분 고딕양식과 로마네스크양식의 성당들이 많고 1474년에 설립된 사라고사대학과 피사의 사탑처럼 기울어진 종루 등 역사적 유적이 많은 곳이다.

스페인의 중부 사라고사의 에브로(Ebro)강가를 지금 내가 걷고 있다. 이곳은 스페인의 수도 마드리드와 바르셀로나의 중간쯤에 위치하는 아라곤지방의 한 도시이다. 이베리아반도의 왕국들이 단일 국가로 통일될 때까지 이곳 사라고사가 아라곤왕국의 수도로 번영하였다고 한다. 어쩌면 처음 찾아오는 곳인데도 조금도 낯설지 않고 너무 운치가 있고 아름답다. 마치 내가 그리움이 쌓이면 늘 찾아오던 고향 품 같은 따뜻하고 정겨움이 묻어나오는 곳이다.

사라고사는 아라곤의 왕국이자 스페인의 유명한 화가 고야의 고향이기도 하며 스페인에서는 다섯 번째로 큰 도시라고 한다. 어쩌면 첫 상면인데도 이렇게 정이 갈까?

이런 친근한 마음이 우러나온다는 것은 벌써부터 필라르성모님께서 나를 보고 싶어 하며 그리워하고 계시지 않나 하는 생각이 겹친다. 그러지 않고서야 생면부지 처음 밟은 땅인데 이렇게 정겨울 줄이야. 마치 성모님께서 이곳까지 날 마중 나오실 것처럼 설레고 기대가 된다. 내가 지금 그 에브로 강가 피에드라 돌다리(Puente de Piedra)위를 건너가고 있노라니 강 저 너머로 보이는 필라르성모성당의 모습이 멀찌감치 물위로 얼비쳐 보인다. 정말 이럴 때 그림 같다는 표현을 쓰는 게 적절할 것 같다.

그 멋진 모습에 어찌 내가 반하지 않을 수 있으랴.

에브로강 돌다리 위를 지나면서는 일행의 대열에서 약간 뒤쳐져가며 에브로강을 배경으로 한 성당 모습이 하도 예뻐 사진 몇 장을 카메라에 담았다.

일행들보다 뒤쳐질까봐 사진을 찍고는 빠른 걸음으로 일행을 뒤쫓아 가기에 바빴다. 그러나 나의 머릿속에는 이번 순례여정을 글로 적어보기 위한 청사진이 나를 그냥 순수한 관광객으로만 놓아두지 않았다.

나의 야심찬 심중을 우리 주님만큼은 이미 알고 계시리라 믿는다. 언제나 순례를 할 때면 난 으레, 순례여정의 전 과정을 글로 옮겨왔기 때문에 어쩌면 글을 쓰는 일은 나에겐 너무도 당연한 일이며 주님께서 축복해 주신 나의 달란트로 생각하고 있다.

에브로강 강가를 사진에 담고 뒤쫓아 가는 나의 발걸음은 활기에 찬 듯 더 빨라졌다.

예측한대로 사라고사의 필라르성모성당은 아주 아름다웠다. 섬세하고 화려한 타일을 붙인 11개의 둥근지붕이 너무도 이색적이다. 필라르(Pilar)는 스페인어로 기둥이라는 뜻을 가졌다고 한다.

필라르성모성당은 바로크양식의 성당으로 산티아고 데 콤포스텔라와 함께 국가 문화 유적으로까지 선언되었다고 한다. 예수님께서 승천 하신 후 40년경(40년 1월2일 밤) 신앙을 전파하러 온 사도야고보와 그의 제자들에게 성모님께서 대리석 기둥 위에 나타나셔서 그곳에 제단이 있는 성당을 지으라고 말씀 하셨다고 하는 곳이다.

이 필라르성모성당의 천장에는 사라고사 출신의 세계적인 화가 고야 (F.Goya: 1746~1828)의 천장화가 지금까지 세월을 무색케 하며 그 자태를 더욱 뽐내고 있다.

필라르성모성당은 외형이 모두 화려한 타일로 만들어진 아주 아름다운 성당이었다. 바실리카 형식의 주교좌성당으로 그리스 때부터 있었던 교회 양식으로 돔형식을 취하고 있으며 많은 회합 장소로 밑을 바치고 있는 기둥이 없다고 한다. 예수님 승천 후 40년경 신앙을 전파하러 온 사도 야고버와 제자들에게 성모님께서 대리석 기둥 위에 나타나셔서 그곳에 제단이 있는 성당을 지으라고 말씀 하셨다고 한다.

그리고 모든 바실리카성당엔 교회 건축의 기념비적인 인가를 받은 주교님 의자가 놓여 있다고 한다. 사라고사성당 내부에서는 사진 촬영을 금하고 있었다. 그래서 외부에서만 사진을 담았고 내부는 한 장도 담지 못했다. 그런데 1936년8월3일 스페인 시민전쟁 때 2개의 큰 폭탄이 성당 내부로 떨어졌으나 다행히 그 폭탄이 터지지 않아 아무도 다치지 않은 기적이 일어났다고 한다. 성당 내부에 불발된 폭탄 두 점이 나 보라는 듯 지금까지 전시되어 있었다. 정말 기적이 아니면 이럴 수는 없는 일이었다.

예수회 공동 창설자 성프란치스코 하비에르

가톨릭교회 소속인 예수회의 공동 창설자인 하비에르(1506~1552)는 지금의 스페인 바스크지역(나바라왕국)의 하비에르출신의 가톨릭선교사이자 로마 가톨릭교회 소속 예수회의 공동 창설자이다. 프란치스코 하비에르는 1506년 나바라왕국에서 고위 귀족의 아들로 태어났다. 하지만 나바라를 지배하려는 프랑스와 에스파냐간의 전쟁(1512~1524)에서 에스파냐가 승리 하면서 그의 집안은 몰락하게 되었다.

그의 아버지는 나바라의 하급 귀족이 되었고 형들도 몰락한 왕국의 군인 출신으로 어려운 생활을 하게 되었다. 프란치스코 하비에르는 9세 때에 사제인 미켈로부터 세례를 받았으며 프란치스코라는 세례명을 받게 되었다.

미켈신부로부터 신학 수업에 필요한 헬라어, 라틴어문학과 문법을 배운 하비에르 소년은 이들 언어로 된 가톨릭 문헌을 읽을 수 있었고 덕분에 신학이 깊은 수준에 이르게 되었다. 파리대학교와 성바르브학교(1530년)학생 시절 이냐시오 데 로욜라를 알게 된 그는 예수회 창립 일원이 되었다.

성직자로서의 기본적인 소양을 갖추게 된 하비에르는 사제서품을 받아 드디어 하느님의 일을 시작하게 된 것이다.

하비에르 신부는 1542년 인도 고아주에 도착하여 가톨릭 교리 해설

서와 성가를 현지 말로 번역하는 등 활발한 전교 활동을 했으며 교회 지도자를 키우기 위해 고아대학교를 설립하기도 했다. 종교 개혁 후엔 개신교로 전향한 사람들의 전도를 막기 위해 직접 선교에 나선 그는 포르투갈 사람인 알파로스 선장을 통해 일본인 부시 야지로를 알게 되었다. 그 뒤 1549년9월29일 하비에르 일행은 다이묘사마즈 다카이사의 초대로 그의 성에 갔는데 하비에르 일행은 이곳에서 다카히사에게 화승총을 선물했다. 다이묘는 크게 기뻐하며 전도를 허용하는 것은 물론 종교의 자유도 인정하였다.

이에 자신감을 얻은 하비에르 신부는 '예수의 길'이라는 가톨릭 책을 발간하기도 했다. 하비에르는 '가톨릭 교회 해설서'와 '공교요리'를 쓰기도 했는데 이를 읽고 감명 받은 베르나르도라는 하비에르에게 세례를 받기도 했다. 하비에르는 베르나르도라를 일본 교회의 지도자로 만들기 위해 '예수회'에 가입시키기도 했다.

이렇게 1551년 하비에르는 히라도섬과 나가토국, 스오국을 거쳐 교토에 갔지만 별다른 성과를 얻지 못하고 다시 스오국에 되돌아가게 되었다. 예수회는 스오 국주 오우치 요시타카에게 화승총을 선물하자 이에 크게 기뻐하며 대도시라는 빈 절을 교회로 내줄 정도로 하비에르에게 전도 활동을 도와주었다.

야마구치에서 5개월간 전도한 하비에르는 중국에서의 전도를 위해 1551년 중국에 갔지만 입국하지 못하고 이듬 해 11월27일에 광동성 앞의 섬에서 열병으로 별세하기에 이른다.

하비에르가 전도활동을 한 가고시마와 야마구치에는 하비에르기념교회가 있다.

1622년3월 그는 성인으로 시성되었고 모든 선교사들의 수호성인이 되었고 성바오로 이후 가장 많은 사람을 그리스도교에 입교 시켰다고 알려지고 있다.

우리 일행은 팜플로나로 가던 길에 이냐시오의 영원한 동지인 성하비에르 생가 터에 자리 잡은 '하비에르성'을 돌아보고 그의 기념성당을 둘러보며 오래 된 교회 담당자의 이야기를 진심으로 전해 듣고 우리는 교회 안에서 하비에르성인이 태어나셨다는 그 탯자리에서 기념사진을 담고 발걸음을 다시 옮겼다.

성프란치스코 하비에르 애덕송(사랑의 노래)

주님 저는 당신을 사랑합니다
당신은 저의 하느님 저의 주님이십니다

제가 당신을 사랑하는 것은
저의 구원 때문도 벌이 두려워서도 아닙니다
당신께서 온갖 모욕과 고통을 당하시며
십자가에 매달려 죽으심으로써
저를 온전히 받아주셨기 때문입니다
주님 저는 당신을 사랑합니다
당신은 저의 하느님 저의 주님이십니다

제가 당신을 사랑하는 것은
천국의 영예도 상을 원해서도 아닙니다
당신은 저를 먼저 사랑하시고
저의 죄를 대신하여 죽으심으로써
저를 온전히 받아주셨기 때문입니다 아멘!

성이냐시오의 영원한 동지였던 프란치스코 하비에르의 생가와 성당을 둘러보았다. 그분들은 가고 없지만 하비에르성에서 이냐시오의 절친 하비에르를 만나러 간다고 생각하니 마치 내 친구를 만나러 가는 느낌에 휩싸인다.

제일 친한 친구를 만나려니 우리도 이렇게 기쁜데 예수회 영원한 동지이며 같은 길을 걸으신 하비에르가 이냐시오는 얼마나 보고 싶으셨을까?

지금 그분 둘이 이 성에서 재회의 기쁨을 나누는 모습이 눈앞에 그려진다.

만나면 어떤 표정으로 반가워 하셨을까? 어깨를 툭 치며 어이, 하비에르! 이랬을까? 껴안으며 너털웃음으로 즐거워했을까? 괜스레 이런저런 생각을 해보며 피식 웃음이 나오기도 한다. 우리가 우리 친구를 만나듯 그분들도 거리낌 없이 반가워하셨겠지? 반가움에는 별 방도가 없었을 것이다.

우리는 자그마한 성당 안에서 하비에르성인이 태어나신 탯자리까지 힘주어 설명해 주시던 하비에르성 담당자분이 너무나 고맙게 느껴졌다. 그 성당 그 탯자리에서 우리는 기념사진도 찍었었다 그런데 그날 카메라의 배터리가 모두 닳아 사진을 찍지 못했다. 그분이 아니 계신 하비에르성은 고적하기 그지없었다.

그러나 임은 가고 없지만 그 허황한 성곽을 눈여겨 돌아보며 우리는 다음 순례지 팜플로나로 향하였다. 왜 그렇게 팜플로나라는 말만 들어도 내 가슴이 뛰는지 모르겠다.

스페인에 살지 않았기 때문에 스페인 전 지역을 내가 어찌 많이 알겠는가?

그러나 재작년 9월, 산티아고 도보 순례를 하며 피레네산맥을 눈물로 넘으며 팜플로나 지역이 생각에 떠올랐기 때문에 그 이름만 떠올라도 다시 가슴이 뛰기 시작한다. 눈동냥 귀동냥으로만 들었던 팜플로나 지역을 오늘 다시 가기 때문이다.

어떻든 나와의 얽힌 추억 때문에 사람들은 그곳이 다시 그리워지고 보고 싶고 가고 싶고 그런가보다. 2월6일 목요일은 정말 다시 가슴 뛰는 길을 가고 있다. 몬세라트 부터서는 조금씩 귀에 들리고 대강 어느 지역쯤인지가 감각적으로 오기 때문이다. 정말 스페인을 다 알려면 오래 머무르며 그곳을 살다 가야 한다. 고작 2주 정도의 일정만 패키지로 잡아서 오고 가기 때문에 그 작은 여행길로만 스페인을 안다고 자부해서는 절대 안 된다. 가지 않은 곳도 많은 공부가 필요하다. 그곳의 역사와 인연이 무엇으로부터 시작 되었는지를 곰곰이 살펴야 한다. 이제 여기서부터는 산티아고 데 콤포스텔라로 가는 길이 가까워지나 보다. 여기 팜플로나를 지날 때부턴 조금씩 익숙해진 길이 나오는지 자꾸만 창밖을 내다보며 내가 두리번거린다. 아직은 부르고스도 안 나왔는데 너무 빨리 달려가고 있나 보다. 아마도 산티아고와의 재회가 몹시도 그리운가 보다. 그 카미노 길에서의 내딛었던 순수했던 내발자국은 아마도 엠마오를 가는 그런 심경이었다고 말하면 거의 근접할 것 같다. 마치 길을 가며 예수님과 이야기를 나눈 듯 외롭지 않았던 그 길이 아직 너무도 눈에 선하다. 그분이 들려주는 이야기 그분과 단 둘이 나누던 이야기 그 모두는 내 마음 속에 담아두었던 주님과의 이야기 보따리였을 것이다.

그때 주님께서 친구 안 해 주셨다면 내가 어찌 그 험한 길을 찾아 나왔을까? 노란 화살표만으로는 길을 잃어버리기 일쑤였다. 피레네산맥에서 장장 9시간을 헤매며 밤 9시경에야 내려올 수 있었던 그때의 기억! 아무래도 너무 무모한 강행이었다. 점심 후부터 걷기 시작한 피레네의 품이 그렇게 넓고 광활한 걸 왜 가이드도 몰랐을까? 그날 강행 시켰던 게 화근이다. 그래서 그 길에서 내가 주님을 만날 수 있었던 게 아닌가? 사람들은 가장 극한 상황 속에서 하느님을 찾고 하느님을 만나는 게 아닌가? 하는 생각을 하며 팜플로나에 들어서고 있다.

팜플로나에서 이냐시오가 전투에 참가한 이야기를 잠시 가이드가 들려주고 있다.

이냐시오는 1491년 가스틸라왕국의 기뿌즈코아지방에 있는 바스크 귀족 가문의 막내아들로 태어났다. 왕실에 대한 충성을 자랑삼는 독실한 가톨릭 가문에서 태어난 성이냐시오는 무엇보다 먼저 성직의 길로 나가야 할 인물이었다.

그러나 그는 세속생활에 더 마음이 끌렸던 것 같다. 성이냐시오는 1507년부터 1517년까지 스페인 왕실 재무상 후안 벨라스께르 데 껠랴르의 시중을 들면서 그의 신분에 상응하는 교육을 받았다. 그리하여 우아하고 기품 있는 기사로 성장하였다.

1517년 벨라스께르가 죽자 성이냐시오는 당시 나바라 태수이며 그 지역 수비를 맡은 나헤라 공작의 군대에 입대하게 되었다. 1521년에는 나바라의 수도 팜플로나가 에스파로스의 군주인 아드레드 푸아가 지휘하는 군대의 공격을 받자 성이냐시오는 수비군의 선봉에 서서 적들을 완강하게 저항하였다.

그러나 성이냐시오는 이 싸움에서 불란서군의 포격으로 심한 부상을 당하게 되었다. 그곳이 지금 팜플로나이다. 이 팜플로나전투에 참가하지 않았더라면 이냐시오의 인생은 궁정 기사로서의 탄탄대로를 걸었을지도 모른다.

팜플로나전투는 궁정에 뽑혀 들어간 로마 제국 카를 대제가 1년이면 한 번도 스페인을 안 오던 그 왕이 세금을 걷으러 아빌라에 갔다가 반란을 일으켰다고 한다.

그를 지지한 지지세력이 사라지자 팜플로나전투에서 병력 차이가 너무 많이 나서 미켈 대장이 1821년 영국 엘리자베스여왕 때 상공업이 발전할 때 중남미에서 들여온 금 300톤이 60억 정도가 된다고 한다. 이 돈 관리를 유태인에게 맡겼는데 궁정 기사들이 국가 부도 위기가 2년 정도 왔다고 한다.

이냐시오성인도 기사도 정신으로 끝까지 싸우겠다고 팜플로나전투에 나가게 되었다고 한다. 그런데 그 전투에서 그만 포탄을 맞아 두 다리를 크게 다치게 되었다고 한다. 그러나 함께 싸우던 프랑스군들은 진짜 기사도 정신이 있는 군인이었다고 술회한다. 용감히 싸운 적군 이냐시오를 들것에 실어 생가가 있는 로욜라까지 이송해 주었다고 한다. 그리 생각해 보면 정말 큰 호의를 베풀었다고 생각한다.

함께 싸우고 적이었던 이냐시오에게 그토록 호의를 베푼 까닭이 무엇일까가 자꾸 궁금해진다. 그러나 이냐시오는 그 싸움터에서도 인품이나 사람이 달랐던 것만은 사실이었나 보다. 전쟁 중에 그런 호의를 베풀어 주다니 정말 나로서는 이해가 안 간다. 거기서 피를 흘리며 죽던 말던 그 전쟁터에서의 적군들이 베푼 그 따뜻한 호의는 아마도 '하느님이 내리신 그 호의가 아니었을까?'

하느님께서는 그를 그때부터 제자로 쓰시려고 점찍어 놓으신 게 아닌가?라는 생각에 머물게 된다.

로욜라로 그렇게 돌아오게 된 이냐시오는 두 번의 큰 수술을 받게 되었다고 한다. 움직이지도 못하고 그가 당한 아픔을 치료해 가는 과정에서 이냐시오는 다시 하느님을 만나게 된다. 기사로서는 이제 생명을 다한 것이나 다름없다. 기사가 다리를 활발하게 움직이지 못하면 그 생명은 다 한 것이나 마찬가지이다.

다시 말하면 그 무서운 포탄은 이냐시오의 다리와 그의 삶을 여지없이 부숴 버린 것이다. 궁정 기사로서 성공 가도를 달리고 있던 건장하고 잘 생기기까지 했던 이냐시오의 꿈은 그 일로 인하여 산산조각이 나고야 말았던 것이다.

그는 로욜라성 어느 병상에 누워 내적 여행을 시작하게 되었다. 그 과정에서 그는 놀라운 세계를 발견했고, 새로운 삶을 시작하게 되었다.

격렬한 내적 외적 싸움이 그를 기다리고 있었던 것이다. 30년 후 이냐시오는 여전히 미약한 사람이었다.

다리도 심하게 절었고 담석통에 심하게 시달리고 있었다. 그러나 그는 신들리듯 책을 읽었다. 그즈음에 이냐시오는 그리스도의 생애와 성인들의 삶을 읽으며 하느님의 삶을 살게 될 하느님의 기사가 되기로 굳게 결심을 한다.

그는 엄격하고 공정하게 처신했으며 그러는 가운데에 큰 자비가 퍼져나가게 되었다. 그는 교황님과 왕들과 교류를 시작했다. 동료들은 그를 뜨거운 마음으로 존경 했지만 반대자들은 그와 격렬히 싸우기도 했다.

그와 사적으로 만난 사람들은 그에게서 사랑받고 있다고 느꼈다. 그는 유럽과 세계를 변화시키는 인물이 되었다.

바스크 출신의 귀족이자 기사인 로욜라 이냐시오는 드디어 예수회 창립자가 되었다. 예수회는 격동의 시대에 서방 교회를 개혁했고 수백 년동안 영향을 끼쳤다.

그의 영적 메시지는 그리스도교 전체의 삶과 활동을 쇄신하였다. 그리고 현대에도 그의 영성은 하느님을 찾는 사람들을 도와 충만하고 의미 있는 자기 실존을 발견하게 해주는 큰 성인이 되셨다.

이처럼 팜플로나전투는 그의 삶과 꿈을 완전히 변화시켜놓은 계기가 된 곳이므로 팜플로나에 도착하면서부터는 팜플로나라는 곳은 이냐시오가 전투에 참가하여 크게 다친 곳이기 때문에 이냐시오의 아픔과 고통에 마주치게 되면서 조금씩 더 연민의 정이 가기도 한 곳이다.

성이냐시오의 생애 돌아보기
Life of Ignatius of Loyola 1491~1556

16세기의 유럽은 정치적, 사회적으로 무척 혼란했고 교회 역시 신음하고 있었기 때문에 교회 안에서도 종교 개혁을 받아들이지 않으면 안될 역사적 시기에 놓여 있었다. 당시 이니고 로페즈 데 로욜라로 알려졌던 성이냐시오는 스페인의 명문 귀족 바스크 가문에서 태어난 13남매 가운데 막내로 태어났다.

26살 때까지 그는 세속적인 허영에 몰두했고 또 허무한 열망을 가지고 세상의 명예를 얻으려고 노력하였다. 그러던 중에 당시 나바르라 태수인 나헤라 공작의 군대에 입대 하였다. 이 지역은 프랑스의 침공에 위협을 받고 있었으며 1521년에 프랑스 군대가 스페인 국경선을 넘어 팜플로나로 침입해 들어오자 그는 성을 사수하기 위해 공격해 오는 프랑스 군대에 맞서 싸우다가 다리에 심한 부상을 입었다.

그의 용감함에 탄복한 프랑스 군인들은 이냐시오를 자신의 고향 로욜라로 돌아갈 수 있도록 배려해 주었다. 이냐시오의 고통스러운 상처가 차츰 회복 되면서 그는 평소에 읽던 무협 소설 대신에 당시에 많이 읽혀지던 두 권의 영성 서적 곧 '금빛 전설'과 '그리스도의 생애'를 읽고 지금까지 세상에서 헛된 명예와 영달을 얻기 위해 몸부림 쳤던 자신을 하느님께 봉헌하고자 하는 결심을 하게 된다.

그런 마음을 먹게 되면서 이냐시오는 책으로 읽은 성인들의 생애를 생각해 보고 그들의 삶을 모방하는 상상을 할 때면 그렇게 즐거워질 수가 없었다.

그리하여 성이냐시오는 하느님 사랑을 위해 성인들이 이루었던 위대한 행업을 자신도 이루기 위하여 속세의 욕망과 야심을 버리기로 결심하기에 이른다.

이렇게 책을 읽고 명상하는 가운데 시작된 성이냐시오의 회심은 자신의 삶의 의미를 크게 바꾸어 놓았던 것이다. 성이냐시오는 자신의 과거의 삶을 속죄하기 위해 가능한 한 빨리 예루살렘에 가기로 작정을 하였다.

성이냐시오는 1522년초에 그리스도께 봉사하고자 하는 강렬한 충동을 느끼면서 로욜라를 떠나 까따로나에 있는 몬세라트 성모성지로 갔고 그곳 가까이에 있는 만레사에서 수개월을 보내면서 자기 생애에 가장 중대한 체험을 하게 된다. 그는 그리스도를 위한 사랑에 불타올라 그분께 일생을 바쳐 그리스도 교회를 위한 성실한 봉사자가 될 것을 굳게 결심한다.

그 후 몬세라트 베네딕도수도원에 머물고 있던 중, 1522년3월24일 밤중에 그는 몰래 가난한 사람을 찾아가 입고 있던 옷을 모두 벗어주고 그토록 입고 싶었던 순례자의 의복을 입었고 자신의 검과 단도는 순례 성모성당에 있는 유명한 검은성모 제단에 봉헌하였다. 그때부터 그는 전적으로 하느님께 봉사하는 사람이 되었다.

하느님은 이냐시오 마음의 중심이었으며 그의 특별한 사랑의 대상이었다.

그래서 그는 일상생활의 사소한 일 까지도 하느님을 위한 봉사로 바치고자 했다.

그 사건 이후 이냐시오는 몬세라트를 떠나 만레사에서 머물면서 까르도넬강 강가가 굽어보이는 동굴 안에서 기도와 극기로 1523년 2월까지 1년간의 세월을 보낸다.

또한 그는 고행과 문전걸식을 하며 가시 돋친 띠를 두르고 연일 단식을 하며 그리스도의 길을 체험해 갔다. 그는 영혼의 어두움 때문에 매우 우울하게 수개월을 보내기도 하면서 심지어 어떤 때는 자살까지 생각할 정도였다. 그러나 이와 같은 암흑의 밤이 지나간 뒤에 그가 체험한 것은 영들의 다양성에 관한 것이었다. 이것을 체험한 이냐시오는 그가 말 한 대로 전혀 딴 사람이 되었던 것이다.

그는 먼저 그리스도를 위한 봉사의 첫걸음으로 다른 사람을 돕기로 결심하였고 이러한 그의 사도적 열성이 자신의 내부에서 강렬하게 불타올랐다. 그리하여 그는 이 작은 만레사를 떠나서 하느님께 봉사하고 사람들을 돕는 일에 그의 사도직의 본질적 요소로 삼게 되었으며 하느님과 사람들에게 더 잘 봉사하기 위하여 그는 건전한 학문의 지식을 보충해야 할 것을 알게 되었다.

그래서 그의 나이 33살 되던 해에 바르셀로나고등학교에 들어가 자기보다 나이가 훨씬 어린 소년들과 함께 라틴어를 배우기 시작하면서 1534년엔 파리에서 문학 석사학위를 얻기까지의 장기간의 면학 생활이 시작된다.

1526년 성이냐시오는 바르셀로나에서 알칼라대학으로 옮겨 갔고 이듬해에는 알칼라대학에서 힘든 과목을 공부하는데 몰두하였다. 이 공부 기간 동안에도 그는 만레사에서 체험한 '영신 수련'을 통하여 다른 사람들에게 영적 도움을 주는데 헌신했다.

또한 1526년 대림시기부터 1527년 6월까지 키메네스대학에서 인문학 공부를 할 때도 이를 돕는데 게을리 하지 않았다. 1527년 그는 알칼라를 떠나 지성의 최대 요람인 살라망카로 갔다. 거기서 이냐시오는 아주 열렬한 복음주의자였던 까닭에 종교 심문관은 그의 생활 방법과 설교,

신학을 문제 삼아 여러 번 그를 투옥하고 심문하였다.

성이냐시오는 스페인에서 종교재판에 더는 시달리지 않기 위해 살라망카에서도 그가 다른 이를 돕는 일이 금지 되어 결국 그는 공부를 계속할 것을 결심하고 1528년2월 다시 프랑스 파리로 건너갔다. 그가 1538년(42세) 때 까지 파리에 있으면서 쌩 파브르에서 인문학과 철학을 공부했고 그 후 쌩 자크 도미니꼬회학원에서 1년간 신학을 연구했다.

이냐시오의 파리 시절은 매우 의미 있는 시기였다. 후에 새 수도회를 발족시킬 동지들을 모은 것도 다 파리에서 했으며 1533년3월13일 문학 강의 자격에도 합격한다.

그 당시 그는 파브르, 히비에르, 살메론, 라이네스, 보바딜랴, 로드리게스, 재이, 브로잇, 코뒤르들과 친분을 갖게 되어 그들을 영신 수련을 통해 지도했다.

이냐시오 영신 수련은 예수회 영성의 유산인 동시에 기도의 지침서이고, 구세사의 신비를 보다 깊이 꿰뚫어 볼 수 있도록 눈을 열어 주며 우리가 세상의 사도로서 살아가도록 길러준다. 이러한 기도와 사도직의 지침서인 '영신 수련'으로부터 '활동하는 가운데 관상하는'(Contemplartivus in actione) 성소에 힘입어 예수회의 사도직이 등장하게 되는 것이다.

1534년8월15일 이냐시오는 파리 '몽마르트르소성당'에서 그의 동료들과 더불어 가난, 정결의 첫 허원을 했다. 이것은 예수회의 전주 였으며 예수회 창립의 길을 닦은 셈이었다. 1535년4월 그는 대학 공부를 끝내고 파리를 떠나 1537년 46세의 나이로 사제서품을 받았다. 1537년 그가 파브로와 라이네즈와 함께 로마로 가는 도중 라 스토르타의 경당에서 영시를 보았기 때문에 그의 단체를 '예수의 동반자'(Compainions of Jesus)라고 부르게 된 것이다.

1539년3월 이냐시오와 그의 동반자들은 새로운 사도적 수도 단체 설립을 구상하게 되었다. 그러므로 1540년에 성이냐시오의 전반기 생애와 활동의 절정이자 결실이라 할 수 있는 예수회가 탄생하기에 이른다. 성이냐시오는 자신의 회심을 통하여 하느님의 사랑을 체험했고 하느님의 영광을 위하여 무엇인가 행동하고 싶어 했다.

하느님께 대한 그러한 갈망은 기나긴 순례의 여정을 걷는 사이에 더욱 단련되었고, 확고해졌다고 볼 수 있다.

성이냐시오는 언제나 하느님이 자신을 비추시고 인도하고 계심을 목격하곤 했다. 즉 하느님이 그의 영혼에 신비로이 개입하신 것이다. 그래서 이냐시오는 이토록 예수회의 설립을 위해 자기의 온몸을 다 바치게 된다. 그리하여 그들은 교황 바오로3세에게 예수회 첫 회헌을 제출하여 약간의 수정이 가해진 후, 1546년9월27일 드디어 인가를 받게 되었다.

이냐시오는 교황이 지시하면 무슨 일이든지 실천하며 어느 곳에라도 갈 수 있는 기동성과 융통성을 가진 준비된 마음으로 예수 그리스도의 군사가 될 것이라고 말하였다. 따라서 성이냐시오는 신적인 사물을 지각하고 통찰하여 그것에 완전히 압도된 인간이며 신비가인 것이다.

1541년4월8일 '예수 수도회' 총장으로 이냐시오가 선출 되었으며 1556년 이냐시오가 돌아가실 때는 예수회원이 거의 1000명에 이르렀고 4대륙에 걸쳐 사도들이 파견되어 갔다.

로욜라의 성이냐시오의 영성(Spirituality of Ignatius Loyola)은 '모든 것 안에서 하느님 발견하기'(Finding God in aii things)가 주된 모토이다.

학습시간에 책으로 수도 없이 이냐시오성인의 이야기를 읽고 들었건만 이해는 가면서도 그 성인에 대한 체감온도가 그렇게 뜨겁지만은 않았다. 그러나 막상 현장에 발을 담그며 성지순례를 떠나오니 새삼 이론으로만 배웠던 로욜라의 생애가 거짓말처럼 생생하게 되살아났다. '아, 이래서 현장 체험학습이 중요하구나.'라는 걸 이번 순례에서 더 짜릿하게 느낄 수 있었다.

이번 순례의 키포인트가 "로욜라의 성이냐시오와 함께하는 순례여정"이다.

목을 빼고 기다리던 순례 학습을 현장으로 직접 나와 만나보니 열 말이 필요 없었다. 로욜라성에 가까워 오니 마치 기다리던 님이 마중 나와 반겨 주실 양 마음이 떨려왔다. 어떤 모습으로 우릴 맞아주실지 그저 가슴이 두근반 서근반 떨리기 시작했다.

성이냐시오는 1491년에 에스파냐 기프스코아(Guipuzcoa)지방의 아스페이티아(Azpeitia)읍 위쪽의 로욜라성에서 태어났다. 아버지 벨트랑 아네스 데 오네스 이와 로욜라의 어머니 마리아 사엔스 데 리코나 이 발다의 막내아들로 태어났다.

참으로 귀한 아들이었던 게 사실 같았다. 그의 세례명은 이니고이다. 그는 1506년에 당시 귀족 집안의 관습대로 에스파냐의 왕실 재무상인 후안 벨라스케스 데 쿠에야르의 집에서 위탁교육을 받았다. 그는 한참 후에야 그때부터 자신이 너무 방탕하고 무절제한 생활을 해 왔다고 고백을 하였다.

경제적으로야 넉넉하여 풍족한 생활을 하였음에도 채워지지 않은 모성 실조가 현실로 다가와 아마도 무절제한 방탕 생활을 한 것이 아닌가? 라는 생각을 금할 수가 없다.

그는 명예를 얻으려는 열망에 사로잡혀 머리와 옷 등 외모에 많은 관심을 기울이며 허영과 사치를 일삼았다고 한다. 벨라스케스가 사망한 후인 1517년에 이냐시오는 군에 입대하였다고 한다.

그런 다음 1521년 나바라의 팜플로나에서 프랑스군과의 교전 중에 심한 다리 부상을 입고 그의 생애에 있어서 중대한 전환점을 맞이하게 되었다. 성채를 점령한 프랑스군은 그를 치료해 주었고 로욜라의 가족들에게 그를 후송해 주었다. 부상으로 인한 치료를 마치고 회복기에 접어들자 무료한 시간을 달래기 위해 그는 평소 즐기던 낭만적인 기사 이야기를 실은 책을 읽고 싶어 하였다.

하지만 성 안에 그러한 책은 없었고 대신 가족들은 예수 그리스도와 성인들의 삶에 관한 책을 가져다주었다. 그는 책을 읽어가며 기사도로서의 공상들이 자신을 황폐하게 만들고 아무런 만족도 주지 못하는 반면에 성인들의 모범을 따르는 삶 속에서 참된 기쁨과 평화가 있음을 깨닫게 되었다.

이런 내면적인 체험을 할 즈음에 그는 아기 예수를 안고 계신 성모마리아의 환시를 체험하게 되었다. 이 환시에서 그는 크나큰 위안을 받았고 지난날의 생활 전체 특히 육을 따르던 행실에 대해 심한 혐오감을 느끼게 되었다.

이후 그는 회심의 길로 들어섰다. 회심 후 정든 로욜라를 떠난 이냐시오는 1522년 3월 25일 몬세라트(Monserrat) 산에서 약15km 떨어진 만레사

마을 근처의 동굴로 거처를 옮기게 되었다. 그곳에서 기도와 극기와 명상에 몰입하였으며 구걸로 생계를 꾸려나갔다.

평화를 얻으려던 그는 오히려 자신의 지난 죄들에 대한 양심의 가책에 시달리면서 고행을 하였다. 그의 저서로 유명한 "영신 수련"(Exercitia Spiritualis)은 바로 이 시기에 기본 골격이 형성되었다. 이 당시 이냐시오는 예루살렘으로 가서 기도와 보속 생활을 하겠다는 결심을 하게 된 것이다.

1523년2월 시작된 예루살렘으로의 여정은 그가 각오했던 것 이상으로 고통스러운 것이었다. 예루살렘 순례 후 1524년3월에 다시 바르셀로나로 돌아오게 되었다. 이냐시오는 회심 이후 약11년간 그는 학문에 정진하였다. 그는 바르셀로나에서 라틴어 공부를 시작하였으며 1526년에는 알칼라대학, 1527년에는 살라망카대학에서 공부를 하다가 1528년 여름에는 파리로 학교를 옮기게 되었다.

그곳에서 1535년3월14일 석사학위를 받았다. 하지만 건강의 악화로 1535년 봄에 다시 고향인 에스파냐로 돌아가 요양을 하였다.

이냐시오의 면학 시기는 수많은 시련도 많았지만 동시에 동료들을 규합한 시기이기도 했다. 그는 자신의 뜻을 따르는 동료들을 다시 파리에서 만나게 되었다.

즉, 사보아 출신인 파브르, 나바라 출신의 사베리오, 에스파냐 사람인 라이네스와 살메론과 보바디야, 포르투갈인 로드리게스 등이었다. 이들은 이냐시오처럼 외적 고행, 구걸, 단식, 맨발로 다니기 등으로 심신을 단련하였다.

1534년8월15일 그들은 몽마르트수도원의 순교자성당에서 '가난'과 '정결' 그리고 공부가 끝나는 대로 예루살렘으로 가겠다는 세 가지 서약을 하였다. 하지만 건강의 악화로 인하여 고향으로 다시 돌아온 이냐시오는 다시 예루살렘으로 가기 위해 1537년1월 베네치아에서 9명의 동료들과 다시 모였으나 당시에 터키와의 전쟁으로 가지 못하고 1537년6월24일 동료들과 함께 그곳에서 사제 서품을 받게 되었다.

1527년 겨울 이냐시오는 동료 파브르와 라이네스와 함께 교황을 만나기 위해 로마로 건너갔다. 로마 근교의 라 스토르타라는 마을의 경당에서 이냐시오는 환시를 체험하였다. 그는 성부께서 그를 예수그리스도와 한 자리에 있게 해주시는 환시를 보았는데 "내가 로마에서 너희에게 호의를 보여주리라."는 말씀을 들었다고 한다.

이냐시오의 동료들은 자신들을 '예수회'(예수의 동반자)라고 불렀으며 교황 바오로3세(paulus III)는 이들을 정말 호의적으로 받아들여 주었다.

사실 그때까지 장상, 규칙, 전통 없이 열심히 생활하던 이냐시오와 그의 동료들은 1540년9월27일 예수회 창립을 확인하는 교황의 교서를 통해 정식 인가를 받게 되었다. 그래서 이듬해 4월 이냐시오는 초대 총장으로 선출 되었다. 그래서 그 후 4월22일에 그와 동료들은 로마의 바오로대성전에서 장엄 서원을 하게 되었다.

그리하여 예수회는 즉시 선교 지역으로 파견되어 나갔고 수도원과 학교, 대학교, 신학교 등을 전 유럽에 세웠으며, 교육과 지적인 분야에서 그들의 탁월한 능력을 드러내기 시작하였다. 그 당시에 이냐시오와 동료들이 세운 세 가지 목표는 '교육'과 '자주', '성사'를 받음으로써 교회를 개척하고 선교지에서 폭넓은 활동을 전개하며 이단과 싸운다는 것이었다. 이것이 예수회 활동의 뿌리가 되었다.

이냐시오는 1556년 여름 로마에서 열병에 걸려 7월31일 이 세상을 떠나셨다.

그는 1609년12월3일 교황 바오로5세에 의하여 '시복'되었고 1622년3월12일에 프란치스코 사베리오와 함께 교황 그레고리우스15세에 의하여 시성되었다.

그의 시신은 로마에 있는 '예수성당'에 안치되었다. 그는 '피정'과 '영신 수련'의 '수호성인'으로 선언되었다.

성이냐시오는 마르틴 루터가 교회를 떠나 저항하며 개혁운동을 전개했던 데 반해 이냐시오는 내적 쇄신을 통한 영적 개혁에 헌신한 분으로 기억되고 있다.

19 피정, 영신 수련의 수호성인 이냐시오
〈고향 로욜라성〉

로욜라성에서

김숙자

그리움으로 이끼 낀 성곽 앞에
보드라운 초록 융단 곱게 깔아놓고
민들레 몇 송이 수놓아 둔 앞마당
붉은 목련송이 흐드러지게 피어
바람 주먹손 요리조리 뒤흔들며
반가움에 덩실덩실 몸을 떱니다

농익은 그리움 출렁이는 봄 날
이렇게 당신은 내 품에 안겨지고
소리 없는 보고픔에 짙게 떨린 내 영혼
기약된 만남 알고 마중 나오셨나요
뭉뚱뭉뚱 잘리어진 절름발 플라타너스
전투에 입은 그대 상흔 회심하라 이릅니다

팜플로나에서 하루 저녁을 쉬고 오늘은 이냐시오가 태어난 고향 로욜라성지로 가는 길이다. 버스에 오른 지 2시간 정도를 기도 하며 달려오니 우리를 실은 버스는 어느새 '로욜라성'에 다다랐다. 주님을 그토록 목말라하고 주님께 오롯이 충성을 다한 하느님의 예쁜 사도 로욜라 이냐시오!

그가 태어나 다복하게 유년기 청년기를 보냈던 이냐시오의 고향 로욜라에 도착하니 왠지 가슴이 찡하며 눈물이 나려고 한다. 아무것도 부족함 없었던 유년 시절 귀족의 가문에서 태어나 부와 명예를 다 누릴 수 있었던 이냐시오!

그러나 유년시절에 배고픔 보다는 엄마의 모성 실조가 그를 쓸쓸하고 공허하게 해 주었을 것이란 생각에 엄마로서 맘 한구석이 짠하게 저려온다.

13남매 중 막내였기에 갖은 호강과 귀여움을 다 받았겠지만 엄마가 일찍 돌아가시어 가끔 짜증도 부려보고 편안히 안기고도 싶은 사랑하는 엄마 품이 얼마나 그리웠으랴.

자서전에는 그런 어린 시절 마음까지는 다 담아내지 못했지만 필자의 생각으로는 사춘기를 외로움과 그리움으로 몸살을 앓았을 것 같다. 아무리 귀족 가문이라서 유모와 돌봐주는 사람들이 있었겠지만 정작 어리광을 부리고 짜증을 받아주는 그의 어머니라는 존재가 일찍 돌아가시고 말았으니 그 허전함은 말로 다 못했을 것이다.

겉모습으로는 늠름한 기사였을지는 몰라도 한쪽 가슴이 텅 빈 모성 실조는 누가 채워주었을까? 아무리 생각해봐도 그가 회심을 하며 하느님의 영원한 제자가 되리라고 맘먹은 그 속 중심에는 반드시 어머니의 자리가 비어 있어 사랑할 곳을 철저히 찾아 헤맸을 것이다. 그러나 가장 잘한 판단으로 하느님의 영원한 기사가 되었다는 것은 이냐시오의 영성이 너무나도 반듯하게 잘 자라주었기 때문이라 생각된다.

로욜라 성곽에 들어서니 정말 오래 된 정원과 그의 생가 로욜라성 그때의 성장기를 잘 말해주고 있었다. 아직도 로욜라성 계단 앞에는 누가 관리 해 오고 있는 듯 여전히 정원이 아름답다. 너른 정원 옆에 가장 눈에 띠는 것은 내가 좋아하는 분홍빛 목련나무가 나를 보기 위해 활짝 활짝 붉은 웃음을 터트려 주고 있다.

아직은 좀 이른 감이 있는데 정원의 분홍빛 목련은 마치 나에게 꽃다발을 안겨주려고 다박다박 고운 옷을 입고 서있었다. 어찌나 반갑던지 이냐시오성인을 직접 만난 것처럼이나 반가웠다.

나는 얼른 달려가서 그 포근한 품속에 안기고 말았다. 그렇게도 안기고 싶었던 영성의 너른 품속에 말이다.

마치 봄날 첫영성체를 하는 소녀들이 입은 분홍빛 드레스 같았다. 정말 눈이 부셨다. 너무도 반가워 가지를 붙들고 꽃송이를 껴안고 보고픔의 입맞춤을 했다. 정말 첫 만남인데 이렇게 좋을 수가 없었다. 얼마나 그리워했던가? 얼마나 오고 싶었던가? 정말 한없이 회포를 풀고 싶었지만 일행들이 성안으로 들어가고 없기에 서둘러 나도 성안으로 들어갔다. 나는 로욜라가 태어나고 자랐던 그 역사의 현장에 있다는 것만으로도 영성이 불타올랐다. 수업 시간에 이냐시오 영성을 배우면서 '나는 이냐시오와 나는 참 많이 닮아 있구나.'라는 걸 문득문득 느끼고 있었다. 공부를 배우려는 열정과 그걸 다른 사람에게 가르치려는'사도적 열정'이 많이 닮아 있다. 그래서 이냐시오의 매력에 더 푹 빠져 있는지도 모른다. 한번 어떤 일을 하겠다고 맘먹게 되면 그것을 꼭 이루어 내고야 마는 근성도 꽤나 닮은꼴이다. 열렬한 사랑과 결연한 의지 바로 그 열정이 닮아있다.

나는 오늘 로욜라의 생가에서 이냐시오를 더 가깝게 이해하고 그의 뜨거운 사도적 열정과 예수님을 사랑하는 그 뜨거운 열정을 더 배워갈 것이다. 그리하여 나로 하여금 이 순례를 통하여 얻은 모든 지혜와 영성을 와보지 않은 많은 이들에게 '뜨거운 당신 영성을 소나기처럼 퍼부어줄 수 있는 감동의 글로 탈바꿈시켜 주시옵소서.'라고 빌어보고 싶다.

로욜라성 내부로 접어드니 편안한 가정집에 온 것 같은 착각 속에 빠지게 된다. 가는 곳마다 어릴 때부터 이냐시오가 성장할 무렵의 배경이 된 따스한 한 가정의 대형 성화가 눈앞을 가로 막는다. 성화는 하나하나 다 번호가 매겨져 있다.

먼저 난롯불 곁에서 가족들이 편안하게 웃으며 이야기 하고 있는 모습이 엿보이고, 굳은 신앙심과 충절에 대한 맹세 그리고 당당한 명예심 그리고 용감한 기사도로서 약자를 보호하는 정신과 두 여자를 어려움에서 구해낸 기사도 정신이 그림 속에서도 엿보인다.

소소한 것 같지만 군밤을 구워 먹으며 단란했던 가정사가 드러나 보이는 그림 또 가족사진에서 근사한 함장도 보이고 형이 배를 타다가 전사했다는 이야기도 들려준다. 그러니까 그의 형이 될 법도 하다.

그리고 17~27세 때까지 군인의 교양을 쌓고 있었으나 그때까지만 해도 여자를 좋아하고 환락생활도 한 이니고는 어떤 여인의 도움으로 나바라까지 갔다고도 전해진다.

그림 6번에는 팜플로나 시의 전경이 펼쳐지며 전투의 전경과 투우장 성벽만 남고 다 부서진 성안에 사람만 외롭게 남아 있는 그림이 보이며 프랑스군에게 패해 패잔병이 되어 돌아온 장면의 그림이 보이고 다음은 로욜라의 방이 소개되었다.

로욜라의 어머니께서 우리가 서 있는 바로 그 자리에서 귀여운 로욜라가 태어났다고 하며 갓난아기가 2세 때 어머니가 돌아가셨다고 한다.

그 귀엽고 잘 생긴 아가가 이냐시오인가 보다. 그 장소에서 어머니가 이냐시오를 낳은 방이라고 하니 너무 정겨웠고 마음이 많이 쓰라렸다.

다음에는 회심 방이 보인다. 이곳은 회심의 소성당이라고도 한다.

정말 이냐시오에게는 경건한 방이 아닐 수 없다. 혼자서 달 밝은 밤하늘을 쳐다보며 얼마나 하느님을 그리워했을까? 이 회심방이 없었더라면 이니고는 하느님의 훌륭한 제자가 될 수 없었을지도 모른다. 우리 일행은 이 회심 방에서 의미있는 미사를 봉헌하고 좋은 강론 말씀도 듣게 되었다.

우리 순례 일행은 성 로욜라가 태어나 자라고 회심의 꿈을 꾸며 하느님 사랑에 모든 것을 바칠 각오를 하며 하느님을 목마르게 그리워하는 이 회심 방에서 미사를 올릴 수 있다는 게 얼마나 뿌듯한 전율이 느껴오는지 정말 순례여정이 너무 행복감으로 벅차올랐다. 예수회 소속 김연수 신부님께서도 오늘 이냐시오 회심방에서 드리는 이 미사가 너무 감동스러우셨을 것 같다.

성이냐시오와 함께 예수회 일을 하며 그 뒤를 오늘도 묵묵히 따라가고 있는 이 길에서 얼마나 동질감을 느끼셨을까? 신부님께서도 좀 목이 메신 듯 했다. 오늘 같이 이냐시오의 고향, 엄마의 품속처럼 따스한 그 방에서 특별한 미사를 드리는 일이 결코 쉬운 일은 아니지 않은가? 신부님께서는 강론 속에서 이런 말씀을 하셨다.

'아마도 하느님께서는 이 방에서 이니고를 책 속에서 기다리고 계시지 않았을까?' 라고 결론을 지으셨다. 이 회심방에서 만난 두 권의 책 금빛 전설과 그리스도의 생애에서 하느님께서는 이니고를 기다리고 부르셨나보다. 회심의 소성당은 이니고의 여러 방 중의 심장이라고 하셨다. 이니고는 이 회심방에서 자주 그리고 오랫동안 하늘을 바라다보며 여러 훌륭한 성인들의 삶을 통해 하느님께 뜨거운 사랑을 느끼게 되었다고 한다.

그래서 이 회심방에서 이니고는 하느님과의 사랑에 푹 빠지게 되었다고 한다.

이 회심의 방은 1521~1522년 사이에 회심의 소성당이 되었고 이니고는 이후 로욜라를 떠나게 되었다고 한다.

오늘 신부님의 강론의 요지는 '하느님께서는 이니고를 하느님 제자로 만들기 위해 이니고를 회심하게 만들었고 하느님 사랑에 푹 빠지게 했다.'고 하신다.

로욜라의 회심의 방에서 절로 시 한수가 또 솟구친다.

회심방을 나오면서 '아란사수의 성모님'과 가시덤불 사이로 눈 맞춤을 하고 있는 이냐시오의 애절한 눈빛이 자꾸만 나를 뒤따라 나온다.

'아란사수성모님'은 스페인 바스크지방에서 발견된 성모님의 동상이다. 아주 깊은 산 속의 절벽위에 큰 성당이 있었는데 1469년 이 부근의 한 목동(Rodrigo de Batzategui)이 잃어버린 양을 찾아 산속을 헤매다가 그만 지쳐서 잠시 쉬다가 우연히 절벽의 가시나무 숲속에서 성모님상을 발견하고는 "aranzazu"라고 외쳤다고 한다. 이 말은 바스크지방 말로 '가시나무'를 뜻한다고 한다. 그 후 그 성모님상이 발견 된 곳에 성당을 지었고 성당 입구 쪽 벽에는 스페인 최고의 조각가가 만들었던 아란사수성모님 작품이 모셔져 있다고 한다.

그 작품은 가시나무 위에서 이 상을 발견한 목동을 상징하는 가축의 목에 거는 종과 함께 가시덤불 위에 성모님을 모셔놓았다고 한다. 그리고 이냐시오 생가가 있는 '로욜라성지'도 '아란사수성모님'과 함께 바스크지방의 가장 중요한 문화재로 꼽히고 있다고 한다. LOYOLA와 ARANZAZU는 그다지 멀지 않은 곳에 두 성지가 있어 바스크 지방을 대표하고 있다고 한다.

예수님께서는 우리들의 나약함 때문에 우리 안에 더 살아계신다는 말씀이 오늘따라 너무 가슴에 남는다.

로욜라 회심방에서

김숙자

이보다 더 절정일 순 없다
내게서 더 이상 욕망의 불 끄지 마소서
나를 뜨거운 사랑으로 머물게 하소서
당신 말씀 목말라하는 이들에게
사랑 단비 촉촉이 젖게 하소서

내게서 더 이상
창작의 불 끄지 마소서
당신이 내게 주신 사랑이걸랑
당신 향기 오롯이 꽃 피울
목련화 그리움으로 살게 하소서

나의 한 걸음 한 걸음
이니고 열정으로
뜨겁게 불타오르게 하소서
당신 사랑 가득한 영혼의 집에
사랑의 불 꺼지지 않게 해 주소서

20 카스티야왕국의 수도 부르고스

　이냐시오의 생가 성당을 돌아 나와 스페인 카스티야지방 부르고스주
의 주도 부르고스에 도착 되었다. 부르고스는 스페인의 옛 수도이며 마
드리드에서 북쪽으로 약210km 정도에 아를란손강 유역의 해발고도
800m 고원에 위치하여 천연의 요새를 이루는 곳이다. 부르고스는 884
년 아스투리아스왕국의 동쪽 전초기지로서 건설되어 1035년 카스티야
왕국의 수도가 된 곳이다. 부르고스는 그 후로 상업 중심지로서 번영하
였으나 1560년 마드리드로 수도를 옮기자 쇠태하고 18세기가 되어 다
시 발전하였다.

　1936년 스페인내란에서는 프랑코 장군의 본거지가 되었다. 부르고스
는 11세기경 무어인을 상대로 활약한 전설적 영웅 시드 캄페아도르(엘시
드)의 출생 활약지로서 에스파냐 사람이 자랑으로 삼고 있는 곳이다. 이
곳은 농업 외에 모직물, 가죽제품, 화학비료 등의 공업이 번창하였다. 그
리고 부르고스에는 부르고스대성당과 많은 문화재 사적도 풍부하다.

멋스러운 부르고스 주교좌대성당

스페인 부르고스 주교좌대성당은 에스파냐의 카스티야이레온(Castilla Leon)자치 지방에 속한 부르고스주에 있는 고딕성당이다. 이 성당은 성모 마리아에게 봉헌하기 위하여 건축된 것으로 1221년 카스티야왕국의 페르난도3세(Ferdinand III)의 통치 기간에 마우리시오 주교가 주도하여 공사를 시작하였다고 한다.

1293년 가장 중요한 첫 단계 공사가 완성되었고 이후 오랫동안 공사가 중단되었다가 15세기 중반에 다시 재개 되었다고 한다. 부르고스대성당은 그 뒤로도 100년 이상 공사가 더 지속되어 1567년에야 비로소 완공을 보게 되었다고 한다.

그런데 뛰어난 건축 구조와 성화, 성가대석, 제단, 장식 벽, 스테인드 글라스 등의 예술 작품과 독특한 소장품 등 고딕 예술의 역사가 집약된 건축물로서 이 후의 건축 및 조형 예술의 발전에 큰 영향을 끼쳤다고 한다. 그리하여 1984년 유네스코 세계문화유산에 등재 되었다고 한다.

부르고스대성당은 스페인과 프랑스의 고딕양식이 함께 융합된 훌륭한 사례를 보여주는 건축물이다.

스페인에서 세 번째로 커다란 성당인 부르고스주교좌성당은 마우리시오(Maurisio) 주교에 의해 건립되었는데 평면 길이가 가로 84m, 세로 59미터나 된다.

지정된 면적은 1.03ha이며 주변의 완충지역(Buffer zone) 면적은 78ha이라고 한다. 지정된 면적에 포함되는 대성당은 본당 건물과 회랑 및 부속 건물로 이루어져 있다. 바닥 평면도는 라틴십자가 모양에 삼랑식 신랑 그리고 방사상 제실이 있는 내진 등으로 이루어져 있다. 신랑과 수랑이 교차하는 네 구석에는 거대한 원주가 서 있어 팔각형의 대탑을 지탱하고 있다.

서쪽 정면에 건물 위로 2개의 첨탑이 쌍둥이처럼 세워져 있고 3개의 입구가 있다.

이 대성당은 3층으로 짓고 천장을 둥글게 시공한 점, 트레이서리 등은 동시대 프랑스 북부지방의 양식과 밀접한 관련이 있다. 그 내부에는 원수의 예배실, 성 안나의 예배실, 방문의 예배실 등 여러 가지 주제로 조성된 15개의 예배실과 회랑 그리고 성직자 회의실 등이 있는데 여러 시대에 걸쳐 다양한 건축가의 손을 거쳐 장식되면서 완성도를 더 하였다고 한다.

15세기에 후안 데 콜로니아(Juan de Colonia)와 그의 아들 시몬(Simon)부자가 참여하면서 게르만양식에 플랑드르양식을 곁들인 새로운 양식이 도입되었다.

후안 데 콜로니아는 '방문의 예배실'과 서쪽 정면의 성모마리아상 등을 제작하였고 아들 시몬은 고딕 후기의 플랑부아양양식을 대표하는 '원수의 예배실' 등을 제작하였다. '원수의 예배실'의 제단 장벽은 힐데 실로에(Gil de Siloe)의 작품이다.

천장에 별장식을 한 둥근 지붕은 후안 데 바예호(Juan de Castaneda)가 1567년에 완성하였다. 성당 건설에 참여한 라인란트, 부르고뉴 플랑드르 출신의 예술가들은 스페인의 건축가와 조각가들을 교육하여 중세 말에 가장 번성한 유파 중 하나를 형성하기도 하였다. 또한 이 부르고스대성당은 11세기 레콩키스타 이슬람 교도에게 점령당한 이베리아반도 지역을 탈환하기 위한 기독교도의 국토회복운동의 영웅인 로드리고 디아스 데 비바르(Rodrigo Diaz de Vivar)묘지로 유명하다.

이처럼 부르고스대성당은 여러 단계를 거쳐 건축 되었으므로 거의 대부분 고딕양식으로서 독일과 프랑스, 그리고 베네룩스 3국의 영향을 많이 받았다고 한다.

성당 현관 문 위의 장식(Puerta da ia Coroneria)은 네 복음사가들을 옆에 둔 그리스도의 모습을 조각했고 그 아래에는 12사도들을 조각한 것이다.

내부의 중앙 둥근 천장은 거대한 별모양의 지붕으로서 1539년에 건축하기 시작했으며 네 개의 거대한 기둥이 받치고 있다. 그리고 그 기둥에는 예언자와 성인들의 모습이 조각되어 있다. 제대 뒷부분에는 휠리뻬 데 비가르니가 1498년에 조각한 예루살렘의 골고타언덕에 오르시는 그리스도의 모습이 있다.

꼰데스따블레경당은 1517년에 만든 것으로 가스띨랴왕국의 무관이었던 부부(성당 짓는데 공헌함)의 무덤도 있다.

그리고 외부에 공개되지 않은 미켈란젤로가 그렸다는 마리아 막달레나성녀의 요염한 모습을 그린 그림도 걸려 있다.

제의 방은 1765년에 개조된 것으로서 바로크양식을 하고 있으며 중앙 천장에 있는 성모 마리아 대관식을 그린 그림은 아주 귀한 보물이다. 그리고 제의 방 입구에 있는 화로의 불을 1221년부터 지금까지 한 번도 꺼져본 적이 없다고 한다.

성당 내부에 왼쪽으로 황금 계단은 귀족들이 말을 타고 와서 내려왔다고 하는 계단이 있었다. 성안나경당은 1492년에 개조된 것으로서 다윗의 뿌리를 상징하며 성모마리아의 모습을 조각해 놓았다. 떼끌라성녀의 경당은 2002년에 개조한 것으로써 그 화려함이 극치라고 할 수 있다.

입구 왼쪽 천장에 달린 빠빠모스카는 시간마다 종을 치면서 입을 열어 보이는 인형이 있다. 입을 열면서 하는 말은 "나가라(fuera)"고 하는 소리라는 해설자의 말이 있다. 한 시간을 관람하면 모든 관람이 끝나기 때문에 시간마다 그곳에 데리고 와서 이젠 '나가라'고 한다고 한다.

정말 한 시간이 끝나고 그 모습을 지켜보려고 줄을 서서 모여 드니 정각 1시간이 되니 나가라고 입을 열어 말을 하는 것이다. 그걸 보려고 더 많은 사람들이 시간이 바뀌면 그곳으로 몰려들기도 하였다. 그 모습을 사진에 담았지만 동영상이 아니어 실감은 나지 않는다.

그리고 성당 입구 오른쪽으로 돌아가다 보면 성체가 모셔져 있는 경당이 있다. 천주교의 전례시기에 맞추어 예수님의 고상 위에 치마를 입혀놓은 십자가상을 볼 수가 있다. 참으로 이례적인 모습으로 새롭고 혁신적이었다.

그러나 이 성당에 기증된 십자가상에 치마를 입혀놓은 이유는 사실 너무 사실적인 십자가상의 예수님을 너무 사실적으로 조각했기 때문에 가리는 차원으로 치마를 입히게 되었다고 하니 믿을 수밖에 없었다. 우리 일행이 그곳에 성체 조배를 올릴 때는 예수님께서 빨간 치마를 입고 계셨다.

치마를 입혀놓은 십자가상에서도 노출된 부위에서도 심한 상흔이 전해져 와 가슴이 아팠다.

chapter 5

가슴 떨리지 않은 목표는 목표가 아니다
(산티아고 데 콤포스텔라)

내 영혼 흔들었던 산티아고

김숙자

아주 오랜 시간 동안
내 시공과 가슴 속에서
식지 않은 그리움으로
타오르고 있는 그대는 누구인가

뜨거운 심장에 불 지펴
활활 타오르는 그 불길에
거센 풍무까지 돌리는 자
그는 도대체 누구란 말인가

샹그리아도 아니요
기약 없는 침묵의 발길로
노오란 화살표 벗 삼아
산티아고 울며 넘는 순례자

길 위에서 길을 묻고
길 위에서 나를 찾고
길 위에서 주님 만나며
내 영혼 송두리째 불태웠던 산티아고

스페인의 서북부에 있는 '산티아고 데 콤포스텔라'는 예루살렘 로마와 함께 유럽인들이 즐겨 찾는 순례지로 알려져 왔다.

산티아고는 스페인의 수호성인인 사도 성 야고보의 스페인식 이름이다. 야고보 성인은 생전에 선교 활동을 위해 스페인을 방문한 일이 있으며, 42년 예루살렘에서 참수형에 처해진 후 뱃길로 그 시신이 옮겨져 산티아고에 안치 되었다고 한다. 그의 무덤에 대한 이런 이야기는 오랜 세기동안 전설처럼 전해져 오다가 이슬람 세력이 스페인을 점령한 8세기 이후 야고보성인의 힘으로 이들을 무찔렀다는 신심이 커지면서 천심을 모으게 되었다.

814년 그의 무덤 위에 성당을 지었는데 이것이 산티아고대성당의 원형이다. 50년 최초의 순례자 그룹이 산티아고를 찾은 것을 시발로 하여 천 년에 걸친 순례행렬이 시작되었다. 1884년 교황 레오13세가 이 대성당 지하 무덤에서 발굴된 유해가 야고보 성인의 것임을 인정하려다 150년 요한 바오로2세가 교황으로서는 처음으로 산티아고를 방문하였고 193년 야고보성년(110년 교황 서한에 따라 성인의 축일인 7월 25일이 일요일인 해를 가리킴)에 라 콤포스텔라(순례자 증서)를 받은 사람이 10만명에 이르렀다. 20세기 마지막 야고보 성년이었던 1959년에는 단연 이 수를 넘었으리라고 추측된다. 이 순례길에는 유럽뿐 아니라 다른 대륙에서 온 도보 순례자들도 쉽게 만날 수 있다. 편리와 신속을 고도로 추구하는 세기 말에 짐 들고 고생스러운 일을 자처하는 도보 순례자가 늘고 있는 것은 놀라운 현상이 아닐 수 없다.

12사도의 한 사람인 성 야고보의 순교지로 알려져 있다. 19세기에 스페인의 아스투리아스왕국에서 그리스도교를 포교한 사도 야고보의 유체가 있는 장소를 가리키는 별이 나타났다고 믿은 알퐁소2세에 의해 이곳이 성당이 건설되었으며 아울러 산티아고데 콤포스텔라시가 형성되었다. 이후 예루살렘 그리고 로마에 이은 유럽 3대 순례지의 하나로서 번영했다. 12세기에 건설된 성 야고보를 모신 산티아고 데 콤포스텔라 대성당을 비롯하여 성프란치스코회, 성아우구스티노스회수도원, 성당, 교회, 대학 등 중세의 건물이 많이 남아 있다. 그래서 이곳을 '서부 유럽의 메카'라고도 불리고 있다.

산티아고 데 콤포스텔라가 유럽의 3대성지의 하나로 로마, 예루살렘과 견줄 수 있게 되자 한때는 산티아고 순례가 열광적으로 성행하기도 했다.

9세기초 수도사 페라요가 사도성야고보의 무덤을 발견했다는 소식이 순식간에 유럽 전역으로 퍼져 나갔다. 로마 교황 칼릭스투스2세가 집필했다는 옛 문서에 따르면 어느 날 밤 카를 대제의 꿈에 성 야고보가 나타나 "사도의 무덤을 해방시키기 위해 십자군을 이끄는 카를 대제를 빛나는 하늘의 강이 까마득히 먼 갈리시아로 인도하리라. 그것은 바로 산티아고로 가는 길이다."라고 말했다고 한다.

사도 성야고보가 이베리아반도 북서쪽에 묻혔다는 설은 이런 전설에 근거한 것이다. 성 야고보는 로마제국의 속주인 스페인에서 포교하려고 애썼으나 성과가 없자 예루살렘으로 돌아와 헤로데스 아그리파1세의 명으로 목이 잘려 순교 했다. 몇 명의 신자들이 사도의 유해가 담긴 돌관을 해변까지 나르자 천사가 내려와 양 옆을 붙잡고 있는 배가 나타나 그 관을 실었다고 한다.

그 배는 지중해를 지나 대서양까지 나아갔고 로마 시대에 갈리시아지방의 수도였던 이리아프라비아에 닿았다고 한다.

전설에 따르면 바다 위를 떠다니는 동안에도 성야고보는 연어 떼를 향해서도 설교 했다고 한다. 성마르코가 베네치아에 부를 주고 성안드레아가 비잔틴의 위엄을 상징하듯이 성 야고보는 당시 이슬람 세계와 접하고 있던 변경 지방 갈리시아의 수호성인이 되었다.

당시 갈리시아는 레콩키스타의 열기가 고양 되던 곳이기도 해서 이 수호성인은 언제나 싸움터에 있었다. 전설에 따르면 크라비오전투에서 사도성야고보가 백마 탄 전사 모습으로 나타나 칼을 휘둘러 사람들을 겁에 질리게 만들었으며 공격해오는 이슬람교도 앞을 막았다고 한다.

그러자 사기가 오른 그리스도교 군대는 죽음도 아랑곳없이 "산티아고! 돌격! 스페인!"이라고 외치며 적극적으로 돌격해 승리했다고 한다. 이런 고사 때문에 성야고보에게는 '마타모로스(무어인을 죽이는 자란 뜻)'라는 별명이 붙었고 스페인의 수호성인이 되었다.

그리고 이런 이유로 현대 산티아고 데 콤포스텔라의 시청으로 쓰고 있는 라호이궁전에 성 야고보의 기마상이 놓이게 되었다.

장인 마태오의 재능이 유감없이 발휘된 '영광의 문'은 로마네스크조각의 최고 걸작품 가운데 하나이다.

순례자는 이 아름다움에 압도되며 그리스도의 사랑을 느낀다.

사도야고보의 묘가 있는 산티아고 데 콤포스텔라대성당은 스페인 로마네스크 예술의 최고 경지에 이른 건물이다. 이 대성당을 짓기 시작한 것은 디에고 파라에스가 주교로 있던 1078년이었지만 공사가 본격적으로 진척된 것은 1100년 무렵부터였다.

순례자는 오브라도이로광장을 지나 '영광의 문'이라고 부르는 대성당 현관에 가까스로 다다른다. 장인 마태오가 만든 이 문은 유럽 로마네스크조각의 걸작이다.

초기 고딕양식으로 바뀌어가는 시기의 특징도 보여준다.

순례자는 윗부분이 반원형 아치로 된 현관의 중앙 기둥에서 순례 지팡이를 들고 상냥한 표정으로 순례자를 맞이하는 사도 성 야고보를 만날 수 있다.

2년 전 온 몸이 땀에 젖은 채로 산티아고 데 콤포스텔라에 들어서던 내 모습이 자꾸만 오버랩 되고 있다.

24 바라보는 것만으로 바다를 건널 순 없다

재회의 기쁨으로 만난 산티아고에서 그리움의 시 한 수 먼저 띄워 본다.

산티아고 데 콤포스텔라

김숙자

앞서 가려던 발길
뚜욱 멈춰 서서
목 빼고 기다리던 님
오늘 안 보곤 못 살겠더이다
땀 절인 그림자로라도
당신 곁에 서성이고 싶어
부르튼 발 앞 세운지 꼭 열흘
짓밟히며 아팠을 순례의 상흔
상처로 얼룩졌던 내 발가락
차마 당신께 모조리 봉헌 합니다

산등성이 외진 소쩍새

구슬피 울어댈 적마다

산구절초 한 움큼씩 피어나고

영혼의 노래조차 품을 수 없어 허한 가슴

이제 당신 품에 포옥 잠겨

내 마음 후미진 자락 끝까지

수많은 은총 뿌려주시고

굽이굽이 딛고 온 순례자 걸음

보고픔에 떨며 울게 했습니다

25 산티아고 프란치스코성당의 거룩한 미사

오늘 내가 이 자리에 다시 오고 보니 땀 젖었던 옷을 벗고 깨끗함으로 단장했던 재작년 도보 순례 때의 인상 깊었던 미사가 떠오른다. 이번 순례 때는 주로 찻길을 이용하여 사라고사, 부르고스를 통과하여 북쪽으로 달려왔기 때문에 전혀 땀은 나지 않았다. 부르고스에서 점심을 먹고 찾아온 산티아고 데 콤포스텔라와의 재회는 또 떨리고 설레었다.

그때는 그 멀고 먼 길을 걷고 또 걷고 두 발로 걸어서 이곳에 도착했기 때문에 온 몸이 땀범벅이 되어 있었다. 나는 대성당에 도착하여서는 어찌나 힘들고 어려웠던지 부끄러움도 느낄 새 없이 차디찬 오브라이도 광장 앞에 누워버렸었다.

정신을 차리고 향로 미사를 올릴 땐 예쁜 옷으로 갈아입고 주님과 만나려고 마지막 날 길을 나설 땐 배낭 옆에 개량 한복 비슷한 한국 이미지 풍긴 예쁜 옷을 따로 준비해 왔다. 검정 바탕에 연분홍빛 목련꽃이 아래서부터 피어오르는 모습의 수가 놓인 작품과도 같은 개량 한복을 가지고 왔다.

도보 순례에는 짐 한 개가 걸을 때 얼마나 짐이 되는지를 잘 알고 있었지만 그 불편을 감수하고서라도 나만의 자세가 그렇게 나를 이끌었던 것이다.

누가 눈여겨 보아주지는 않더라도 내 마음 안에서 주님께 그렇게 나를 보여 드리고 싶었던 것이다. 역시나 분명 짐은 되었지만 그 이상의 뿌듯함과 기쁨이 나를 얼마나 떨게 했던가? 얼마나 나를 행복의 도가니에 몰아넣었던가?

정말 돈으로는 결코 살 수 없었던 주님과 나의 만남! 그래서 이 산티아고에서 뵈었던 주님은 내게 남다르게 다가왔던 것이다. 그래서 이곳을 도보 순례 한 후 내 신앙은 많이 뜨거워졌다.

산티아고 도보 순례 후 나는 '침묵의 그 길에서 나를 찾다.'라는 수필집을 내기도 했다. 잘 썼는지는 독자들이 각자 판단 할 몫이지만 나는 내가 그 길 위에서 느낀 나의 신앙과 소회를 담담하게 써 내려갔다. 다녀온 후 몇 달간을 나는 그 추억을 끌어안고 얼마나 많은 행복의 뒤안길에서 맴돌았던가?

이곳에서 도보 순례를 하며 얻은 낮음과 버림 속에서 정말 나를 가볍게 만들어 돌아왔던 것이다. 이번에도 산티아고와의 만남은 도보 순례는 아니었지만 여전히 나는 떨렸고, 그리웠고, 반가웠고, 감사했다. 정말 산티아고 데 콤포스텔라는 로마네스크 조각의 최고 걸작품임에 주저할 필요가 없다.

그리고 내 인생에 중요하고 새로운 터닝 포인트가 되었다.

정말 다시 찾아와 산티아고와 재회를 하고 보니 아는 사람이 없어 얼굴 보고 반겨 주진 않았지만 여전히 근엄한 대성당과 이곳을 찾아오기까지의 갖은 고생들과 온갖 추억이 나를 기다리고 있었던 것이다.

그런데 지난 번 왔을 때는 겉모습을 고치느라 파란 면사포를 쓰고 있었는데 이번엔 대성당 내부를 완전히 공사를 하는 중이라 모두가 밀폐되어 아무것도 만나 볼 수가 없었다. 단지 이곳에서 가장 그리운 분! 산티아고 야고보성인께서 지하에서 환하게 내 손을 잡아 주셨다. 얼마나 재회의 기쁨이 컸던지 울음보가 터져 나올 뻔 했다.

다시 너른 오브라이도광장으로 나가 '영광의 문'도 만져보고 그냥 미사를 봉헌 할 '프란치스코성당'으로 향했다. 이곳에 와서 다시 이 자리에서 또 미사를 올릴지 누가 알았겠는가? 주님께서는 이렇게 나를 부르고 찾고 계셨나보다. 모든 게 꿈만 같다. 처음 와본 다른 자매들 형제님들도 이런 마음 일까? 나는 혼자의 생각에 빠져 재작년 그때의 내 자리로 갔다. 그때 내가 앉았던 왼쪽 앞에서 세 번째 그 자리에 다시 앉아 보았다.

누가 눈여겨 보아주지 않아도 나는 나만의 추억에 몰입되어 오늘 미사도 시종 즐거웠다. 함께 온 일행은 달랐지만 프란치스코성당 그 자리에서 나는 누구보다 행복한 하느님의 딸이 되어 즐겁게 미사를 봉헌하였다.

지난 번 그 미사 때도 홍순례 시어머니께 연미사 봉헌을 했는데 이번 순례 때에도 데레사 어머니께 또 연미사를 올리게 되었다.

아마도 내 속마음이 시키는 시어머니와의 화해와 감사를 더 깊게 시키고 있었던 것 같다. 정말 우연은 아닌 것 같다. 평소엔 며느리라고 해도 학교 근무로 동분서주 하며 다니느라 어머니께 잘 해 드린 게 없었던 것 같다.

그러나 내가 할머니가 되어 꼭 어머니 그 연세에 내가 도달 하고 보니 이제야 부끄럽게도 모든 게 어머님의 도우심이라고 다가온다. 얼마나 미안하고 고맙던지 왜 이 자리에 와서야 그 맘을 알게 해 주시는지 정말 산티아고는 화해와 감사를 내게 늦게나마 알려 준 고마운 장소이다.

잊지 못할 첫 복사 노예경 마리아

산티아고에 와서의 미사는 또 한 가지 특별했다. 우리 일행 중에 노예
경 마리아라고 하는 예쁘고 참신한 자매가 가족인 엄마 아빠와 이번 순
례에 함께 왔는데 난생 처음으로 산티아고에서 신부님 미사 집전 하실
때 첫 복사를 서게 되어 정말 은혜로웠다. 본인은 연습도 못 갖춘 첫
복사를 얼떨결에 서게 되니 몹시 부끄러워하며 떨었을 텐데 신부님과
가이드의 친절한 안내로 미사 중 복사를 그럴싸하게 진행했다.

우리 일행 중 제일 나이가 어린 막내딸 같은 신선한 학도 자매였기에
더욱 예쁘게 다가왔다. 얼굴 모습도 예뻤지만 카이스트에서 대학 공부
를 다 마치고 박사과정까지 그 어려운 공부를 마치고 이곳에 왔으니 얼
마나 홀가분했을까? 그렇지만 그날 갑자기 서게 된 첫 복사는 아마도
어려운 공부보다도 더 어려웠으리라. 본인은 얼마나 떨렸을까만 우리가
보기엔 너무 예쁘기만 했다. 서툰 부분마저 모두 애교로 보였으니 하느
님께서야 얼마나 예쁘고 반가워 하셨겠는가? 마치 '돌아온 탕자'처럼 말
이다.

아버지께서 잔치까지는 아니어도 반갑게 맞아주셨으리라 믿는다.

대전 카이스트에서 박사과정까지 다 마치고 순례에 임한 참으로 의미
있고 개인적으로도 복된 복사의 출발이었다. 이번 기회에 한발 더 하느

님 앞으로 가까이 나아갔다는 것이 얼마나 장한 일인가?

　그간은 공부에 짓눌려 신앙생활까지는 충실하지 못했을 수도 있다. 이건 내가 데레사와 대화를 나눠보지 않았기에 순전히 내 생각이다. 어떻든 이후로의 모든 미사에는 예쁜 데레사 복사가 신부님을 도울 것이다. 아무리 작은 규모의 순례 중에 드리는 미사였지만 미사의 격식이 갖춰진 것 같아 뿌듯하기까지 하다. 앞으로 노예경 데레사의 신심과 하느님 사랑은 쭉쭉 상승 하리라 믿어 의심치 않는다.

chapter 6

죄와 결핍은 생명과 죽음을 이길 수 있다
(꿈에서도 뵙고 싶었던 파티마성모님)

유럽 이베리아반도 서부에 위치한 나라로 A.D 1143년 포르투갈왕국이 성립되었다. 15~16세기에 해양 왕국으로서 지위를 확립하면서 세계 최대의 영토를 소유했지만 18세기 중반 나폴레옹의 침입과 브라질의 독립 이후 국력이 쇠퇴하였다.

1910년 공화제가 성립되었다. 정식 명칭은 포르투갈공화국이다. 이베리아반도의 본토 이외에 대서양의 아조레스제도와 마데이라제도를 영토로 한다. 1974~1975년에 아프리카의 기니비사우, 모잠비크가, 카보베르데, 상투메프린시페, 앙골라가 잇달아 독립하고 1976년 동티모르가 인도네시아에 병합되었으며 1999년에는 마카오가 중국에 반환되어 해외 영토가 대폭 축소되었다.

지중해 북서유럽, 아프리카의 네 지역을 잇는 해상교통의 결정점에 위치하여 '지리상의 발견'시대에는 에스파냐와 더불어 큰 역할을 하였지만 오늘날에는 유럽의 후진국으로 전락하였다.

국명은 국가 형성에 중요한 역할을 한 도시 포르투(오포르)에서 유래되었다. 행정구역은 18개주 2개 자치지역으로 되어 있다.

　우리가 성지순례여행을 시작한지 6일째 되는 날이다. 아침부터 비가
오려는지 사방이 어두컴컴하다. 가이드도 비가 예견된다며 우산이나 비
옷을 준비하라고 했다. 어제 머물렀던 산티아고 데 콤포스텔라의 여운
을 고스란히 몸에 지닌 채 오늘은 스페인의 국경을 넘어 포르투갈로 가
고 있다. 그간 그리도 가보고 싶었던 파티마에서 발현하신 성모마리아
를 뵙기 위해서다. 파티마에서 성모님의 발현은 정말 특별한 은총인 것
같다. 포르투갈의 파티마는 세계 3대 성모발현지이며 세계의 수많은 순
례자들이 이곳을 찾아오고 있다고 한다.

　스페인에서 4시간 정도를 달려오니 포르투갈의 국경을 자연스레 넘
어서게 되었다. 별다른 단속도 여권 조사도 없이 순조롭고 자유스럽게
국경을 넘어선 것이다.

　이렇게 스페인과 포르투갈이 가깝게 연이어 있다는 걸 이번 순례를 하
며 알게 되었다. 거의 비슷한 자연 조건에 외형상으로 보아선 스페인인지
포르투갈인지 분별하기가 어려웠다. 우리는 포르투갈에 도착하여 처음으로
기름 잘 빠진 돼지고기 구이에 와인 한 잔씩을 하면서 여유롭게 점심을 먹
고 우리를 태운 차는 호기심에 가득찬 파티마성모발현지로 향하였다.

　비가 내린다더니 비는 오지 않았지만 사방이 어두컴컴하다.

　파티마의 성모 발현은 이제까지의 모든 발현보다 세계사와 가장 밀접

하게 연관되어 있어 매우 의미심장하다.

제1차세계대전(1914~1918)의 와중이던 1917년4월6일 미국은 독일에 선전포고를 함으로써 서유럽의 역사에 개입하였고 동유럽에서는 12월7일 러시아가 볼세비키혁명으로 제2의 이데올로기세력을 계획하여 전세계를 긴장시키고 있었다.

한편 바티칸에서는 몬시뇰 파젤리(교황 비오12세)의 주교 서품식을 5월 13일 거행하고 그를 독일 대사로 파견하여 평화를 위한 중재를 시도 하였다고 한다.

오스트리아에서도 평화를 위한 시도가 있었으나 상황은 그리 좋은 편이 아니었다. 그즈음 프리메이슨 단원들은 성베드로광장에서 "사탄이 바티칸을 지배해야 한다. 교황은 사탄의 노예가 될 것이다."라는 깃발과 루치페르가 미카엘 대천사를 내동댕이치는 그림을 나부끼며 창립 200주년기념 시위를 벌이고 있었다.

이 광경을 목격한 까닭에 당시 신학생이었던 1982년 시성된 M, 콜베는 '성모의 기사회'를 창설 하였던 것이다. 군주 정치에서 세계 혁명을 거쳐 민주정치로 발돋음 하던 역사적 전환기 1917년의 5월13일부터 10월13일까지 성모 마리아는 6번에 걸쳐 발현하여 세계평화를 위한 참으로 중요한 메시지들을 남기셨다.

어린 목동들 루치아(10세), 프란치스코(9세), 히야친타(7세)가 점심을 먹고 묵주의 기도를 끝내려 할 때 번개가 번쩍 하였다고 한다.

폭풍우가 닥칠까 무서워 급히 양떼를 몰고 내려오던 어린 목동들은 좀 더 강한 번개가 다시 치는 것을 본 순간 너도밤나무 위에 찬란한 빛을 발하여 여인이 서 계시는 것을 목격하였다.

그들은 부탁할 것이 있어서 천국에서 왔으니 무서워하지 말라는 부인과 여러가지 이야기를 나누었고 매달 13일 그 발현 장소에 오면 10월에 자기가 누구이며 무엇을 해야 할지 가르쳐 주겠다는 말씀을 들었다.

세계 평화와 전쟁 종식을 위하여 매일 묵주 기도를 바칠 것을 당부하신 부인은 세 번째 발현 때 "사람들이 나의 요청을 실천한다면 러시아는 회개하고 평화가 올 것이다." 그러나 만일 그렇게 하지 않는다면 러시아는 전 세계에 악을 행하고 전쟁과 교회에 대한 박해를 계속할 것이다.

하지만 마지막에는 "나의 티 없는 성심이 승리 하리라. 교황은 러시아를 나에게 봉헌 할 것이며 얼마동안 세계에는 평화가 깃들게 될 것이다."라고 하셨다. 이 날 지옥에 대한 환시를 본 세 목동들은 전율하였다 10월13일 마지막 발현 때 성모님은 기념 성당을 지을 것과 죄인의 회개 및 용서를 위해 보속할 것을 당부하고 두 팔을 펼치고 하늘로 오르셨다.

그 발현을 지켜보려고 모였던 7만 명의 군중은 퍼붓던 비가 그치고 구름이 사방으로 흩어지면서 태양이 활활 타는 수레바퀴처럼 돌며 색색의 빗줄기를 뿜다가 갑자기 곤두박질치는가? 했더니 멈춘 다음 그들을 향하여 떨어지려는 광경에 접하였다. 모두들 겁에 질려 "주 예수여, 저희들이 여기서 죽겠습니다."하고 부르짖자 태양이 정상으로 되돌아갔다고 한다.

"한 여자가 태양을 입고 달을 밟고 별이 열두 개 달린 월계관을 머리에 쓰고 나타난" 하늘의 큰 표징물(묵시 12장)로 종말론적 성격을 띠는 이러한 파티마의 발현을 통하여 평화의 모후는 악의 세력과 부단히 싸워야 하는 그리스도인들의 사명을 일깨우신 것이다.

세 어린이에게 주신 세 가지 비밀 중 한 가지는 아직 공개 되어 있지 않다.

파티마의 성모 메시지는 후세 사람들이 언제나 시대의 조류와 함께 검증하고 돌아볼 중요성을 지니고 있다.

1984년 교황 요한바오로2세는 전 세계를 다시 한번 평화의 모후께 봉헌 하였다.(루치아는 이 날의 발현에 대한 보고서를 3인칭으로 썼다)

이곳 코바 다 이리아(Cova da Iria)는 오우렘(Ourem)지방의 파티마에 자리하고 있으며 오늘날 레이리아-파티마(Leiria-Fatima)교구에 속한다.

1917년 5월 13일 이곳에서 세 명의 어린이가 양떼를 돌보고 있었다고 한다. 그들은 당시 너무도 어린 나이 10살이었던 예수의 루시아(Lucia de jesus)와 9살이었던 프란치스코 마르토(Francisco Marto), 또 그때 나이 7살 이었던 히야친타 마르토(Jacinta Marto)이며 그들은 서로 가까운 사촌지간 이다.

오늘날 묵주기도의 모후 대성전(Baslica de Nossa Senhora do Rosario de Fatima)에 들어 선 그 자리에서 그들은 12시쯤에 묵주기도를 바친 뒤에 작은 돌담을 쌓으며 놀고 있었다. 그러다가 갑자기 번개가 치는 것 같은 섬광을 보았다고 한다. 그들은 그곳을 떠나기로 하고 조금 내려가고 있 을 때 또다시 아까와 같은 섬광이 또 일어났다고 한다.

그때 작은 떡갈나무(azinheira)가 있었는데 지금은 발현 경당이 위치한 곳에 있다고 한다. 그런데 그 떡갈나무 위에 "태양보다 더 빛나는 부인" 이 서 있었다고 한다. 그 여인은 손에 흰 묵주를 들고 있었다고 한다.

그 부인은 이 어린이 세 목동들에게 "기도를 많이 해야 한다."고 말씀 하시며 연이어서 다섯 달 동안 13일 마다, 그 시각에 나타나 코바 다 이리아로 와줄 것을 부탁하셨다고 한다. 그들은 6월 13일, 7월 13일, 9월 13일, 10월 13일에 그곳으로 갔으며 그 부인은 세 어린이들에게 발현하 시어 말씀하셨다고 한다.

그러나 8월에는 세 목동들의 생가가 있는 알주스트렐(Aliustrel)에서 약 400m 떨어진 발리뇨스(Valinhos)에 그 부인이 또 발현 하셨다고 한다. 이 일이 있은 후 8월 13일에 이 세 목동들은 지역 행정관에 의해 오우렝 (Ourem)으로 이송 되었다고 한다.

10월 13일 마지막 발현 때는 약 7만여 명의 군중이 모인 가운데 그 부 인께서 나타나시어 "나는 묵주기도의 모후이다."라고 말씀하시며 당신 을 공경하는 마음으로 이 자리에 경당을 지어 달라고 부탁하셨다고 한다. 그리고 그 부인께서 말씀하시기를 "이미 너무 많은 상처를 받으신 하느님의 마음을 더 이상 아프게 하지 말라."라는 말씀을 하시며 자꾸만 당부하셨다고 한다. 이어서 모든 사람들이 7월과 9월에 세 목동들에게 이미 약속하신 기적을 목격하게 되었다.

태양은 마치 은빛 원반처럼 되어서 군중들은 아무 어려움 없이 그것을 쳐다볼 수 있었고 불바퀴처럼 그들 위로 빙글빙글 돌면서 땅으로 떨어지는 것 같이 보였다고 한다. 훗날 루시아가 도로테아 수녀회에 입회하여 스페인에 있을 때 성모님께서는 다시 발현하셨다고 한다.

1925년 12월 10일과 1926년 2월 15일에 폰테베드라수녀원에서 1929년 6월 13일, 14일 밤에 투어수녀원에서 또 나타나시어 이때 그 부인은 성모님이셨다.

그때 성모님께서는 첫 토요일 신심(첫 토요일에 다섯 번) 연이어 마리아의 티 없으신 성심을 거슬러 범한 죄에 대한 배상으로 묵주기도 5단, 성모님과 함께 묵주기도의 신비 묵상 15분, 고해성사, 영성체를 영하는 일을 마리아의 티 없으신 성심께 러시아를 봉헌 해 줄 것을 부탁하셨다고 한다.

이것은 1917년 7월 13일 '파티마의 비밀'이라고 알려진 부분에서 이미 요청된 것이었다.

몇 년 후 루시아수녀는 1916년 4월과 10월 사이에 세 목동들에게 있었던 게, 세 차례의 천사 발현에 대해 이야기 하였다고 한다. 이중 두 번은 로카 데 카베코(Loca de Cabeco)에서 한 번은 루시아생가 정원의 우물가에서 있었다고 한다.

그때 천사는 기도와 희생을 바치라고 하셨다고 한다.

1917년부터 세계 곳곳에서 코바 다 이리아로 오는 순례자들의 방문이 끊이지 않는다고 한다. 현재 매달 13일 여름과 겨울 휴가 기간, 주말과 평일에 그 숫자는 점점 증가하고 있다고 한다.

29

파티마에 발현하신 성모님 목격자들

● 예수의 루시아

예수의 루시아는 피티마성모님 발현의 중요한 목격자로서 1907년3월 28일 파티마 본당이 있는 알주스트렐(Aljustrel)에서 태어났다. 1921년6월 17일 도로테아수녀회에서 운영하는 빌라르(Porto 소재)의 기숙학교에 들어갔다.

이후에 '고통의 마리아 루시아'라는 이름으로 도로테아수녀회에 입회하여 투이(Tuy)에서 수련착복을 하였다. 1928년10월3일에 첫 서원을 하였고 1934년10월3일에 종신 서원을 하였다. 1948년3월25일 코임브라의 가르멜수녀회로 옮겨가서 '예수와 티 없으신 성심의 마리아 루시아'라는 수도명을 받았고 1949년5월31일 종신 서원을 하였다. 루시아 수녀는 여러 번 파티마를 방문하였다.

1946년5월, 1967년5월13일, 1981년 발현 작업의 회화 작업을 지도하기 위해 파티마에 여러 번 다녀갔다고 한다. 1982년5월13일, 1991년 5월13일, 2000년5월13일에 다녀가신 후 2005년2월13일에 루시아는 사망하였다. 그의 유해는 2006년2월19일 묵주기도의 모후 대성전으로 이장되어 현재 성전 왼편에 자리하고 있다고 한다.

● 프란치스코 마르토

　프란치스코 마르토는 1908년6월11일 알주 스트렐에서 태어났다. 그는 1919년4월4일 투병 끝에 부모님의 집에서 거룩하게 선종하였다. 그는 매우 섬세하고 묵상을 좋아했고 그는 주님을 위로하기 위한 지향으로 기도와 희생을 봉헌하였다고 한다.

　그의 유해는 파티마 본당의 공동묘지에 안장 되었다가 1952년3월13일 묵주기도의 모후 대성전으로 이장 되어 현재 성전 오른 편에 자리하고 있다.

● 히야 친다 마르토

　히야친타 마르토는 1910년3월5일 알주스트렐에서 태어났다. 1920년 2월20일 중병을 앓다가 리스본 스테파니아 병원(Hospital de Estefania)에서 거룩한 죽음을 맞았다. 그녀는 죄인들의 회개와 세상의 평화 그리고 교황님을 위한 지향으로 모든 고통을 봉헌하였다. 그녀의 유해는 1935년9월12일 오우렝에서 파티마의 공동묘지로 이장되어 오빠 프란치스코의 유해와 합장 되었다. 1951년5월1일 묵주기도의 모후 대성전으로 다시 이장되어 현재 성전 왼편에 자리하고 있다.

　프란치스코와 히야친다는 2000년5월13일 파티마에서 교황 요한바오로2세에 의해 시복 되었으며 2017년5월13일 프란치스코 교황에 의해 시성 되었다.

30

파티마의 웅장한 대성전에 들어서다

파티마 성모 발현지에 있는 코바 다 아리아

너른 광장 북쪽 부근에 파티마대성당이 그 위용을 자랑하고 서 있다. 날씨가 청명했다면 얼마나 그 모습이 더 아름다웠을까? 필자가 찾은 날은 약간 검은 구름에 싸인 하늘을 보며 아쉬워하기도 했다. 파티마대성당은 30만 명을 수용할 수 있는 광대한 성당으로 네오 클래식 양식의 대성당이다. 중앙에 64m 높이의 탑이 있고, 좌우의 주랑에는 그리스도의 수난을 그린 벽화가 그려져 있다. 제단 왼쪽에는 자신타 마르토와 프란치스코 마르투의 묘가 있다.

그리고 '성모님의 발현경당'은 파티마 성지의 가장 중심으로서 성모님의 발현 장소에 위치하고 있다. 코바 다 아리아에 처음으로 지어진 건물이다. 발현의 정확한 위치는 성모상이 놓여진 대리석 기둥으로 표시된다. 매년 성지를 방문하는 수백만 명의 순례자들이 이곳에 모여 기도를 한다.

'파티마의 묵주기도의 모후 대성전'은 1928년에 공사를 시작하여 1953년10월7일에 봉헌식을 하였다. 제대 15개는 묵주기도의 15단 신비에 봉헌 되었다고 한다.

그리고 중앙제단 위쪽 그림은 발현 목격자들에게 전한 성모님의 메시지를 묘사하고 있다. 세 목동들은 포르투갈의 천사가 모셔온 성체 안의 예수님을 만나고 이를 통해 천사는 성모님의 발현에 앞서 그들을 준비 시켰다.

왼쪽 하단에는 당시 레이리아교구의 주교가 무릎을 꿇고 있으며 오른 쪽 상단에는 각각 교황 요한23세, 교황 바오로6세, 교황 비오12세가 자 리하고 있다. 교황 비오12세는 1942년 마리아의 티 없으신 성심께 세계 를 봉헌하고, 1946년 파티마에 특사를 파견하여 성모상의 대관식을 거 행한 자리에 위치하고 계신다.

'지극히 거룩하신 성체경당'은 지금의 성체 조배실로 사용하고 있다 고 한다.

그리고 성모 발현경당 옆에 있는 '큰 떡갈나무'는 참나무과에 속하는 도토리나무의 일종으로 성모 발현경당 옆에 자리한 이 나무 아래서 세 목동들과 첫 순례자들은 성모님의 발현을 기다리며 묵주기도를 바쳤다 고 한다.

그리고 '예수 성심상'은 광장의 중심에 자리하고 있으며 성상 아래에 있는 네 군데 수도관에서는 물을 받을 수 있다고 한다. 이 물은 많은 은총의 수단이 되기도 한다고 들었다.

그리고 이곳 성모발현지에 '베를린 장벽'이 있다는 사실은 모두가 다 의아해 할 일이다. 그렇지만 그 장벽은 성지 사무실 남쪽 입구에 있으며 독일의 무너진 베를린 장벽의 일부분을 이곳에 가져온 것으로 콘크리트 구조로 만들어져 있다고 한다.

파티마에서 약속하신대로 공산주의의 붕괴 안에 드러난 하느님의 개 입에 감사드리며 독일로 이민 간 포르투갈인이 이곳 파티마 성지에 기 증하였다고 한다. 그런 큰 뜻이 숨어있다는 걸 알게 되면서 베를린 장벽 의 일부분이 그곳에 있다고 하여 그리 엉뚱하다는 생각은 안 들었다. 크 게는 인류 평화를 상징하고 있기 때문이다.

그리고 파티마성지광장 앞에 들어서면, 우리 눈에 친숙한 '요한 바오로2세'의 동상을 볼 수 있을 것이다.

삼위일체 대성전 앞쪽에 위치하며 높이34m, 폭17m의 십자가가와 함께 세워져 성요한 바오로2세 교황님께서 2000년에 다녀가신 기념 동상이 세워져 더욱 반가웠다.

또 '비오12세광장'이 있는데 삼위일체 대성전과 바오로6세 사목센터 사이에 위치하고 있었다. 비오12세동상과 레이리아교구 첫 번째 주교의 동상이 함께 세워져 있다.

그리고 '지극히 거룩하신 삼위일체 대성전'이 있다. 이 성전은 2007년 10월 교황 특사 에 의해 봉헌 되었고 8633개의 좌석이 만들어져 있었다. 그리고 성모발현지의 주요 지점에 '갈바리아(Calvario) 십자가의 길'이 너무도 아름답게 조성되어 있었다.

그 십자가의 길은 주님의 수난에 관한 14처와 부활에 관한 1개의 처소(15처)로 조성되어 있으며 갈바리아 하단에는 헝가리의 성스태파노에게 봉헌 된 경당도 있었다. 십자가의 길 14처는 서방 국가로 망명했던 헝가리의 천주교신자들이 기증하였다고 하며 그 축복식은 1964년5월12일에 있었다고 한다.

제15처는 공산화 되었던 헝가리가 자유를 되찾은 후에 제작 되었다고 하며 1992년10월13일 헝가리의 대사가 참석한 가운데 성대하게 축복되었다고 한다.

그리고 생생한 성모님 발현의 목격자이며 증언자들인 목동들의 생가도 그대로 현존하고 있다. 파티마 성모발현 100주년이 넘은 지금까지도 성모님의 발현 이후 생가의 모습은 아무 복원 없이 그 시대를 지나온 지금까지 그대로 보존되어 있다. 루시아의 생가정원은 지금도 조촐하게 단장 되어 있고 그 아래에는 우물가도 그대로 있었다. 여기서 1916년 여름 평화의 천사, 포르투갈 수호천사라 불리는 천사의 두 번째 발현이 있었다고 한다.

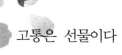

고통은 선물이다

김숙자

모든 일에는 고통이 따른다
고통과 상처는 함께 자란다
올곧은 이들에게는
어둠속에서도 빛이 솟는다

사람의 원판은 변하지 않으며
모상도 변하지 않는다
주님께선 좋은 모상을 주셨건만
살면서 깊은 동굴을 판다
그러나 놀랍게도 주님은
그 깊은 곳으로 날 찾아오신다

허리를 펴고 나를 바라보라
변함없는 빛을 보며 살라
인간은 가끔 외면을 하지만
주님은 늘 괜찮다며
위로를 해 주신다
다른 사람에게 빛을 비추면
놀랍게도 그 빛은 은총이 된다

31 갈바리아 생명의 십자가의 길 제15처

이곳 파티마성지에 와서 어찌 갈바리아십자가의 길을 **빼놓고** 갈 수 있으랴. 우리 순례일행은 파티마의 둘째 날 이곳 갈바리아에 가서 십자가의 기도를 하고 가기로 했다. 다른 순례자들은 모르겠지만 이곳 갈바리아지역은 세 목동들이 성모님 발현을 목격한 곳으로서 그 의의가 대단하다. 이 갈바리아는 파티마광장을 돌아나와 외각 지역에 위치하고 있다. 우리 일정이 **빡빡**하게 짜여 있긴 하지만 그래도 그 시간 중에서 우리 일행은 십자가의 길을 걸으며 은혜롭게 기도를 하고 가기로 하였다.

우리도 마치 시골 과수원 동네로 소풍을 나온 학생들 기분이 되었다. 파티마 성지의 광장 지극히 거룩하신 삼위일체 대성전 끝 쪽에서 좌회전을 하여 계속 직진을 하면 양쪽으로 사과나무인지 올리브나무인지 모르지만 길 따라 계속 심어져 있는 한적한 시골 길이 나온다. 걷기를 시작한 지 약15분정도 되니 십자가의 길 입구인 원형 로터리에 세 목동이 성모님과 만나 재미있는 이야기를 듣고 있는 것 같은 하얀 동상이 먼저 우리를 의미 있게 맞이해 주고 있었다.

생생하게도 예수의 루시아, 프란치스코 마르토, 히야친타 마르토 셋이서 나무 밑에서 성모님과 다정히 모여 마치 옛날이야기를 듣는 다정한 모습이 그때를 그대로 재현해 주고 있는 것 같았다. 너무도 생생하게 그 장면이 되살아나고 있다.

십자가의 길 시작은 정다운 시골길 자갈 박힌 옛날 길로 굽이굽이 돌아가며 제1처에서부터 제15처까지 잘 재현되어 있었다. 그 굽은 길들을 걸어가며 세 어린이들을 생각하며 십자가의 길 기도를 드리니 그 어느 곳에서 드리는 기도보다 실감나고 정겨워서 너무 좋았다. 십자가의 길을 걸으며 각 처마다 예수님의 수난이 눈앞에 보이는 것 같아 눈물이 나려고도 한다. 우리 일행들은 한 사람씩 돌아가며 제1처의 기도부터 자연스레 나누어가며 기도를 올렸다. 중간 지점 쯤 발리뇨스(valinhos)라는 곳에 다다랐다. 1917년 8월 19일에 루시아, 프란치스코, 히야친타에게 발현하신 성모님을 기념하면서 세운 성모상이 이곳에 자리하고 있었다.

세 목동들이 성모님 발현과 관련하여 지방행정관에 의해 감옥에도 갇혔었기 때문에 1917년 8월 13일의 약속을 지키지 못했기 때문에 성모님께서는 다시 8월 19일에 원래의 발현 장소(파티마 성지의 광장)가 아닌 이곳에 오신 것이라고 한다.

이곳을 지나 계속 십자가의 길을 또 걸어가다 보면 헝가리의 갈바리아로 가는 길과 함께 천사 발현지로 가는 갈래 길을 만나게 된다.

이 천사 발현지는 1916년 천사의 첫 번째와 세 번째 발현이 있었던 곳으로 원래 이름은 로까 두 까베수(Loca do cabeco)이지만 천사 발현 이후에는 로까 두 안주(Loca do Anjo) 이곳이 곧 '천사의 동굴'로 불리게 되었다고 한다.

그리고 헝가리의 갈바리아로 가는 십자가의 길 마지막처에 다다르면 헝가리의 첫 번째 왕인 성스태파노에게 봉헌된 작은 경당을 만날 수 있어 특히 더 감동스러웠다. 우리 순례 일행은 그곳의 경당의 옥상까지 다 올라가 보았다.

그곳에는 십자가 사건을 재현하고 있는 '헝가리의 갈바리아'가 있었다. 헝가리가 공산화 되었을 당시 파티마성모님께 의탁하는 마음으로 자유주의 국가로 망명했던 헝가리인들이 그렇게 조각상을 조성해 놓은 것이라고 한다. 특히 내 눈길을 끈 것은 성스태파노경당에서 보았던 '모자상이 눈길을 끌었다.

제대를 중심으로 왼쪽 끝에 자리하고 있었는데 성모님 곧 엄마와 함께 있는 아이는 엄마의 눈만을 바라보고 있는 모습이 너무도 인상적이었었다.

이 아이는 바로 '어린 예수님'이라 할 수 있다.

그분이 밟고 있는 디딤돌은 헝가리의 국장이라고 한다. 여기에서 나라의 그 어려운 가운데에서도 아이로서 어머니이신 성모님께 의탁하려는 헝가리인들의 신심을 엿 볼 수가 있었다. 그리고 예수님의 수난의 제14처를 오르며 기도를 하는 데 여기에서는 그 자리에 성모님의 집이 하얗게 지어져 있어 정말 반갑고 놀라웠다.

우리 일행은 더욱 더 감동이 되어 그 자리에서 새삼 성모님께 기도도 드리고 인사도 하며 기념사진도 찍어 가며 십자가의 길을 정말 성심을 다해 오르고 또 올랐다. 제14처의 기도가 끝나면 다른 십자가의 길에서 제14처는 마지막 코오스가 된다. 그러나 이 '갈바리아 십자가의 길'에선 제15처가 정말 분명하고 눈부시게 나타났다. 우리의 마음에도 다시 살아날 것이라는 확신이 생겼다.

바로 예수님의 죽음 이후 '부활'을 아름답게 상징하는 '제15처'를 만들어 우리들 마음에 부활을 다시 한 번 확실히 꿈꾸게 해 놓았던 것이다. 짧지 않은 자갈돌 길을 쉬지 않고 기도를 하며 제15처까지 오르는 일은 쉽지는 않았다. 그러나 우리 일행은 이번 파티마성지에서 성모님께서 직접 발현하신 장소를 우리가 기억해 가며 기도를 올리고 가는 이 십자가의 길에 주님의 특별한 은총이 있을 거라 의심치 않는다.

chapter 7

용기는 타고 나는 게 아니라 보고 배우는 것이다
(배움의 열정 불타오른 살라망카)

스페인의 옛 수도 마드리드엔 광장이 없다. 그러나 살라망카에는 마요르광장이 있다. 살라망카는 이곳에 오기 전부터 내 가슴에 자꾸만 호기심의 대상이었다.

얼른 찾아가보고 싶어 마음이 방망이질을 했다. 먼저 마요르광장 앞에 내가 서 있다. 오늘 출발 전부터 우산을 준비하라했는데 여기 와보니 땅이 조금 젖어 있다.

바닥이 오래된 돌로 깔려있는데 깨끗한 냄새는 안 나고 꼭 우시장 같은 느낌이 든다. 옛날엔 왕이 이곳에서 마녀 사냥이나 투우 구경을 하였다는데 지금은 시장 기분이 든다. 세르반데스가 돈키호테를 이곳에서 썼다고 한다.

살라망카는 스페인의 중서부 카스티야레온지방 살라망카 주도이다. 토르메스강 북쪽 기슭의 해발778m 지대에 자리 잡고 있는 도시이다. 나는 살라망카를 마음속에서 큰 기대를 갖기도 했다. 내가 배움의 열망이 컸던 것 이상으로 이냐시오성인 역시 배움의 활로를 찾아 이곳에서 불이 붙은 곳이었기 때문이다.

그 열정의 맥이 같기 때문인지 다른 곳보다 빨리 가보고 싶어졌다. 스페인에서 가장 유서 깊고 예술적인 도시 중의 하나라고도 들어왔다. 이베리아인들의 주요 정착지로서 B.C 217년 카르타고의 한니발 장군의 침략을 받았던 곳이라고도 한다.

이 도시(살만티카)와 그 다리가 아스토리카와 세비야를 잇는 '실버로드' 상에 있었기 때문에 로마 도시가 들어섰다. 무어인들의 통치 기간 중에는 주교가 오비에도에서 살았지만 7세기에 이르러서는 이 시가 주교관구의 지위를 얻었다고 한다.

8~11세기에는 그리스도교도들과 무어인들 사이의 전쟁터가 되었으며 1087~1102년에 그리스도교도들이 다시 이주해 왔다. 1178년 레온의 페르난도2세가 이곳에서 의회를 소집 했으며 왕국에서 두 번째로 이

곳에 푸에로(특권)를 칙허했다. 알폰소9세가 통치하던 1218년 살라망카 대학교가 세워졌다. 1570년 아빌라의 성데레사가 카르멜리터수녀원을 세우기도 했다. 스페인내란(1936~39년)때는 프랑코 장군이 이곳의 주교 관저에서 살기도 했다고 한다. 로마네스크양식의 구 대성당(9114년경) 착공과 신 대성당(1513년)을 착공하여 18세기에 완공을 비롯하여 유서 깊고 훌륭한 유적들을 많이 갖고 있다. 신대성당 맞은편에 있는 대학교의 본관(1415~33년)은 플래테레스크양식의 아름다운 서쪽 정면(1494년)으로 유명하다. 근처에 이 대학교 역사상 가장 유명한 총장이며 학자이며 작가였던 미겔 데 우나무노의 관저가 있다고 하며 이곳에는 그의 서재와 개인 유품들도 보관되어 있다고 한다.

신 대성당의 남쪽에는 호에 마메르토 에르모시야에 의해 신고전주의 양식으로 설계된 과학, 철학, 문학 등의 학부로 이루어진 콜레히오데폰세카(1527년~78년)가 있다.

콜레히오데폰세카는 반도전쟁(1808~14년)이후 아일랜드에 양도되어 제2차세계대전 때까지 신학교로 사용되어 콜레히오데로스이를란데세스로 널리 알려졌다고 한다.

그리고 법학부는 대학교에 인접해 있고 새로 생긴 의학부는 강 서쪽 유역에 있다고 한다. 1950년대에 3개의 기숙대학이 이 도시에 설립 되었는데 스페인에서 이러한 형태의 교육기관으로는 처음이었다고 한다.

옛 예수회 신학교(1617~1755)는 지금은 대부분의 학생들이 신부나 신학도들인 교황청립대학교가 되었으며 라클레레시아교회는 지금도 예수회의 예식처로 쓰이고 있다고 한다.

이 밖에 호세 데 리베라가 '성모마리아의 무원죄 잉태설'을 주제로 그린 그림을 소장하고 있는 아우스티누스수도회 수녀원의 이탈리아풍교회(1936~87년), 크리스토퍼 콜럼버스가 1486년 신학자 공의회로부터 여러 번 심사를 받았던 수녀원이 남아 있는 것 중에서도, 오래된 유물로 되어 있는 도미니쿠스수도회의 산에스테반수녀원 겸 교회(1524~1610년), 로마네스크양식으로 된 켄터베리의 성토마스교회(15세기에 복구), 12세기의 산마르틴교회 등도 뛰어난 유적들로 꼽히고 있다고 한다.

살라망카에서 회랑이 있는 아름다운 마요르광장(1729~33년)은 알베르토 데 추리게라가 설계하고 안드레스 가르시아 데 기뇨네스가 완공 시킨 너른 광장이다.

이 마요르광장은 지금도 이 도시의 중심지이다. 처음에는 투우장으로 가끔 사용하기 위해 지은 이 광장은 스페인의 역대 왕들과 프랑코 장군의 큰 메달이 양쪽에 장식되어 있는 회랑으로 둘러싸여 있다. 알베르토 데 추리게라가 설계한 시청사도 거기에 있었다.

비종교적 유적들로는 아치 중 15개가 로마 시대에 세워진 로마시대의 다리, 거의 도시 성벽 유적지로 되어 있는 토레델클 라베로(1480년경), 옛 산시프리안교회의 폐허가 된 지하실에 있는 전설적인 살라망카동굴, 벽이 가리비의 조가비로 만들어진 조각물과 탈레베나 말도나도 재상이 소유했던 무력에 의한 산티아고칙령 등이 있다고 한다. 상징물로 뒤덮여 있는 16세기의 카사데라스콘차스 등도 있다.

살라망카시 동쪽으로 19km 떨어진 마타칸에는 공군기지가 있다. 농업 중심지(곡물)이며 공장이 몇 개 있으나 관광업이 경제에서 가장 큰 몫을 차지한다.

그대에게 보내는 박수

김숙자

그대에게 박수를 보냅니다
그대에게 꽃다발도 보냅니다
늦깍이 가슴에 열망 채워주고
영혼의 위로 되어준 살라망카

그때 주님도 함께 하셨습니다
포기하지 말라고 보낸 응원의 박수
배움엔 나이가 없다 이르십니다
누구도 막을 수 없는 사도적 향학열

그대 영혼에 존경의 박수 보냅니다
그대 영혼에 고운 향기 피어오릅니다

32　살라망카의 랜드마크 마요르광장

　　살라망카의 랜드마크이면서 제일 아름다운 광장을 들라면 단연 '마요르광장'을 빼놓을 수가 없다고 한다. 우리가 마요르광장을 찾아간 날은 비가 올 듯 말 듯 사방이 어둑어둑할 때 만나서인지 그렇게 멋지게 다가오지는 않았다. 그러나 건축 자체는 너무 아름답고 규모가 뛰어나서 영화에도 자주 등장을 한 곳이라고 한다.

　　나는 처음 보는 건축 형식이 특이해서 자꾸만 쳐다보고 또 보고했다. 처음엔 상가인줄 알았다. 그런데 이 거대한 광장에서는 모든 축하행사, 종교 의식행사, 처형, 등을 거행해 온 풍요로운 역사를 지닌 광장이라고 한다.

　　스페인 마드리드의 마요르광장은 관광객들과 지역 주민들이 다 같이 즐겨 찾는 바, 카페, 상점들이 들어선 아주 분주한 광장이라고 한다. 매주 주말이면 이 광장에서는 야외 골동품 시장도 열리며 이곳은 매년 마드리드시의 수호성인인 성이시드로축제가 열리는 곳이기도 하다.

　　한 때는 시장터였던 마요르광장은 16세기에 바로크양식의 광장으로 탈바꿈 했고 가로90m에 세로109m의 넓이로 유럽에서 가장 큰 공공 광장 중의 하나라고 한다.

　　광장을 세우자는 계획은 스페인의 펠리페2세가 1561년 마드리드의 왕궁으로 옮겨 온 후 1580년에 처음 시작 되었고 건축가 후안 데 에레라가 이를 실행하였다고 한다. 데 에레라는 1590년대에 광장에 들어선 첫 건물인 두 개의 탑이 있는 '카사 데 라 파나데리아(예전 제빵사 길드가 있던 곳)를 지었다고 한다.

현재 이 건물을 치장하고 있는 우화적인 벽화는 1992년에 그려진 것이다. 데 에레라의 제자인 후안 고메스 데 모라가 펠리페3세시대인 1619년에 광장을 완성했다고 한다.

1616년에 제작된 펠리페3세의 청동기마상은 1848년에 광장으로 옮겨와 그 중앙에 자리 잡고 있다.

1631년, 1670년, 1790년 세 차례에 걸친 화재가 광장에 피해를 입혔다. 마지막 화재가 일어난 이후광장을 재건축하는 작업은 건축가 후안 데 비야누에바에 의해 이루어졌으며 주변의 건물에 층을 더 높여 현재의 5층 높이로 만들었고 아치형 포티코 여러 개를 설치하였다. 이 재건축 작업은 그의 사후에도 계속되어 1854년에야 마무리 되었다고 한다.

마요르광장에서는 투우, 가면무도회, 왕실 결혼식, 대관식 등의 행사가 거행되어 왔다고 한다. 그러나 이곳이 항상 단순한 사교적 중심지였던 것은 아니다. 이 광장은 아빌라의 데레사, 이시도르, 프란시스코 하비에르 등의 성인이 시성을 받은 성스러운 장소이기도 하다.

또한 17세기 스페인 종교재판이 성행 했을 때 이단자 등 유죄 판결을 받은 이들이 공개적으로 처형당하거나 자신의 신앙을 드러내 보였던 신앙의 증거 장소이기도 하다. 정말 살라망카 마요르광장은 참으로 대단한 장소인 것만은 사실이다.

마요르광장

김숙자

왁자지껄한 웃음소리 깔리고
서민들 애환과 눈물 글썽이며
지역 주민들 관광객이 함께
웃고 울었던 분주한 인간 시장

그곳엔 풍요로운 역사가 숨쉬고
가면무도회 화려한 왕실 결혼식
모두 함께 즐기던 축제 한마당
오, 살라망카의 랜드마크여

한때는 투우사의 깃발이 나부꼈고
성스러운 신앙의 증거 장소로
마드리드 수호성인 축제가 열리며
종교 재판에 마음을 졸였던 곳

아빌라 데레사의 시성식
프란치스코 하비에르 성인의
성스런 물결이 출렁이던 마당
축제와 종교재판 함께 얼룩진
그 이름도 아름다운 마요르광장

살라망카주 중앙부에 위치한 주도 살라망카의 아나야광장(Plaza Anaya)
에 살라망카의 신 대성당이 있다. 이 성당은 1984년에 지정된 세계문화
유산에 지정된 성당이다. 마드리드의 북서쪽에 있는 고대 대학타운으로
로마네스크와 고딕, 무어식, 르네상스, 바로크건물 등의 기념물들이 즐
비하게 서있는 도시라고 할 수 있다.

살라망카의 역사건축물은 에스파냐에서 가장 아름다운 것으로 꼽히
고 있다. 옛 대성당과 등을 맞대고 있는 새 대성당은 하늘을 향해 높이
솟아있는 고딕양식 건축을 대표하는 뛰어난 건축물이기도 하다.

처음 건축을 시작한 페르난도2세 이후 역대 국왕들이 대대로 대성당
조성에 심혈을 기울인 결과 거대한 규모로 완성이 되었다. 살라망카 구
대성당과 인접해 있으며 신구 대성당 모두 에스파냐에서 가장 아름다운
역사적 건축물 중 하나로 손꼽히고 있다고 한다.

하늘을 향해 높이 솟아있는 신 대성당은 건축적으로 뛰어난 부분이
많은 것으로 더 유명하다. 그 중 가장 중요한 부분으로 수많은 장식으로
화려하게 조성한 정면, 반구형지붕으로 덮인 아름다운 대규모의 돔, 예
수그리스도의 탄생 모습과 수많은 성인상이 조각된 유명한 대형 출입
문, 내부 제단 뒤편에 있는 대형 장식 벽의 황금빛으로 휘황찬란한 조각
장식 등을 들 수 있다.

그 밖에도 하나하나가 모두 걸작품으로 불릴 정도로 뛰어난 부분이 많다. 1887년 이 대성당은 왕실 특별 포고령에 의하여 국가 기념물로 지정되어 있다. 현재 살라망카의 상징이자 대표적인 문화유산인 신 대성당을 보기 위해 에스파냐뿐만 아니라 전 세계에서 많은 사람들이 이 살라망카를 방문하고 있다고 한다.

살라망카 구대성당(Salamanco Old Cathedral)

살라망카 구대성당은 살라망카주 중앙부에 위치한 주도 살라망카의 아나야광장(Plaza Anaya)에 있다. 12세기에 로마네스크양식으로 건축한 유서 깊은 대성당으로 살라망카 신대성당과 등을 맞대고 인접해 있었다.

두개의 신구 대성당은 모두 에스파냐에서 가장 아름다운 역사적 건축물 중 하나로 손꼽히고 있다. 웅장한 규모의 구대성당은 오랜 세월이 흐른 지금까지도 원래의 모습을 거의 그대로 유지하고 있으며 로마네스크양식의 전형을 잘 보여주는 건축물로 평가 받고 있다.

건축적으로 뛰어난 부분이 많은데 그 중 가장 중요한 부분은 거대한 돔과 가요타워(Torre del Gallo)이다. 돔은 반구형지붕으로 덮여 있고 돔 외벽을 따라 끝이 뾰족한 원추형의 작은 지붕으로 덮인 가느다란 원형 탑 4개가 세워져 있다.

가요타워는 특히 뛰어난 걸작품으로 손꼽히는데 원추형의 대형 지붕으로 덮여 있으며 외벽 둘레에는 역시 원추형의 작은 지붕으로 덮인 가느다란 원형 탑 4개가 세워져 있다.

구대성당 동쪽 끝에 있는 대규모 반원형 구조물도 건축적으로 뛰어난 부분으로 반원형 구조물을 덮고 있는 둥근 지붕에 그려진 유명한 프레스코화는 초기 르네상스 시대의 에스파냐 화가 니콜라스 플로렌티노(Nicolas Florention)의 작품이라고 한다.

chapter 8

울창한 숲도 겨자씨 한 알에서 시작된다
(성인 성채의 도시 아빌라)

아빌라의 정식 명칭은 '아빌라 데 로스 카바에로스'로 '성인의 도시'로 불리 운다.

성인의 도시 아빌라는 스페인의 수도 마드리드에서 북서쪽으로 약85km 지점에 위치해 있는 작은 도시이다.

로마시대에 건설된 도시로 아직도 로마식 성벽이 완벽하게 보존되어 도시를 둘러싸고 있다. 아빌라는 해발 1131m의 높은 위치로 옛날부터 군사적인 요충지로 회교도와 그리스도교간에 300년 동안이나 공방전을 계속한 곳이며 파괴와 수리를 되풀이 하여 현재의 모습으로 개축된 때가 1099년이다.

성벽의 전체 길이는 2400m 높이는 12m, 중세적 분위기가 그대로 남아 있고 로마네스크양식의 성빈센트대성당과 성베드로대성당 그리고 13세기부터 르네상스까지의 조각품이 고스란히 남아있는 궁전 등이 있다.

살라망카에서 동쪽으로 20Km 정도 떨어진 작은 마을로 토르메스강을 옆에 끼고 있는 조용하고 평온한 마을이 바로 성녀 대 데레사의 무덤이 있는 마을이다. 이곳은 지리적 전략적으로 중요한 위치를 차지한 적이 있었다고 한다.

이 알바 데 토르메스는 그 옛날 카스티야와 레온왕국의 경계가 되었던 지점이었고 그로 인해 끊임없는 서로의 침입과 대치 상태가 계속되었던 시대도 있었다.

15세기경 카를로스5세와 휄립페2시대의 장군이었던 알 공작이 이곳에 옴으로써 더욱 유명해졌다고 할 수 있다.

또한 알바 데 토르메스는 성녀 대 데레사의 무덤이 있는 곳으로 더 유명하며 대 데레사는 여덟 번째로 갈멜수도원을 이곳에 지었다.

그로부터 11년 후 부르고스에서의 마지막 갈멜수도원을 만든 후 고향 아빌라로 가는 도중 이곳에서 잠시 묵었다고 한다. 그런데 워낙 쇠약해진 몸은 끝내 고향땅을 밟지 못하고 이곳 알바 데 토르메스에서 숨을 거두고 말았다. 죽은 후 그의 무덤에서는 신비스런 꽃향기가 늘 맴돌았는데 그 소식을 듣고 많은 순례자들이 다녀갔다고 한다.

몇 년 후 이상하게 생각한 살라망카대학의 교수들은 이 현상에 대해 조사하기로 결정했고 이 무덤을 파고 조사 해 본 결과 그 몸은 썩지 않고 그대로 있었다고 한다. 몇 년 후에 다시 데레사의 심장과 오른팔을 떼어내어 지금처럼 순례자들에게 보여주고 있었다. 갑자기 아빌라가 했던 말 중 이 말이 생각난다.

'삶은 낯선 여인숙에서의 하룻밤'이라는 말이 오늘따라 생각난다. 왜 이런 말을 했을까? 삶을 낯선 여인숙에서 하룻밤 같은 것이라고 말한 아빌라는 그만큼 인생에 할 일은 많은데 인생은 짧다는 생각을 했던 것으로 생각 된다.

장장 쉰둘의 나이에도 굴하지 않고 스페인전역을 돌아다니며 개혁의 바람을 일으키며 열여섯 개의 새로운 수도원을 세우기도 한 것이다.

아빌라는 그 늦은 나이에까지 생의 갈망을 붙들고 기도 생활에 정진했다는 것이다. 그녀가 살았던 아빌라는 돌과 성인들의 도시였다. 중세 이후 부패할 대로 부패한 가톨릭 이미 독일에서는 그 부패에 견디지 못한 마르틴 루터가 종교개혁을 선언했던 시대에 그녀는 여기에 살고 있었다. 독일이 그 지경인데도 스페인인들 좋은 가톨릭문화가 지배하고 있었겠는가? 그녀는 스물한 살에 수도원에 입회 하였으나 응접실에서 방문객과 웃고 떠들며 이십여 년을 보낸 후 마흔 살이 넘어서야 자신을 하느님께 향하기로 굳게 마음먹었다는 건 정말 놀라운 일이라 아니 할 수 없다.

35 맨발의 가르멜회 창시자 성녀 대데레사

　톨레도 주교좌성당에서 언덕 쪽으로 10여분 올라가다 보면 데레사성녀가 1569년에 창립한 다섯 번째 맨발 가르멜수녀원이 보인다. 1562년 톨레도에 도착한 성녀는 곧바로 수녀원 창립에 몰두했지만 주교좌성당 참사위원들이 극구 반대하여 난항을 겪게 되었다. 창립 초기에는 생활비가 모자라 수녀들이 끼니조차 해결하지 못했다고 한다. 그러나 그 모든 어려움을 하느님에 대한 사랑으로 이겨나간 것이다.

　톨레도는 데레사성녀에게 있어 고난의 땅이자 영성을 발전시키는 기회의 땅이기도 했다. 숱한 난관 속에서 영혼 구혼의 길을 걸었던 성녀는 이곳에서 위대한 작품의 기초를 마련하게 된다. 1575년 '맨발의 가르멜회'로 불리는 '원시 규율파' 탁발 수사들과 '신발을 신은 가르멜회'로 일컬어지는 완화된 규율파 수사들이 관할권 분쟁을 일으킨다. 이 사건으로 가르멜회 총장이 개혁사업을 포기하고 수도원 정주 명령을 내리기에 이른다. 데레사성녀가 스페인 곳곳에 수녀원을 창립하며 내세운 가장 중요한 원칙은 철저한 복음적 청빈을 사는 공동체라는 것이었다. 물론 현실적인 이유로 은인들로부터 연금을 받아 수녀원을 창립하는 경우도 생겨났지만 물질적 가난을 통해 영혼을 구원한다는 원칙에는 변함이 없었다. 그러니까 불모지에서 성령의 마을을 탄생 시켰던 500년전 영성의 그 모습이 떠올랐다. 톨레도는 뛰어난 영적 저술가로서의 예수의 데레사성녀와 십자가의 성요한을 기억하게 하는 중요한 도시이기도 하다. 데레사성녀는 톨레도수녀원에서 감금된 당시 작품 <영혼의 성>을 집필하기도 했다. 이곳 가르멜수녀원을 온갖 고난 속에서도 창립하신 예수의 데레사성녀는 현 이름이 예수의 데레사가 태어난 곳이 아빌라여서 '아빌라의 데레사'라고도 부르며 소화 데레사와의 구별을 위해 대데레사로 불리기도 한다. 아빌라의 데레사성녀(1515~1582)는 '맨발의 가르멜회'를 창설한 성녀로 '예수의 데레사'로도 불리워지고 있다. 그의 축일은 10월15일로 성녀 대데레사는 1515년3월28일 신심이 두터운 귀족의 딸로 태어났다.

그러나 12세 되던 해에 안타깝게도 어머니를 여읜 데레사는 성모상 앞에 꿇어앉아 눈물을 흘리며 돌아가신 어머니 대신 자기의 어머니가 되어 달라고 기도했다.

그러나 돌봐주는 어머니도 없고 또 많은 사람들의 나쁜 표양 때문에 세속적으로 흘러감을 염려한 아버지는 그녀의 나이 14세 때 아우그스티노수녀원에 그를 위탁하여 교육을 시키게 했다고 한다.

데레사는 그곳에서 자라며 차차 마음이 바로 잡혀가는 중에 병에 걸려 친가에 요양하러 가게 되었다.

집에 돌아와 요양을 하면서 성예로니모가 성녀 바울라와 성녀 에우스토치움에게 보낸 서간을 읽고 마침내 수녀가 될 것을 결심하고 19세 때에 아빌라에 있는 가르멜 수녀원에 들어가 완덕의 길을 닦기 시작하였다.

성녀는 어느 날 성당에서 기도를 하다가 예수께서 매질을 당하시는 장면을 그린 상본을 쳐다보고도 성아우그스티노의 고백록에서 받은 감명으로 크게 각성을 하게 되었다. 그 결과 "그때까지 나의 생활은 내 자신의 것이었으나 그 후부터 나의 생활은 내 안에 계시는 예수의 생활이었다"고 자서전에 적고 있다.

자기 안의 예수의 생활 이것이 바로 유명한 데레사의 신비 생활의 기본인 것이다.

성녀의 이런 생활은 바울로 사도의 "이제는 내가 사는 것이 아니라 그리스도가 내 안에서 사시는 것입니다."(갈라 2,20)라는 말씀과 상통하고 있다.

성녀 대 데레사는 신비 신학의 기초로서 신비생활의 기본이 되는 것은 "하느님 없는 나는 무요, 나에게 하느님은 전부"라는 사상이다. 영성적으로 점차 깊은 신비체험을 가져 "영적 결혼"의 상태를 경험하였다.

이렇듯 데레사는 영혼을 신비계로 끌어들이는 동시에 가르멜회의 개혁에 착수하여 마침내 성공을 거두니 다른 수도회의 모범이 되었다. 성녀는 1536년 가르멜수녀회에 입회하여 다음 해 첫 서원을 했다.

1560년 데레사는 개혁 가르멜 창립을 결의하고 그 작업을 진행하여 1567년 8월 15일에 메디나 델 깜포에 드디어 수도원을 창립하게 된다.

이때 십자가의 성요한 수사와의 역사적인 만남이 이루어지기도 한다. 다음해인 1568년 11월 28일에는 십자가의 요한수사에 의해 가르멜 남자 수도원도 창립 되었다.

성녀는 20년 동안 스페인 전역을 여행하며 17개의 남녀 수도원을 세웠다. 데레사성녀는 개혁가와 조직가 영성가로서 교회사의 큰 업적을 남겼다.

그러나 1575년부터 가르멜 안에서 개혁파의 보수파간에 분쟁이 시작되었다. 그로부터 온갖 박해가 있었는데 강생수녀원 55명의 수녀가 파문당하고 십자가의 요한수사가 감금당하기도 하는 등 우여곡절 끝에 1579년 드디어 개혁파가 보수파의 지배로부터 해방을 얻어 박해도 끝이 나게 되었다.

그리고 1581년 드디어 개혁파와 보수파가 분리 되었다. 대데레사성녀는 주님을 뜨겁게 사랑했기에 주님의 고통에 동참하기를 원했다. 고통 받고 십자가에 못 박히신 예수 그리스도를 본 받는 생활보다 더 좋은 것은 없다고 생각했기 때문이다.

"주여 당신을 위해 고통을 받겠나이다. 그렇지 못하면 차라리 죽겠나이다."고 하면서 극기 수덕의 길을 걷던 데레사성녀는 1582년9월 하순 "이렇게 일찍이 자리에 누워 본 적은 내가 20년 만에 처음이요."라고 말하며 자리에 누웠다. 그리고 10월3일 마지막 성체가 도착하자 부축도 없이 스스로 일어나 성체를 영항 후 밤새 내 성경 시편 51편을 외우고 나서 10월4일 저녁, 기쁨 중에 "주여, 나는 교회의 딸입니다. 이제야 내가 떠날 때가 왔사오니 자, 가나이다. 귀양살이에서 풀려 난 시간이 이제 왔사오니 그리던 님을 이제 뵈오리다."라고 거듭 말하면서 67세를 일기로 거룩한 숨을 거두었다.

그녀가 실제로 돌아가신 날은 10월4일이었지만 바로 이 날 교회가 율리우스력을 사용하지 않고 현재의 그레고리오력을 사용하도록 결정했기 때문에 날짜가 변경되어 10월15일로 성녀의 축일이 된 것 같다.

1617년 스페인국회는 데레사를 스페인의 주보성인으로 선언하였으며 사후 40년이 지난 1622년에 교황 그레고리오15세에 의하여 시성 되었고 1970년9월7일 교황 바오로6세에 의해 교회 학자로 선포되었다.

살라망카 외곽의 '알바 데 또르메스'수도원의 성녀 대데레사성당에는 400년이 지난 오늘날까지 성녀의 '심장과 팔이 썩지 않고 그대로 보존되어 있다.

오늘 성녀 대데레사의 성당 알바 데 또르메스에서 썩지 않은 그의 심장과 팔을 보며 성녀 대데레사 영혼에 뜨거운 묵념을 올렸다. 그는 분명 죽었지만 우리 가슴에서 아직 죽지 않았다. 아니 영원히 살고 있다는 생각을 하며 돌아 나왔다.

그는 정말 아직 죽지 않았다. 우리들 가슴에 영원히 살고 있는 것이다. 사랑의 실천에 뜨거웠고 고통의 동참에 두렵지 않았으니 그의 맥은 우리 가슴에 영원히 살고 있는 것이다. 그래서 그의 심장도 영원히 뛰고 있는 것이다.

나는 성녀 데레사가 물리적인 죽음으로는 비록 눈을 감았지만 그의 하느님 사랑과 온갖 박해 속에서도 꿋꿋이 수도회를 지키고 번창 시켜 가며 남자도 감히 할 수 없을 맨발의 가르멜수도회를 지키며 하느님 사랑을 실천하는데 부끄러움이 없는 수도회의 모범을 보인 파수꾼이었다.

아직도 그의 심장과 팔이 썩지 않고 그대로 보존되어있는 모습을 보면서 데레사성녀에게 '그대는 아직 죽지 않았다.'는 시 한수를 바치고 싶었다.

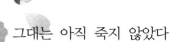

그대는 아직 죽지 않았다

김숙자

사랑이 없으면
심장은 뛰어도 죽은 것이다

사랑이 아직 뜨겁다면
죽어도 살고 있는 것이다

극기 수덕 실천했던 데레사
그는 죽어도 영원히 살고 있다

봉사 위한 팔 더 걷어붙일 때라
사랑 위한 맥박 아직 쉬지 말라고

거룩한 팔과 심장 까맣게 드러내놓고
고통 없는 사랑 진정한 사랑 아니라한다

맨발의 그대 죽었으나 결코 죽지 않았다
그대 맥박 내 가슴에 영원히 뛰고 있으니

성작을 닮아가는 거룩한 시간

우람한 쌍종각의 아빌라대성당

아빌라대성당은 1090년 아빌라 성벽 건설과 함께 알바르 가르시아의 설계로 착공하였다. 12세기 착공하여 14세기 낙성이라는 연대에서 보아 건축 양식은 로마네스크에서 고딕으로 옮겨가는 과도기적 양식이다.

오랜 기간에 걸쳐 축조된 성당 벽은 한 눈에 구별되는 여러 종류의 벽돌이 사용되었고 좌측량의 소성당은 후년에 증축된 것으로 르네상스 양식이 완연하다.

정면 출입문 왼쪽에 우람한 종각과 쌍종각 위에 왕관탑이 씌워져 있고 오른쪽에는 종탑 부분이 미완성인 채로 남아 있다.

외부의 위엄 있는 느낌과는 달리 내부는 교회다운 분위기로 많은 예술품을 소장하고 있다. 그중에서도 로마네스크 중앙제단은 15세기의 거장 페드로 베르게테의 최후의 작품으로 만들어진 것이다.

아빌라의 대성당을 찾아오는 길목에서 맨 먼저 내 눈에 들어오는 광경이 하나 보였다. 그 높은 종탑 위에 재색 빛깔 두루미가 둥지를 두 개씩이나 틀어놓고 그 둥지 속에서 묵상 기도를 올리고 있는 것 같았다.

시 한 수가 떠올랐다. 그것도 아빌라의 대 성당 종탑위에서 말이다.

아마도 봉쇄 수도원에서 일생을 갇혀 지내셨던 대 데레사 보다는 그래도 봉쇄가 없는 자유로운 종탑 위에서 저 재두루미가 더 행복한 삶을 누리고 있지 않을까.

종탑 위의 재두루미

김숙자

고고한 자태로 앉아 있는 건
값진 성찰의 시간이구나
잿빛 미사보 드리우고
하늘 향한 뜨거운 갈망
값진 관상 시간이구나

매일 종소리 들으며
복음 말씀 몇 권이나 독파 했니
날마다 심오한 묵상의 시간
달디단 생명 말씀 품으며
복음의 나래 활짝 펴겠구나

들어도 들어도 질리지 않은
주님 말씀 높은 종탑 위에선
더욱 더 잘 들리겠다
난 언제나 너처럼
가벼운 몸으로 하느님 가깝게 날까

아빌라가 자랑하는 성녀 데레사의 생가 터에 기념으로 산타 데레사수 도원이 지어졌다. 이 산타 수도원 내의 바로크조 '산타소성당(Capllla De Lasanta)'은 그녀가 첫 울음소리를 냈던 방 위치에 특별히 세운 것으로 성녀 데레사 여기에서 태어나다가 새겨져 있어 이곳 산타 소성당은 데레사의 생가터로 기념이 되고 있다.

산타 데레사수도원은 아빌라성곽 안 성녀의 집이 있던 자리에 세워져 있고 데레사성녀는 성벽 밖에 있는 엔까르나시온수도원에서 20년 이상을 살았다고 한다.

맨발의 가르멜회 못자리 엔까르나시온수도원은 에스파냐주의 아빌라에 있다.

이 엔까르나시온수도원은 아빌라 성벽 밖에 있다. 아빌라에서 태어나 죽는 그 순간까지 수도원개혁에 온 몸을 다 바쳤던 대 데레사 헤수스 (Teresa de Jesus : 1515~1582)가 20년 이상을 지내셨던 수도원이다.

17세기에 신비 체험을 경험한 후 그녀는 카르멜수도회에 들어갔고 이후 엔카르나시온수도원에서 생활하면서 '맨발의 카르멜회'를 설립하였다.

그녀는 제자들과 함께 스페인 전 지역을 다니며 일생동안 18개의 수도원을 설립하신 대 데레사성녀는 교회안의 개혁가이며 조직가이며 영성가로서 교회사에 큰 업적을 남기신 훌륭한 성녀이시다.

1970년 성녀 대 데레사는 9월7일 교황 바오로6세에 의해 교회학자로 선포되기도 하였다. 아빌라에 오니 갑자기 성녀 데레사의 기도문에 곡을 붙인 노래가 내 귓가에 자꾸만 맴을 돌고 있다.

> 아무것도 너를 슬프게 하지 말며 하시니
> 아무것도 너를 혼란케 하지 말지니
> 모든 것은 다 지나가는 것
> 하느님만이 영원하다
> 하느님만으로 만족하도다

나는 이번 기회에 이렇게 신심이 좋으셨던 아빌라의 대 데레사 고향에서 참 많은 것을 느끼게 되었다. 갑자기 생각난 것은 아니지만 대전 예수 수도회에서 우리 영성대 교육을 담당하고 계신 박경희 도나타수녀님은 필자와는 인연이 매우 끈끈한 분이시다.

우리 딸 수빈이를 대전성모초등학교에서 3학년 때 담임의 인연으로 만났던 수녀님이시기 때문에 더욱 고맙기도 하고 늘 반갑고 좋은 분으로 잘 지내오고 있다.

그때부터 시작 된 인연이 내가 영성대에서 이렇게 수녀님과 배움의 인연이 이어질 줄이야 누가 생각이나 했겠는가? 그러나 그 학부모 관계로 만났던 그 인연이 지금 이렇게 우리 딸 수빈이가 결혼을 하여 쌍둥이 딸을 두었다. 그런데 그 쌍둥이들이 또 다시 성모초등학교를 다니며 수녀님과 예수회 한울타리에서 사랑의 보살핌으로 잘 자라고 있다.

도나타 수녀님께서는 제 딸도 가르치셨지만 제자가 낳은 쌍둥이 딸들까지도 손녀로 생각해 주시며 아주 특별히 예뻐해 주시고 계신다.

　그 쌍둥이들이 어느 새 성모초등학교 6학년이 되었다. 이제 그 쌍둥이들에게 종교 교육을 받게 한 후 영세까지 걱정 하시며 아이들 본명까지 미리 정해 놓으셨다고 하신다.

　전에부터 계속 쌍둥이들을 '아빌라'와 '데레사'로 본명을 지어놓으셨다고 하신 말씀이 생각난다. 이번 순례여정에서 아빌라에 오고 보니 대 데레사성녀의 훌륭하신 모습을 접하면서 그 본명을 그대로 손녀 아정과 호란에게 선물 해 주고 싶은 생각이 확실해졌다.

　이곳 아빌라에서 필자는 이렇게 손녀들의 본명까지를 확고하게 생각해 보는 아주 좋은 기회를 갖기도 하였다. 정말 흐뭇하기 이를 데 없다.

기원전 922년경 다윗왕국이 이스라엘왕국과 유다왕국으로 분할 된 후 이스라엘왕국의 배교를 막기 위해서 활약한 예언자들 중 엘리아 예언자가 바알의 거짓 예언자들과 대결을 벌인 곳에서 좀 더 떨어진 곳에 지금도 존재하고 있는 엘리아 샘은 구약시대에 엘리아예언자가 "이곳을 떠나 동쪽으로 가서 그릿개울에 숨어 지내며 개울물을 마셔라. 음식은 까마귀들을 시켜 날라다 주도록 하리라."(1열왕 17.3-4)

하느님의 말씀에 따라 은수 생활을 한 곳으로 전해지고 있다. 엘리야가 "세상에서 멀리 떠나...동쪽으로 가서...숨어 지내며..." 신적 관상을 목표로 은둔적, 수도자적, 예언자적 생활을 하며 그를 따르던 이들에게 전수한 이 삶을 우리 가르멜수도회의 기원으로 삼고 있다. 엘리아의 정신을 따르는 후계자이다.

12세기에 와서 팔레스티나성지 회복을 위해 십자군전쟁에 나선 경건한 신자들 중 일부도 성지 회복 후에 가르멜산에 남아 자신을 성모님께 봉헌하고 은수자 생활을 하며 엘리아수도회라고 불렀다.

가르멜산은 마리아의 산 가르멜의 은수자들은 복되신 동정녀의 영적 발자취를 따르고 동정녀께 대한 신심을 고백하고 실천하는 것이다. 17세기에는 가르멜산의 성모경당이 가르멜대수도원과 함께 건립되었다.

가르멜회에 있어서 마리아는 항상 관상의 어머니요, 모델로서 함께 걸으시는 분이다. 성요한 시몬 스톡크 "내가 너와 가르멜의 모든 자녀들에게 주는 특전이 여기 있다. 이 옷을 입는 사람은 누구나 구원받을 것이다."

이 말씀은 단지 가르멜회의 수도복을 입는 것이 아니라 끝까지 항구하는 사람은 영원한 구원을 얻게 되리라는 말씀일 것이다. 그러므로 스카풀라를 입는 것만으로는 특별한 은혜가 내릴 수 없다.

영원한 생명은 하느님의 말씀을 마리아처럼 듣고 실행하며 마음속에 간직하는 마리아의 삶을 그대로 본받으려는 열망으로 스카풀라를 입어야 한다고 늘 말씀하셨다고 한다.

39

삶의 치장 벗겨내는 성채의 도시
아빌라의 아름다운 성벽

에스파냐 아빌라주 아빌라에 있는 성벽은 중세 성채 도시의 상징이 되고 있다.

아빌라 구시가지를 주욱 둘러싸고 있는 견고한 성벽으로 중세 성채 도시 아빌라의 상징이기도 하다. 11세기 중반에 이슬람교도의 침입을 막기 위해 지어졌던 아빌라의 성벽은 그 규모와 크기가 대단하다.

규모는 총 길이가 2526m나 되고 높이는 12m에 그 두께는 3m에 달한다.

아빌라성벽의 중간 중간에 망루 역할을 했을 작은 탑들이 우뚝 서 있고 밖으로 통하는 문이 8개나 있는 아주 훌륭한 성곽이다.

우리 일행은 성곽 여기저기를 편안한 마음으로 돌아보면서 그 옛날 이슬람교도들과의 침입과 싸움이 얼마나 많았기에 이렇게 견고한 성을 쌓았을까를 생각하며 스페인에서의 잦은 종교들간의 분쟁과 침입으로 종파간의 싸움이 많았구나라는 사실을 느껴보는 좋은 시간이 되었다.

지금 우리 순례자들은 그 세월은 아랑곳없이 봄 햇살을 즐기며 성벽 외곽에서 처음으로 한유한 시간을 보내기도 했다. 지금은 너무 평온한 아빌라의 성곽이여!

너는 그 옛날의 역사를 모두 알고 있겠지?

스페인의 수도 마드리드 남쪽으로 약72Km 지점에 있는 스페인의 옛 수도 로마 지배의 영향으로 Toletum(안전지대, 방어지대)이라는 라틴어에 유래된 톨레도는 따호강이 한껏 굽어 흐르는 부분에 위치하며 3면이 강에 포위된 상태의 천연 요새를 이루어 11세기부터 16세기까지 거의 500년 동안 스페인의 수도로 번영했던 곳이다. 1986년12월 UNNESCO에 의해 세계 문화재로 지정 되었다고 한다. 역사적으로 로마제국의 지배 후 6세기경 서고트족이 들어오면서 톨레도는 서고트왕국의 수도로 번영했다. 711년부터 1492년까지 780년간 이슬람 지배하의 수도였으며 1085년 알폰소6세의 탈환이후 1561년 펠리페2세에 의해 마드리드로 수도를 옮기기 전까지 스페인의 수도로서 정치, 문화 산업의 중심지였다.

지금도 종교, 역사, 예술에 있어 그 찬연한 빛을 발하는 톨레도는 약 3000년의 역사를 가진 살아있는 유적 도시로 고대 로마에서부터 서고트 이슬람 정복시대와 가톨릭 군주시대를 거치면서 많은 역사와 문화유산을 남겼다.

특히 유대교, 이슬람교, 그리스도교가 서로 종교와 언어를 인정해주며 함께 평화롭게 살았던 시대에는 과학과 번역학이 많이 발달되었고 그리스도 문화와 이슬람 문화가 혼재하는 과정에서는 모자라베, 무데하르 등의 예술 사조를 탄생시키기도 했다.

톨레도의 중앙에 우뚝 솟은 대성당은 톨레도의 명물이다. 이 성당은 본래 회교도사원이었던 것을 13세기에 개축하였으며 1277년부터 1493년까지 266년을 걸려 완공된 성당이다. 정교한 조각, 역대 주교들의 초상화, 엘 그레코의 작품으로 홍포를 입은 그리스도, 베드로의 참회 초상화, 12사도 초상화 등이 있고 순금의 성체 현시대 성경의 글자를 금으로 입힌 성경도 있다.

아우구스티노성인이 하늘에서 내려와 돕고 있는 엘 그레코의 대표작 "오르가즈 백작의 죽음"은 세계 3대 명화 중의 하나라고 한다.

40

눈부신 미래를 만든 톨레도대성당

13세기 페르난도3세시대에 착공하여 15세기에 완성한 스페인가톨릭의 총본산이다. 화려하면서도 장엄한 아름다움을 느낄 수 있는 성전은 프랑스의 고딕양식을 기본으로 하고 있다. 266년간의 공사기간을 거쳐 1493년에 완공되었으며 길이113m 폭57m 중앙의 높이가 45m로 완공된 후에도 수차례 중 개축을 했지만 지금도 기본 골격은 변함이 없다. 중앙에는 면죄의 문, 왼쪽에는 시계의 문, 오른쪽에는 사자의 문으로 3군데의 입구가 매우 이색적이다.

중앙 예배당 제단의 채색 조각이 한층 사람의 눈길을 끌며 중앙을 감싸듯이 22개의 예배당이 각각 아름다움을 드러내고 있다. 햇빛에 눈부신 스테인드글라스는 15~16세기의 것으로 성기실(Sacristia)의 대천장은 루까 죠르다노에의 프레스코화이다.

다음 방은 화랑으로 되어 있어 그레꼬의 걸작 "성의를 입는 사람"을 비롯해서 고야, 반다이크, 루벤스 등의 작품이 있다.

중앙 예배당 뒤에는 "토란스하렌테"라고 부르는 대리석의 바로크조의 조각들이 있으며 여기만 밖의 빛이 들어오게 되어 있기 때문에 대리석의 무수한 천사는 마치 살아서 약동하고 있는 것처럼 보인다.

보물실에는 금, 은의 재보가 진열되어 있다. 그 중에서도 높이 3미터 무게 180킬로미터나 되는 16세기의 "알페의 성체현시대"는 일년에 한

번만 성체 제대 밖으로 내어 와서 성체 행렬에 꽃을 바친다. 여러 가지 금, 은, 보화로 화려하고 정교하게 만들어진 '알페의 성체현시대'는 바라보기만 해도 너무 눈이 부셨다. 일년에 한 차례 제대 밖으로 내어 와서 성스러운 그 성체 행렬을 할 때는 정말 장엄하고 성스러운 그 성체에 신자들 모두는 꽃을 바치며 축하행사를 더욱 다채롭고 성스럽게 거행한다고 한다.

41 산토토메 성당(Lglesia Santo Tome)

산토토메성당은 그레꼬작 '오르가스 백작의 매장'이 있는 것으로 유명하다.

이 명작은 4.8 × 3.6m 크기에도 놀라지만 당시의 이태리 화풍을 받아들인 그레꼬의 작품 중에서 최고 걸작이라고 전해지고 있으며 성에스떼반과 성아우그스티노 두 성인이 14세기경 이 성당에 기적적으로 나타났다는 전설을 엿보이고 있다.

이 명화는 상하 2단으로 나뉘어 있으며 상단부는 천상계를 하단부는 지상계를 상징하고 있다. 중앙에는 천사가 팔을 감싸고 있는 그림이 있는데 이는 오르가스백작의 혼을 표현한 것이다. 성당은 무데하르양식으로 14세기의 것이다.

그리스인인 앨그레코는 필립페(Felipe)2세 왕실 전속화가 되기 위해 1577년 스페인으로 이주하였으나 그 당시 스페인왕실의 화풍과 맞지 않자 똘레도에 매혹되어 정착, 작품 활동을 하였다. 이 성당에는 엘 그레꼬가 30년간 거주했던 자택이 있다.

42   타호강에 둘러싸인 톨레도 구시가지

톨레도는 스페인 수도 마드리드에서 70Km 거리에 있는 인구 6만여 명의 작은 도시로 마드리드가 수도가 되기 전 1천여 년 동안 스페인의 중심지였다. 도시는 로마 시대 이전으로 거슬러 올라가는 장구한 역사를 자랑하며 서고트왕국, 이슬람왕국, 레온왕국, 카스티야왕국의 수도로 번영을 누렸다.

삼면이 타호강으로 둘러싸인 바위산 위에 건설 되었으며 '라 만차의 기사 돈키호테'의 고향인 카스티야 라 만차지방 톨레도주의 주도이기도 하다. 덕분에 톨레도에는 로마시대 유물인 원형경기장부터 이슬람교, 유대교, 그리스도교 유산까지 다양한 문화유산이 남아 있다.

사실상 도시 전체가 문화유산으로 이루어졌다고 해도 과언이 아닐 정도이며 단위 면적당 문화유산이 가장 많은 도시 중에 하나로 꼽는다.

각종 종교 시설이나 박물관은 물론 일반 가정집까지 문화유산으로 가치를 지닌 것들이다. 이 때문에 1561년 필리페2세의 천도로 정치적 영향력이 상실되었어도 톨레도는 여전히 스페인의 정신적인 수도로 불리고 있다.

톨레도에서 가장 특징적인 것은 무데하르양식 건축물이다. 무데하르는 이슬람 지배가 끝난 뒤에도 스페인에서 살았던 이슬람교도들을 일컫는 말이며 무데하르양식이란 스페인에서 발달한 이슬람과 서구 문화가 결합된 건축 양식이다.

다른 유럽 국가에서는 볼 수 없는 스페인 특유의 양식이다.

국토 회복운동(레콩키스타) 이전의 건축물로는 비브알마르돔모스크, 라스 토에를네리아스 모스크 등이 있으며 그리스도교도가 지배한 이후에도 무데하르양식은 계속 되었다. 산티아고 데 아라발성당, 산타마리아 라 블랑카와 트란시토 시나고그(유대인 교회) 등도 무데하르양식의 건축물이다.

톨레도 구시가의 구불구불한 골목길도 이슬람 문화의 흔적이다. 도심의 미로처럼 얽힌 좁은 길은 이슬람도시의 특징으로 스페인 그라나다 알바이 신지구에서도 볼 수 있다. 이슬람 점령기의 모습을 그대로 간직한 골목길 곳곳에는 중세의 향기가 가득하다. 구시가지 중심에 위치한 톨레도대성당은 순수한 스페인 고딕양식의 건축물이다.

길이120m 폭60m의 위풍당당함에 세련된 건축과 조각, 엘그레코, 발라스케스 등의 예술 작품들 때문에 관광객들이 가장 많이 찾는 곳 중의 하나이다.

로마 시대에 건축되어 서고트인, 이슬람교도, 기독교도에 의해서 여러 번 재건축된 알카사르도는 톨레도의 빼어난 건축물이다.

스페인내전 중에 폐허가 되다시피 한 건축물을 다시 복원한 것으로 무데하르양식에 고딕양식이 어우러져 있다.

16세기 종교화의 대가 엘 그레코는 톨레도와 특별한 인연이 있는 화가이다. 그는 그리스령 크레타에서 태어났지만 40여 년간 톨레도에서 작품 활동을 하고 생을 마감했다. 때문에 도메니코스 데오토코폴로스라는 본명이 있지만 '그리스 사람'이라는 뜻의 엘 그레코로 통칭된다.

엘 그레코의 흔적은 톨레도 곳곳에 남아 있다. 그의 집은 박물관이 되었고 산타크루즈미술관, 톨레도대성당 등에도 그의 작품이 전시 되어 있다.

chapter 10

탁월함을 만드는 건 재능이 아니다
(숭고함이 가득 찬 성인들의 고향 아씨시)

스페인 마드리드공항에서 우리의 마지막 순례여정의 꽃이 될 이탈리아 로마로 다시 들어왔다.

로마에 도착하니 저녁때가 무르익어 가고 있다. 이곳은 저녁 식사시간이 동양과는 좀 다르게 늦은 저녁 시간이 대부분이다.

여유롭다고 해야 하나 서두르지 않는다고 해야 되나 아무튼 저녁 시간은 하루를 마감하는 시간이라서 그런지 누구나를 막론하고 퍽 여유롭다. 우리도 사실은 늦은 저녁이지만 '로마에 와서는 로마법을 따라야 한다.'는 말이 이제야 실감난다.

우리 일행은 미리 정해 둔 'THE CHURCH PALACE' 호텔에 여장을 풀었다. 그리고 호텔에 있는 식당에서 저녁 식사를 했다. 피곤을 풀 수 있는 와인 한잔이 역시 기분 전환을 해 주었다.

그동안은 집에서 식사 때 와인 한 잔 곁들이는 법이 없었는데 몇일 일정이지만 순례 기간 동안에는 서구인들의 생활 습관처럼 우리도 와인 한 잔을 멋지게 곁들이며 현지 식에 익숙해져 갔다. 아직은 로마에서의 중요한 일정들이 남아 있지만 일단 로마에 돌아오니 내 집으로 돌아온 것처럼 편안해진다.

말은 못했지만 이곳저곳에 짐을 끌고 다니며 매일 다른 곳에서 여장을 푼다는 게 쉽지는 않았던 것 같다.

그러나 이곳 로마에 당도하니 이젠 집으로 돌아가는 여정만을 남겨 놓은 것 같아 참 편안하고 여유롭다. 일정으로 보면 아직도 중요한 순례 구역을 많이 남겨 두었지만 일단 비행기를 이곳 로마에서 한번만 타면 내 고국으로 바로 직항할 수 있기 때문인지 마음이 퍽 놓인다. 내가 너무 샴페인을 빨리 터트리고 있는 건 아닌가? 왠지 모르게 다가오는 안도감 때문인지는 몰라도 이곳 로마는 퍽 편안하다.

뒤돌아보니 스페인의 이곳저곳을 각박하게 시간을 재촉하며 돌아다녔던 여정들이 주마등처럼 반짝거린다. 몸은 비록 힘들었지만 내가 혼자서는 결코 맛볼 수 없었던 성인 이냐시오의 영혼의 숨결에 흠뻑 젖을 수 있었으니 말이다. 참으로 꿈만 같은 열흘이 흘러갔다.

정말 그 순간순간이 모두가 금쪽같았다. 내가 이 세상에 다시 태어난다 해도 이냐시오성인의 발자취를 이렇게 촉촉이 다시 더듬어 볼 수 있었을까?라는 생각에 이르니 벌써 아쉬워지기도 한다.

이번 순례가 내 일생에 얼마나 긴요한 순간이 되었는지 가끔씩 돌아보게 될 것이다. 아니 자주 그리워하게 될 것 같다.

가는 곳마다 내 맥박이 이렇게 톡톡 뛰었고 내 심장이 터질 듯 이렇게 통통 뛰었으니 그 신나는 현장에서 나는 얼마나 행복감에 취했었던가? 성이냐시오가 나고 자랐던 정든 그 역사의 현장에서 나는 몇 번이고 그분을 만났었고 그분에게 안겼고 눈시울이 붉어졌고 그분의 따스한 숨결에 매료 되었던지 내 생에 결코 이 여정을 쉽게 잊을 수가 없을 것 같다.

이번 순례여정은 모두가 뜨거운 사랑이었다. 그 모두가 내 삶에 영원히 아름답게 흔들릴 것이다. 정말 그간 우리에게 영성 지도를 해 주셨던 두분 수녀님들께 감사의 인사가 절로 나온다.

순례를 주도하신 수녀님들께선 이곳 순례가 벌써 3차 코스로 현장 학습을 나오셨으니 이 과정을 얼마나 섬세하게 다듬으시고 꼼꼼히 기획하셨을까? 우리에게 하나라도 더 오차 없이 보여주시려고 애를 쓰셨을까?하는 생각에 머물게 되자 감사 기도가 절로 나온다.

몇 번이고 이 순례여정을 계획하며 인솔하신 두 수녀님들과 지도 신부님께 이쯤 해서 정중히 감사의 인사를 올리고 싶다. 이제 로마와 아씨시 그리고 바티칸의 이모저모를 더 공부하는 일정만을 남겨 두었다.

아쉽기 짝이 없지만 어차피 현장에서 살지 않은 바에야 남겨진 짧은 기일은 누구에게든 아쉬울 것이다. 다만 그 남은 기일을 어떻게 긴요하게 그리고 더 값지고 보람 있게 사용하고 떠나느냐가 과제일 뿐이다.

자, 이제 남은 일정에 조급해 하지 말고 남은 시간에 더 충실하게 임해야겠다.

로마에서 아씨시로 가는 길 난생 처음 시집을 가는 기분이다.

로마에서 묵고 있었던 호텔에서 나와 이탈리아 1번 고속도로에 들어섰다. 이 길이 나포리까지 가는 길 '태양의 도로' 라고도 한다.

이탈리아는 면적이 우리나라보다 3배 정도가 더 넓다고 하며 삼면이 바다로 둘러싸인 입지적인 조건과 기후 그리고 사람들 성격까지도 우리나라와 조금 비슷하다고 한다. 서구와 동양이 많이 닮았다는 점은 무엇일까 ? 지금으로서는 이해가 안 된다.

이탈리아 사람들의 성격은 모두는 아니지만 '자기가 어떤 과오를 저지르고도 절대 사과나 잘못을 시인하지 않는다.'고 한다. 무슨 일이 있어도 잘못을 시인하지 않는다는 건 자존심이 높다는 얘긴지 ? 아니면 뭔가를 인정하지 않으려는 근성과 성격을 지닌 것인지 대부분의 사람들이 그런 성향을 지녔다고 한다.

나는 참 의아했다. 이렇게 성인의 도시요 가톨릭의 본원이 있는 이탈리아 사람들이 그런 근성이 있다는 건 이해할 수가 없다.

그리고 이탈리아 사람들은 커피를 바(Bar)에서 많이 마신다고 한다. 식사는 식당에서 하지만 커피만큼은 꼭 바에서 마시고 있다고 한다. 그러면서 모두 서서 마신다고 한다. 지나가다가도 바에 가서 서서 커피를 마시고 간다고 한다.

우리 한국 사람들처럼 따끈한 커피나 차디찬 냉커피를 좋아하지 않고 커피에다 우유를 가미한 라떼 정도를 즐긴다고 한다. 그러니까 우유에 커피를 부은 라떼 마끼아또를 즐겨 마신다고 한다. 그런 성향으로 보면 성격들이 온순할 것도 같은데 말이다. 각기 나라마다 관습은 조금 차이가 있는 법이니까 로마에 와서는 로마법을 따라야겠다.

진정한 변화의 동력은 자신과의 싸움이다

긍정과 열정이 빚은 성프란치스코와 아씨시

아씨시를 처음 가는 나로선 너무도 가슴이 두근거린다. 아씨시라는 이름만 들었을 때도 그렇게 전율이 느껴지는 건 무얼까? 머릿속에 아무 그림이 그려지지도 않으면서 이렇게 가슴이 떨리고 설렌 건 또 무어란 말인가?

무엇이든 처음 감정은 다 설레고 두렵고 떨리기까지 하지만 아씨시를 앞두고는 더 두근거린다. 왜 그럴까?

아무리 생각해봐도 내가 너무 보고 싶었기 때문인지도 몰랐다. 아니 내가 몹시도 그리워했던 때문인지도 모른다. 어떻든 난 지금 떨고 있다.

아씨시는 이탈리아인들만이 아닌 전 세계의 많은 사람들로부터 사랑을 받는 도시임에는 틀림없다. 그 이유는 자연 환경이 순수해서 아름다울 뿐 아니라 여기에서 성인 프란치스코가 태어났고 또 하느님을 열렬히 사랑했고 또 그가 묻힌 곳이기 때문이다.

성프란치스코는 1182년 큰 상인의 아들로 태어났다. 아씨시에서 프랑스까지 지점을 둘 정도의 거상의 아버지에게서 출생했다. 젊은 시절의 프란치스코는 아씨시 청년들의 우두머리가 되어 재산을 낭비하며 방조에 빠지기도 하였다.

이런 프란치스코가 아씨시와 페르시아간에 벌어진 싸움터에서 포로

로 잡히고 병으로 눕게 되면서 마음에 커다란 변화를 일으키게 되었다. 단테의 말을 빌리자면 새로운 생활이 그에게서 싹트고 있었던 것이다. 그 변화는 오랜 시간 걸렸지만 점진적으로 더 뚜렷한 양상을 띠게 되어 마침내 그의 동료들은 프란치스코가 딴사람이 되어 버렸다고 말들을 했다. 아니 그걸 모두가 깨닫게 되었다.

아씨시의 성프란치스코는 이탈리아의 로마 가톨릭교회 수사이자 저명한 설교가로 불리웠다. 또 프란치스코회의 창설자이기도 하다.

1219년 프란치스코는 십자군전쟁을 평화롭게 해결하고자 이집트의 술탄에게 직접 찾아가서 그를 개종시키려고 하였다. 이 당시 프란치스코는 설립 당시보다 프란치스코회가 규모 면에서 더 크게 성장하였다. 그리하여 프란치스코는 수도회를 보다 체계화하기 위해 이탈리아로 돌아갔고 교황으로부터 수도회를 인가 받은 후 그는 점차 외부 문제를 멀리 하게 되었다.

1223년 프란치스코는 처음으로 베들레헴에서의 예수 탄생 사건을 재현한 '성탄 구유'를 만들었다. 1224년에 그는 그리스도의 수난 당시 그리스도가 받았던 상처인 오상의 성흔을 받기도 했다.

프란치스코는 생전에 사제 서품을 받은 적은 없지만 역사적으로 유명한 종교인 가운데 한 사람이며 후에 교황 그레고리오9세에 의해 성인으로 시성 받기에 이르렀다.

"무엇이 내 삶의 의미를 준다는 말인가 ?" 이런 자문을 수없이 하던 중 뜻밖에도 한 나병환자를 만나 강한 충동으로 나환자의 손에 자기 입술을 갖다 대면서 나환자들에게 자비를 베풀기 시작했다.

그리고 프란치스코의 두 번째의 체험 날 반 쯤 허물어진 성다마아노 성당에서 무엇을 해야 할지 주께서 인도해 주시라고 기도를 하고 있을 때 거기에 걸려있던 십자가상으로부터 이런 말을 듣게 되었다.

"프란치스코야, 가서 허물어져가는 나의 집을 고쳐 세워라."는 말이 들려왔다.

그래서 그는 돌을 수집하여 몰탈을 만들어 소성당을 재건하였다.

"나는 가난과 결혼 하려고 해."하면서 너무도 결연한 의지를 보이기도 했다.

그래서 그는 마침내 자신의 의사로 가난한 사람이 되고야 말았다. 그렇게 함으로써 그는 어느 것에 비할 수도 없는 마음의 부를 얻게 되었다고 한다.

가난한 자와 똑같이 되어버린 프란치스코는 또 이렇게 말했다고 한다.

"거지를 욕하는 자는 누구건 간에 모든 가난한 이들이 그분의 고귀한 표를 지니고 있는 그리스도를 모욕하는 것이다."라고 말하며 그리스도께서 당신 자신을 가난하게 만드신 것은 바로 우리를 위함이었기 때문이다."라는 경지에 이르게 되었다.

특히 1209년 다미아노성당에서 미사 참례를 할 때 이런 말씀을 하셨다.

"전대에 금이나 은이나 동전을 넣어가지고 다니지 말 것이며 식량 자루나 여벌옷이나 신이나 지팡이도 가지고 다니지 마라. 일하는 사람은 자기 먹을 것을 얻을 자격이 있다."(마태오 10,9~10)라는 말씀을 듣고 "이게 바로 내가 온 마음을 바쳐 행할 일이다."하면서 형언할 수 없는 기쁨으로 손뼉을 치셨다고 한다.

성프란치스코는 이런 철저한 청빈 생활에 감화를 받은 사람들이 하나둘 모여들어 12명의 제자를 두게 되었는데 그는 교황 인노첸시오3세 (1198~1216)에게 수도원 인가를 청원하여 '작은형제회'라는 이름의 수도원으로 인가를 받았다.

프란치스코의 아버지는 환상적인 이상을 추구하며 웃음거리가 된 아들을 캄캄한 방에다 가두어 두기도 하며 주교 앞에 데리고 가 판결을 요구하자 프란치스코는 자기 옷을 훌훌 벗어 던지고는 주위 사람들에게 "모두들 내 말을 귀담아 들어주십시오. 지금까지 나는 삐에또르 베르나르도네를 내 아버지라 불렀으나 이제부터 나는 '하늘에 계신 우리 아버지'를 내 아버지라고 부르겠습니다."라고 말했다고 한다. 그런 뒤에 프란치스코는 자기 생애에서 무엇이 가장 힘들었냐는 질문을 받았을 때 나직이 "아버지의 일"이라고 답하곤 했다고 한다.

프란치스코는 자기 형제들에게 그리스도께서 살아가신 생활의 가난을 구현할 것을 요구했으며 그는 돈을 쓰레기로 간주 했다고 한다.

이런 프란치스코를 따르는 사람들의 수는 날로 증가하여 여러 분원을 마련하였으며 여성으로서 청빈, 보속으로 그를 따르는 제자들을 위해 제2회 '클라라회'를 세웠고 또한 세상에 살면서 그의 뜻을 따르려는 사람들을 위해 '프란치스코 제3회'를 설립하기도 했다.

그리고 직접 지으신 '태양의 노래' '평화의 기도'로 유명한 성프란치스코는 대자연의 아름다움이 지닌 가치를 있는 그대로 발견하여 예찬한 안목도 놀랍지만 대자연을 통해서 하느님께 영광을 드려야 한다는 길을 찾아낸 것은 참으로 경탄할 만 한 발견임에 틀림이 없다. 이미 프란치스코성인은 성인이기 이전에 멋지고 아름다운 시인이었다는 생각이 들기도 했다.

성프란치스코 앞에서는 감히 나도 시인이라는 말조차 꺼내기가 부끄럽다. 이 시점에서 나도 부끄럽지 않은 시인으로 살려면 더 노력하고 더 아름다운 시를 창작하여 첫째는 하느님을 기쁘게 해야 할 것이며 그 영광을 하느님을 위하여 돌아가게 하는 것이어야 한다는 사실을 이번 기회에 뼈저리게 느끼게 되었다. 정말 이제 시 한 수 내놓기가 부끄럽고 두려워진다.

1224년 성프란치스코가 '알베나' 산에 들어가 그리스도의 고난을 묵상하고 있을 때 그리스도와 같이 양 손, 양 발, 그리고 늑판에다 오상을 박아 주셨다.

이것은 커다란 은혜임에 틀림없지만 한편으로 오상은 주의 상처와 같이 심한 고통을 주는 어려운 시기이기도 하였다.

1226년10월3일 죽음 때까지 이런 시련을 기쁨으로 인내 하면서 일생을 마쳤다고 한다. 44세의 짧은 일생 동안 빛나는 성덕과 생전에 행한 여러 불가사의한 일과 사후에 계속 일어나는 기적 때문에 임종한지 3년후인 1229년에 시성의 영광을 받았다고 한다.

프란치스코성당은 엘리아 수사가 설계하여 건축했는데 2층에 성당이 있고 청빈, 정결, 순명의 수도 정신을 나타내는 모자이크가 특히 아름답다. 성당 안의 28개의 벽화에 프란치스코성인의 생애를 담은 그림이 너무도 이채롭다.

그중에서도 쓰러져가는 성당을 프란치스코성인이 떠받치고 있는 모습은 지금도 눈에 선연하게 떠오른다.

1962년10월4일(성프란치스코축일)엔 교황 요한23세(1959~1963)가 이곳을 방문하였다고 한다. 공의회의 발전과 성공을 위해 나도 성인에게 간절한 기도를 바쳐야겠다.

평화의 기도

성 프란치스코

주님 저를 당신의 도구로 써주소서

미움이 있는 곳에 용서를
분열이 있는 곳에 일치를
의혹이 있는 곳에 신앙을
그릇됨이 있는 곳에 진리를
절망이 있는 곳에 희망을
어두움에 빛을
슬픔이 있는 곳에
기쁨을 가져오는 자 되게 하소서

위로 받기보다는 위로하고
이해 받기보다는 이해하며
사랑받기 보다는 사랑하게 하여주소서

우리는 줌으로써 받고
용서함으로써 용서 받으며
자기를 버리고 죽음으로써
영생을 얻기 때문입니다

가난, 겸손, 말씀의 성자로 불리어지는 성프란치스코는 이탈리아의
중부 움브리아평원이 아름답게 펼쳐지는 아씨시에서 부유한 포목상이던
아버지 베드로 베르나르도와 어머니 요안나의 아들로 태어났다. 1205년
에 23세이던 그는 대망의 기사의 꿈을 안고 갈티에르 부리에네 백작군
에 입대하였다고 한다.

그런데 어느 날 밤 "왜 주인을 섬기지 않고 종을 섬기려 하느냐? 집
으로 돌아가라."는 환시에 꿈을 접고 그만 집으로 돌아왔다고 한다.

그는 일시 방황하며 세속적인 생활로 지내던 중 어느 날 말을 타고
움브리아평원을 다니다가 나병환자를 만나 돈을 주고 자주 기도하는 시
간을 가졌는데 어느 날 꿈에 "허물어져 가는 나의 성당을 고쳐라."는 목
소리를 듣게 되었다.

그러던 어느 날, 가진 재산을 가난한 이들에게 나누어주는 아들에게
서 상속권을 되돌려 받으려고 그의 아버지는 그를 주교에게 데리고 간
다. 그러나 그는 그때에 아버지와 많은 사람들 앞에서 실오라기도 걸치
지 않은 모습으로 모든 것을 아버지에게 되돌려 주고는 가난과 복음의
길로 훌훌히 떠나게 된다.

그 사건 이 후 가난, 청빈에 대한 삶과 사랑은 본격적으로 시작되었
다. 1년 후인 1208년2월24일에 그는 포르지웅꿀리의 성당에서의 미사

중에 다음 말씀을 듣는다.

'여러분은 금, 은, 동전도 지니지 마시오. 길을 떠날 때에 속옷 두 벌, 신발, 지팡이도 지니지 마시오.'(마태 10.9~10) 그 말씀은 그에게 큰 울림으로 다가왔고 그는 뜻을 같이 하던 동료들과 함께 르보르트에서 가난, 기도, 노동, 말씀의 생활을 시작한다.

그리스도와 함께 그리스도 안에서 그리스도처럼 살고 싶었던 "가난, 나눔, 기도, 노동, 단순, 기쁨, 평화, 순명, 말씀, 선교, 형제애"의 실천과 추구가 바로 프란치스코 영성이다.

천사들의 성모마리아성당

가시 없는 장미정원

1500년 중반에 비오5세는 바실리카의 건설을 명하고 1568년에 시작하여 1684년 176년 만에 '천사들의 성모마리아성당'이 완성이 되었다고 한다.

이 성당은 세계에서 아주 큰 성당중의 하나라고 한다. 우리 순례 단일행이 버스에서 내려 조금 걸어오니 평화로운 천사들이 지붕 위에서 나를 반겨 주고 있다. 한눈에 보고서도 천사들의 성모마리아성당이라는 것을 바로 알 수 있었다.

성당 상부 맨 윗부분에 금색 옷을 입고 눈부시게 빛난 성모마리아를 먼저 만날 수가 있었다.

아직 한 번도 볼 수 없었던 모습의 성모마리아께서는 부처님처럼 금색 옷을 입고 계셨다. 이런 모습을 처음 본 나는 매우 신기하게 바라보았다. 성당 중간쯤에서는 날개를 단 깨끗한 천사들의 아름다운 모습들이 눈에 들어왔다. 지금도 그 천사들이 우리를 마리아께로 인도 해 주러 올 것 만 같은 반가움으로 다가왔다. 너무도 아름다운 그 광경을 사진에 미리 담고 싶어 아주 먼 거리에서부터 카메라를 조정해 보았다.

성당 전경을 다 담으려니 윗부분이 자꾸 잘려나간다. 그래서 자꾸 뒤로 밀려나며 전체를 담아 보려 애를 써도 한 면에 담기가 어렵다.

이렇게 전경이 안 잡히고 잘리려고 한 걸 보면 천사들의 성모마리아 대성당의 위용을 대충 알 수 있을 것 같다.

한눈에 봐도 규모가 큰 대성당임을 짐작할 수가 있었다. 그 내부에는 12개의 부속 예배당이 있다고 한다. 16세기에서부터 20세기에 이르기까지 수많은 작가들에 의해 그 제단이 만들어졌다고 하니 그 수고로움이야 말해 무엇 하겠는가? 우리 일행은 먼저 미사를 봉헌하는 경당으로 인도되어 대성당을 지나 작은 경당으로 먼저 가야 했다. 가는 길목에서 가이드한테 프란치스코성인의 이야기를 듣게 되었다.

성인께서는 특히 장미꽃을 좋아하셨다고 한다. 그런데 '가시 없는 장미의 정원'에 대한 이야기를 들으면서 나는 또 숙연해지기까지 했다. 프란치스코성인께서는 참기 어려운 고통이 그를 엄습할 때마다 그 장미정원에서 맨몸을 뒹굴며 장미의 가시에 찔리어 온몸에 피가 나도록 내 몸을 아픈 가시에 비벼 가며 고통을 견디어 내셨다고 한다. 정말 지독한 분이셨다는 생각이 든다.

'얼마나 참기 어려웠던 고통들이면 그랬을까?' 아무리 생각해봐도 그분의 고통에 크기에는 미칠 수가 없었다. 그런 일이 일어난 뒤로 그 장미나무에는 가시가 돋지 않는다고 한다. 정말 정원의 주변을 돌아가면서 '가시 없는 장미정원'을 보여 주었다. 꽃이 피지 않은 시기라서 장미꽃은 볼 수 없었지만 창살 사이로 내비치는 장미정원의 장미나무에는 정말 '가시가 돋지 않았다.' 아니 가시를 볼 수가 없었다.

그건 확실히 내 눈으로 확인할 수 있었다. 그런데 이상한 것이 성인께서 가시에 찔린 아픔에 몸을 맡기며 그 고통을 참아내며 뒹굴었던 그 장미나무에 왜 가시가 돋지 않을까?라는 의문은 아직도 여전히 남는다. 그래서 '가시 없는 장미꽃'이 핀다고 하니 장미꽃이 만발할 그 계절에 또 와보고 싶어진다.

그 얘기를 들으며 우리는 뒷길로 인도되어 우리들만의 조촐한 미사를 지낼 수 있는 작은 경당으로 들어가 정겹고 아름다운 미사를 올릴 수 있게 되었다. 정말 가는 곳마다 은혜로 넘쳐흘렀다.

제의 방은 호두나무로 만들어졌고 1823년 지진에 다시 복구 되었으며 1927년에 다시 건축가 체사레 비자리를 통해 재건되었다고 한다. 먼 곳에서도 명확하게 보이는 우아한 꾸플라는 포르지운콜라성당 위에 세워졌고 측면에 르네상스 스타일의 종탑이 있다.

46 청빈, 정결, 순명의 성프란치스코대성당

아씨시의 성프란치스코성인은 1182년에 이태리 아씨시 마굿간에서 큰 포목상을 경영하는 상인의 아들로 태어났다. 프란치스코의 어의는 원래 '작은 프랑스인'으로 그는 성격이 활발하고 지식을 겸비한 호탕한 청년으로 성장하였다고 한다.

어느 날 프란치스코가 다마아노성당에서 기도하고 있을 때 그곳 고상으로부터 "프란치스코야. 가서 허물어져가는 나의 집을 세워라."하는 말이 들려와 그는 그때부터 회개하기 시작하였고 아버지의 재산을 가지고 성당 보수비를 마련하였다.

화가 난 그의 아버지는 아들이지만 아버지의 재산을 가지고 성당 보수비에 그 돈을 써버린 아들을 소송하기에 이르렀다. 그는 재판장 앞에 서게 되었다. 그는 아버지에게 "나는 당신의 아들이 아니고 하느님의 아들입니다."라고 말하며 입고 있던 의복과 소지품 일체를 아버지에게 돌려 드리고 홀로 청빈을 모토로 오로지 주님 말씀에만 관심을 갖고 살았다.

프란치스코의 이러한 생활에 감화를 받은 제자들이 하나 둘 모여들어 그는 12명의 제자를 두게 되자 그는 교황에게 수도원 인가를 청원하여 '작은형제회'라는 이름의 수도원으로 인가를 받게 되었다.

그를 따르는 형제들의 수는 날로 증가하여 분원을 마련하게 되었고 청빈을 보속으로 그를 따르던 여제자들을 위해 제2회 글라라회를 세우게 되었다. 그리고 그는 세속에 살면서 그분의 뜻을 따르려는 사람들을 위하여 프란치스코3회를 설립하였다.

1216년 그는 '회'의 기능을 발휘하기 위해 몇 개의 관구로 분활하고 그 회를 외국에도 파견하기에 이르렀다. 그는 자주 고요한 곳을 찾아가 기도하였고 엄격한 고행과 끊임없는 묵상을 하곤 했다.

1224년 그가 알베나산에서 기도하고 있을 때 예수께로부터 주의 상처와 같은 오상을 받게 되고 그 후 2년간을 예수님의 고통을 체험하며 죽을 무렵까지 설교를 계속하였다고 한다.

그는 그리스도와 같이 완전한 가난 속에서 주님의 뜻에 알맞은 생활을 하며 살았다. 프란치스코성당은 엘리아 수사가 설계하여 건축 하였는데 2층에 성당이 있는 것이 특징이고 청빈, 정결, 순명을 나타내는 아름답기로 유명한 수도원성당이다.

이 수도원은 3천명이 생활하던 곳이고 성인의 생활상을 벽화에 많이 담아 놓기도 하였다. 천사들의 마리아성당에는 글라라성녀가 성인에게 만들어준 신발과 멋진 수단등이 지금도 주인을 기다리고 있는 듯 보존되어 있다.

성인을 도와 글라라수녀원을 이끈 글라라성녀의 무구한 사랑 이야기가 이 수도원 전체의 분위기를 더욱 정감있게 해 주고 있다.

성프란치스코대성당에는 성인의 유품인 떨어져 몇 겹씩 기워 입은 누더기 옷과 또 지오또 등이 그린 명화들도 있다.

청빈과 정결과 순명을 가르치고 실천한 성인의 정신을 배울 수가 있었다. 그리고 성녀 글라라성당 구내에는 검정 수건을 내려쓴 글라라회 수녀님의 모습이 순례자를 더욱 경건하게 해 주고 있다.

성프란치스코는 그의 삶에서 누구보다도 하느님의 현존을 모든 피조물 안에서 찬양하고 경탄한 분이다. 특히 '태양의 찬가'에는 하느님과 모든 피조물을 사랑한 프란치스코의 마음이 잘 표현되어 있다.

"프란치스코는 예술가의 작품을 찬미하듯이 모든 피조물에서 창조주 하느님을 찾아냈다. 주님의 손으로 만드신 피조물에 경탄하고 그 이면에 깃든 생명의 근거와 동기를 지켜보는 것을 즐거워 하셨다."

(「2첼라노」165)

프란치스코는 형제들에게 나무는 뿌리까지 다 베지 말고 정원 구석에 난 풀도 모두 뽑지 말 것이며 겨울에는 벌을 위해 소량의 꿀도 남겨 두라고 말하고 동물조차 형제라고 부르시곤 했다. "활동은 여러 가지지만 모든 사람 안에서 모든 활동을 일으키시는 분은 같은 하느님이십니다."

(「2첼라노」165;1코린 12,6)

프란치스코는 '태양의 찬가'에서 잘 나타나듯이 모든 창조물을 형제자매라고 부름으로써 하느님을 모든 존재의 원천이며 모든 창조물을 가족의 구성원으로 보셨다. 그래서 그의 영성은 세상(지구)을 하느님의 창조물들이 함께 공유하는 공동의 집으로 인식하는 생태 영성의 핵심을 그때부터 꿰뚫어 보신 분이다.

그의 가난과 겸손함, 열린 마음 그리고 작은 것에도 감사하는 마음은 하느님으로부터 창조된 모든 피조물 안에서 거룩함을 지각할 수 있도록 도와주신 분이다. 프란치스코는 소유 없이 자유롭고 가난한 마음 안에서 자기와 다른 모든 것들을 끌어안았다.

길거리의 가난한 이들과 나병환자나 거지까지도 모두 하느님의 피조물이며, 돌, 식물, 하늘을 날아다니는 새들, 심지어 굽비오마을에 나타난 사나운 늑대조차 형제라고 부르며 마을 사람들과 화해하고 평화를 잘 지키라고 초대하신 분이다.

"하느님께서 보시니 손수 만드신 모든 것이 참 좋았다." 라는 성서구절(창세 1,31)을 성인은 누구보다 더 잘 이해하고 그의 삶 안에서 그것들을 하느님의 선물로 받아들여 찬양과 찬미를 드렸던 것이다.

이는 자신의 소유 없이 살다 가신 그의 마지막 삶에서도 잘 나타난다. 프란치스코는 죽음을 맞이하며 형제들에게 "나는 내 할 일을 다 하였습니다. 그리스도께서 여러분에게 할 일을 가르쳐주시길 빕니다."하시면서 자신의 알몸을 땅바닥에 눕히게 하시고는 마지막 숨을 거두신 분이다.

이처럼 프란치스코성인은 날아다니는 새에게 까지 주님의 복음을 전했다고 할 정도로 자연을 사랑 했고 그가 지은 명시 '만물의 찬가'를 써서 이태리문학사를 빛내기도 했다고 할 정도이다. 이 아름다운 시를 지었던 곳은 아씨시에서도 전망이 아주 좋은 곳이었다고 한다. 성 프란치스코성인께서는 자연과 우주 만물에 각별한 애정을 가지시고 자연의 시를 많이 쓰시기도 했다고 한다.

그분이 돌아가실 당시에도 당신이 지으신 여러 편의 시를 낭송하시며 돌아가셨다고 한다. 나도 프란치스코성인처럼 내가 이 세상에 창작 해 놓은 내 시를 마지막 그 순간까지 사랑하며 읽고 암송하며 죽어가고 싶다. 내가 이번 아씨시를 돌아보니 그 어디에서고 아름다운 시 한 줄기씩은 다 나올 듯 다소곳이 시를 품고 있는 것 같다. 아, 이쯤해서 성프란치스코의 시 한 수 음미하지 않을 수 없다.

다음은 성프란치스코가 대자연에 대한 시를 많이 지으셨지만 그 중 '태양의 찬가'를 소개해 본다. 음악과 함께 들으면 훨씬 감미로울 것이다.

태양의 찬가

성프란치스코

오 감미로워라 가난한 내 맘에
한없이 샘솟는 정결한 사랑
오 감미로워라 나 외롭지 않고
온 세상 만물 향기와 빛으로
피조물의 기쁨 찬미하는 여기
지극히 작은 이 몸 있음을

오 아름다워라 저 하늘의 별들
형님인 태양과 누님인 달은
오 아름다워라 어머니이신 땅과
과일과 꽃들 바람과 불
갖가지 생명 적시는 물결
이 모든 신비가 주 찬미 찬미로
사랑의 내 주님을 노래 부른다

47

위대함, 결코 비교될 수 없는 클라라성당

성녀 클라라는 1193년 이태리 아씨시의 귀족 가문에서 태어났다. 클라라는 기독교의 성녀로 이탈리아어로는 키아라라고 하며 성프란치스코의 최초의 여성 공로자로 클라라청빈수녀회의 창설자이기도 하다.

아씨시의 명문 가문의 딸이면서 성프란치스코의 설교에 감화되어 18세에 집을 버리고 포르티움 코라의 성인 밑에서 삭발을 하고 헌신하였다.

그녀는 성프란치스코의 열정적이고 기쁨에 찬 설교를 직접 듣고 형제들의 생활을 보면서 그와 같은 복음적 생활에로 강한 마음의 이끌림을 느꼈기에 성 프란치스코를 찾아가 그의 지도를 받게 되었다.

클라라가 1212년 성지주일 밤 가족들이 잠든 사이에 집을 떠나 성프란치스코와 형제들이 기다리고 있는 뽀르찌웅꿀라성당으로 달려가 순종생활을 서약하였다.

스승이요, 영적 아버지인 성프란치스코를 따라 세속을 완전히 떠나 예수 그리스도의 가난과 겸손과 사랑의 길을 걷기 시작하였던 것이다.

그러나 이 길은 세상을 두루 다니며 복음을 선포하는 성프란치스코와는 달리 봉쇄 수도원 안에서 가난과 보속의 삶을 살아가는 관상생활을 하였던 것이다. 처음은 당장 머물 곳이 없어 성베네딕도수도원에서 생활하던 클라라는 1212년 말에서 1213년 초 언니의 뒤를 따라 복음적 생활을 함께 시작한 동생 아네스와 동료 몇 명과 함께 성프란치스코가 마련해준 성 다미아노성당을 "가난한 자매들의 회"의 못자리로 삼고 성 프란치스코가 자신의 생활양식과 비슷한 복음적 권고로 작성하여 준 생활양식을 따르며 살아갔다. 1215년 클라라는 프란치스칸정신과 관계없는 두 개의 회칙을 지키는 한 프란치스코에게서 배운 복음적 가난의 생활과 형제회와의 유대를 보존 할 수 없음을 염려하여 프란치스코의 회칙과 우고리노 회칙을 기초로 하여 회칙을 다시 작성하여 인준을 요청했으나 교황 그레고리오9세로부터 거절을 당하였다.

그리하여 1240년 클라라는 성체께 대한 온전한 믿음으로 아씨시를 습격한 사라센인들을 쫓아내는 성체의 기적을 체험하게 된다. 1243년 클라라는 자신이 작성한 회칙의 인준을 교황 인노첸시오4세에게 다시 요청 하였으나 또 거절당하고 1247년 새로운 회칙을 의무적으로 받게 되었다. 이 회칙은 작은 형제회와의 영적 유대는 보장되지만 공동 재산을 인정하는 것으로서 클라라가 하느님 사랑에만 전적인 신뢰를 두는 절대적 가난을 살고자 하는 이상과는 반대되는 것이었다.

그래서 1252년 다시 클라라는 인준 받은 프란치스코의 회칙을 근본으로 받아들여 관상과 봉쇄 생활에 적용하는 고유한 회칙을 작성한다.

클라라는 이 회칙에서 자매들의 생활은 복음적 생활이며 교회와의 일치 특히 프란치스코형제회와 같은 정체성으로서 형제회와 일치하고 우리 주 예수 그리스도의 가난과 겸손에 근본을 두는 생활이라는 것을 명시한다. 그래서 서로간의 사랑 안에서 일치와 가족적인 사랑의 분위기를 유지하며 항상 단식하고 남루한 옷을 입고 가난하게 살아가며 재산이나 토지를 임대함으로서 주어지는 고정적 수입을 거절하고 복음의 말씀대로 손수 일하여 생계를 마련하며 애긍에 의존하라고 한다.

그리고 관상 생활을 위한 수단으로서의 봉쇄와 침묵, 하느님의 자녀들이 누려야 하는 자유를 강조하며 엄격한 규정을 내릴 때에도 자매애와 가족적 분위기 안에서 지혜롭게 배려하는 융통성을 보여주고 있다. 교회 역사 안에서 여성 수도자로써는 최초로 쓴 이 회칙을 보호자 Rainaldo 추기경이 1252년9월16일자로 인준하였고 교황 인노첸시오4세가 1253년8월9일 교령으로 재확인 하였다.

1253년8월10일 작은 형제 편으로 간절히 원하던 교황 칙서를 첨부한 자신이 만든 수도 회칙을 받은 클라라는 큰 감격에 넘쳐 회칙을 가슴에 안고 세상을 떠났다.

이 회칙의 원본은 1893년 성녀 클라라의 시신을 덮고 있던 수도복 속에서 발견 되었다. 클라라가 세상을 떠난 2년 후 1255년 클라라는 성인품에 올랐다. 세계적으로 퍼져나간 다미아니떼 수녀들은 '클라라수도회'로 불리기 시작하였다.

1850년 성녀의 무덤을 열어 보았더니 시신이 하나도 상하지 않은 채 발견 되었고 그녀의 시신은 성녀 클라라성당 지하 무덤으로 새롭게 안치 되었다.

1252년 성탄밤 중병으로 움직일 수 없었던 처지에서 자신의 방에서 성프란치스코 대성당 자정 미사를 참석한 듯이 선명하게 볼 수 있었던 기적을 계기로 1958년 교황 비오12세가 성녀 클라라를 '텔레비전의 주보성인'으로 선포하였다고 한다.

성녀의 삶은 지금까지 물질만능으로 병들어가는 세상에서 수많은 사람들에게 단순한 생활과 구세주께 대한 깊은 사랑을 하도록 격려하며 그녀 자신의 이름처럼 아름답고 신선한 빛을 보내주고 있는 것이다.

그리고 아씨시가 이슬람군에게 포위되었을 때에도 글라라는 꿈에 유아 그리스도의 계시를 받은 그녀가 성체현시기에 모신 성체를 받들자 불빛이 발해 지더니 그 적들이 겁을 먹고 도주했다고 한다. 그 이름이 '광명'을 의미하는 데로부터 맹인, 유리 공인의 수호성인으로 삼아지게 되었다고 한다. 현재 소장물은 성체현시기, 십자가, 백합 등이 있고, 예로써 지오토 작품인 '아씨시 산타 키아라성당 벽화'가 보존되어 있다.

그리고 필자가 아씨시에 직접 발을 딛고 바라보니 아름답지 않은 곳이 하나도 없었다. 동네 어느 곳에서 어느 곳을 가더라도 마치 시 한 소절씩이 떠오를 것 같이 너무도 아름답다. 하늘은 구름 한 점 없이 너무도 파랗고 그 주위를 둘러싼 단아한 동네는 모두 예술이었다.

아씨시에 발을 딛으니 웬지 두 분의 사랑 이야기가 발자국에 찍혀 있을 듯 사방이 고즈넉하다. 성프란치스코와 성녀 클라라의 사랑 이야기 외에도 모든 동네가 이미 아름다운 시를 봉긋봉긋 품고 있는 것만 같다.

오래된 담벼락 하나에 기대고만 있어도 시심이 묻어나올 것만 같다.

그리고 아씨시에서는 결코 빼놓을 수 없는 곳이 또한 성녀 클라라성당이다. 이 성당안에서는 가장 인상적인 것이 프란치스코성인에게 말씀하신 독특한 모습의 십자고상 '다미아노십자가'가 눈길을 끌고 있었다.

왜 다미아노십자가가 '다미아노성당'에 걸려 있지 않고 여기에 걸려 있을까?라는 의문이 살짝 스쳐가기도 했다. 그러나 우리에게 여러 가지를 잘 설명해주던 가이드가 그 의구심을 깨끗이 풀어주었다.

프란치스코성인께서 다미아노수도원성당에서 기도 하고 계셨을 때 벽에 걸려있었던 '다미아노십자가'에서 들려오는 하느님 말씀을 들을 수 있었기 때문이다.

그 십자가의 예수님께서 프란치스코에게 어서 가서 "무너져 가는 내 집을 고쳐 세워라."하는 말씀을 듣고 프란치스코는 그 뒤부터 다미아노성당, 천사들의 성모마리아 성당 등을 고쳐가며 차츰 차츰 성당의 재건에 힘쓰셨다고 전해진다.

클라라성당 안을 살펴보면서 특히 눈에 끌린 곳은 프란치스코와 클라라 두분 성인이 입으셨던 옷 그리고 다른 곳에서는 이렇게 완전한 보관이 어려웠을 클라라성녀의 시신이라 할 것이다. 지금도 온전히 살아 계신 분처럼 그대로 보존이 되어 있다는 것이 신기 할 뿐이었다.

대리석 제단을 통해 지하로 내려가니 성녀 클라라무덤이 700년이 다 된 지금까지 그대로 보관이 되어 있다. 죽은 사람의 무덤이라서 으쓱하며 무서울 것도 같았는데 성녀 클라라의 무덤은 도무지 그런 생각조차 들지 않았다.

지금도 평소에 입고 다니셨을 얌전하고 깨끗한 수도복을 그대로 입으신 채 편안히 잠을 자고 있는 것만 같은 클라라성녀의 모습! 아무래도 너무 신비롭다.

비록 지금은 새까맣게 화석이 되어 있었지만 700년이라는 세월을 고스란히 견디고 지금도 곤히 주무시고 있는 모습과 같다니... 어쩌면 그 모습이 저리도 편안할까? 세상 일 다 끝마치고 하느님 곁으로 홀가분하게 돌아가신 클라라의 그 평온한 모습은 성녀가 아니고선 그 모습을 간직하기 어려울 것이다.

정말 지금도 깨우지 않아 오랜 단잠을 주무신 듯 너무도 얌전하고 곱게 눈을 감고 계신 것 같다. 정말 잠든 모습마저도 너무 아름다운 클라라 성녀의 모습이 한동안 내 머리에서 떠날 줄을 몰랐다.

클라라성당에서 또 한 가지 두 분 성인들의 공통점을 발견 할 수가 있었다.

성당 별실에 진열 되었던 두 성인의 남루한 모습의 옷이 청빈의 삶을 잘 보여주고 있다. 깁고 또 기워 마치 누더기처럼 기워져 있는 그 옷이 거지같다는 생각이 들지 않고 너무도 거룩하게 느껴졌다.

수백 년 전에 그분들이 입고 다니셨을 그 거룩한 옷들을 보니 땀자국, 땟자국이 어려 있었지만 숭고하기 이를 데 없었고 거룩하기까지 하였다. 부잣집 거상의 아들과 귀족 가문의 고귀한 딸이 일생을 가난과 청빈으로 살겠다고 모든 것을 버리고 하느님을 선택한 그들이 어찌 성인 성녀가 안 되랴. 과감하게 그 가정과 결연하고 검소하고 청빈한 하느님의 뜻을 따른 그들은 천국에서 받았을 표창장이 너무도 클 것이다. 아무나 하기 힘든 결단의 덕에 활짝 핀 그 아름다움을 무엇에 비유하랴.

그러기에 오늘 날 한 동네에서 두 분씩이나 성인이 나오시어 이 아씨 시를 성인의 도시로 더욱 거룩하게 만들었고 많은 이들에게 아직도 사랑을 받고 있지 않나 싶다.

앞으로도 이 두 성인은 더 높이 더 거룩하게 추앙 받고 뭇 사람들에게 존경의 대상이 될 것이다.

클라라성녀는 1192년생이다. 그 클라라가 결정적으로 수도 생활을 택하게 된 것은 그녀의 나이 18세 때였다고 한다. 지금의 성녀 클라라가 성당에서 프란치스코성인의 강론을 듣는 순간이었다고 한다. 이 젊고 예쁜 귀족 집안의 처녀는 부모의 집을 몰래 빠져나와 프란치스코성인의 지도를 받으며 입회의 표시로 머리카락을 잘랐다고 한다. 이리하여 클라라는 성 프란치스코의 최초의 여제자가 되었고 프란치스코 '제2회 클라라회'의 창설자가 되었다고 한다.

성녀 클라라는 매우 특출한 여성으로 성프란치스코가 살아간 삶을 그대로 살아가는 것이 그의 오직 한 가지 포부였고 또 거의 그대로 실천을 한 분이라고 한다. 클라라는 자기 자신에 대해서는 극히 엄격하면서도 수하 수녀들에 대하여는 자기 자모와 같이 인자하게 대하였다고 한다.

그래서 그를 사모하여 그 지도를 바라고 각지에서 모여드는 소녀들이 날로 증가했으며 클라라의 어머니도 남편이 사망 후 그 수도원에 와서 딸 밑에서 수도 생활을 하였다고 한다. 1240년 '사라센'대군이 아씨시까지 침입했을 때 "주여, 나는 당신이 사랑하는 동정녀들을 보호할 힘이 없나이다. 청하옵건대, 당신이 직접 전능하신 힘으로 그들을 보호하사 적의 손에 넘기지 말아주소서."하며 뜨거운 기도를 바치고 성광을 모시고 적군 앞으로 나아가자 그 성광에서 기이한 빛이 발사하여 이교도인 적들은 눈이 부셔 겁을 집어 먹고 퇴각해 버렸다고 한다.

1253년8월11일 산 성녀라고 불리던 클라라는 조용히 세상을 떠났다고 한다. 그녀의 사후 2년 만에 교황 알렉산더4세(1254~1261년)에 의해 클라라는 성인품에 올랐다

천상의 사랑동지

김숙자

초립동 나고 자란 예쁜 산동네
사랑 꽃 함께 물든 정든 아씨시

마음과 뜻 하나 되어
성전에서 싹튼 언약

주님 옷자락 함께 붙들고
성령의 꽃 불태웠네

가난 정결 순명으로
아름답게 살다간

하느님이 선택한 두 성인
그대들은 복된 천상의 사랑동지

48

노을빛마저 아름다웠던 성다미아노성당(Chiesa di Damiano)

아씨시의 여러 성당을 정신없이 돌다보니 어느덧 노을이 짙어지고 있었다. 오늘 일정은 이쯤에서 마무리 짓는 줄 알았는데 다미아노성당을 꼭 가보자는 우레와 같은 열망에 의해 해질 무렵이지만 저녁 늦은 시간에 다미아노성당을 찾아가게 되었다. 사실 필자는 아씨시에서 제일 가보고 싶었던 곳이 실은 다미아노성당이었다. 우리 사위의 본명이기도 한 이 다미아노성당은 처음 시작이 봉쇄수도원이었다고 한다.

지금도 노수도사들이 살고 있는 수도원 성당이다. 11세기에 세워진 이 소박한 성당 안에서 다미아노성인은 십자가에 못 박히신 분으로부터 (프란치스코십자가) 1206년에 직접 말씀이 건네졌다. "Vade Francisce et repara domus meam !" 프란치스꼬, 가서 내 집을 세워라 !하는 이 말을 프란치스꼬성인이 알아듣지 못했지만 후에 성 니꼴라오성당에서 복음서 봉독 중에 십자가에 달리신 분이 하신 말씀의 참 뜻을 발견하게 되었다고 한다.

왜냐하면 'domus'(집, 하느님의 집)라는 말이 눈에 보이는 구체적인 성다미아노 성당 같은 교회 건물이나 다른 어떤 하느님의 집을 나타내는 것이 아니라 모든 인간의 영혼을 나타내는 표관적 의미의 보이지 않는 도시의 표시이기 때문이었다.

다미아노성인은 2년 후 자기 손으로 직접 교회의 넓고 끝이 좁은 천장을 세웠고 이미 자리한 수도원을 증축하였다고 한다. 나중에 이곳에 성녀 클라라와 그 동료 수도자들이 정주 하였던 아주 뜻깊은 수도원성당이다.

아씨시에서 아주 멀진 않았지만 저녁즈음이라서 차를 타고 와서도 다미아노성당을 가는 곳은 많이 걸어가야 했다. 가파른 산동네 아래에 수도원이 있었으므로 평지에서 돌이 박힌 내리막길을 한참 동안이나 걸어가야 했다. 내려가는 그 길은 어둑하긴 했지만 참 아름다웠다.

하루 종일 성당 이곳저곳을 방문하고 다녔으므로 여기 다미아노성당 가는 길은 정말 남은 힘이 거의 없었다.

그래도 나는 마음먹은 바가 있기 때문에 이 다미아노성당을 가는 길 앞에서는 앞장을 서 가게 되었다. 힘이 남아서가 아니었다. 이곳만은 내가 꼭 들려가고 싶었던 성당이었기 때문에 아주 의욕적으로 앞서 갔다.

돌고 도는 산길 그러면서 돌계단이 매우 가파른 내리막길이었다. 노인들이 가면서 꼭 넘어지기 쉬울 것 같은 그런 가파른 길 아래에 자리하고 있었다. 멀리서는 어느새 땅거미가 짙게 깔리면서 노을빛이 아름답게 물들어 오고 있었다.

자연이 너무도 청정한 그런 수도원 길이라 하늘은 벌써부터 까맣게 어두워졌고 예쁘장한 노을빛이 성당 앞으로 물들어오고 있었다. 우리 일행들은 그 노을빛을 뒤로 하고 걸었기 때문에 다미아노 성당은 아마도 남쪽 방향이 아니었을까?

성당 앞에 다다랐을 무렵에는 이미 그곳에 계시는 수도사들이 드리는 기도나 성무일도 일 것 같았지만 언어가 달라 도무지 알아들을 수가 없었다.

우리 일행은 들어갈 사람은 실내로 들어가고 안 들어 갈 사람들은 밖에서 그럭저럭 어두워지는 아씨시의 아름다움을 관망하면서 1시간 정도의 기도 시간을 보내야 했다. 나는 문득 새로 퍼져 나오는 아름다운 노래 소리에 취해 조심조심 성당 안으로 들어가 보았다. 벌써 우리 수녀님 신부님께서는 자리를 잡고 앉아 계셨고 이 동네의 교인들은 조용하고 기품 있게 노래와 기도를 올리고 있었다. 한참 있다가 우리 미사 전례라 면 이쯤에 성체를 받아 모시는 영성체 시간 같은데 입으로 봉양하는 영성체는 없고 예수님의 진짜 성광을 정성스레 모시고 나온 신부님께서 거룩한 성체를 조심스레 들어 올리며 성체강복을 주시고 계신 것이었다.

여느 성당에서는 결코 볼 수 없었을 귀한 성체 강복을 해 주시는 것 이었다. 정말 다미아노성당에서 받는 성체 강복은 그렇게 성스러울 수 가 없었다.

간간이 함께 부르는 아름다운 성가에 한동안 나는 넋을 잃고 바라 보았다.

전자 오르간인지 파이프 오르간인지는 확실히 몰라도 노수사님께서 연주하시며 노래도 부르셨다.

아주 나이가 많이 드신 노 수도사님의 반주와 노랫소리가 귀에서 멀 어지질 않는다.

타고난 음색도 좋았지만 오르간 연주도 수준급 이상이었다. 제대 뒤 에 앉아계신 몇 분의 수사님들도 함께 기도에 참여 하셨고 그분들도 다 오랜 세월을 이곳 다미아노 수도원에서 함께 생활 하고 계신 가족 같은 수사님들이신 것 같았다.

성가의 아름다운 여운이 돌아 나오는 우리들의 발길을 가뿐하게 해주 었다. 어디선가 숨어 있던 반달이 가로등과 합세하여 어두운 밤길을 돌 아가는 우리 일행을 잘 비춰주고 있었다. 마지막까지 아무 탈 없이 오르 막 산길을 잘 올라가라고 마음을 졸이며 내려다보고 있는 것 같았다. 달 님이 보고 계신다면 '너희가 지금 가고 있는 길은 하느님과 함께 하는 길이다.'라며 용기를 불어넣어주고 계신 것 같았다.

정말 밤늦게까지 아씨시에서 달님과 함께 한 이 순례여정은 너무 아름답고 뜻깊은 순례 시간이었다. 달빛과 가로등 불빛에 젖은 돌계단 그 오르막길을 오르는 순간을 카메라에 추억으로 담아 보았다. 으스름한 밤길 달빛을 가슴에 안고 걸었던 그 오르막길 추억을 오래도록 못 잊을 것 같다.

성작을 닮아가는 거룩한 시간

성다미아노십자가는 오랫동안 아씨시의 성 다미아노 성당에 걸려 있어서 '성다미아노십자가'라고 불리었는데 이 십자가는 12세기에 시리아 수도자에 의하여 그려진 비잔틴양식의 아름다운 이콘이라고 한다. 풍요로운 의미가 잘 담겨진 그 이콘에는 그리스도와 교회의 영광의 모든 신비가 잘 묘사되어 있다. 그리고 다미아노십자가에선 예수님께서 눈을 뜨고 계신다. 거기에서 뜻하는 건 부활 이후의 모습을 재현하고 있기 때문이 아닐까?

이 이콘은 요한복음에 기초를 둔 요한계 이콘이라고 한다. 가시관 대신 놓여 진 영광의 관은 이것을 입증하는 분명한 표시이다. 여기에서는 예수님의 수난과 죽음이 영광으로 변모 되어 있기 때문이라 한다.

예수님의 오른쪽 옆구리 상처 역시 사랑하는 사도 요한에 의하여 표현된 신앙 고백의 하나이다. 이 이콘은 예수의 인간적인 면모를 드러내주는 공관 복음들과는 달리 요한의 독특한 표현을 빌어 그리스도 하느님 말씀의 심오한 신비를 말해주고 있다.

요한복음은 빛과 어두움 사이의 투쟁을 잘 묘사하고 있다. 이 이콘에서 마지막 싸움의 결과가 두드러지게 나타난다. 승리를 거둔 그리스도의 몸이 어두운 배경과는 사뭇 대조적으로 더욱 더 밝은 빛을 비추고 있다. 한편 붉은 색은 사랑을 상징하며 이콘에 관한 모든 것을 뒷받침

해주고 어두움을 극복한 빛과 사랑의 승리를 극명하게 표현 해 주고 있다. 1205년 성프란치스코는 바로 이 십자가의 주님으로부터 "가서 무너져 가는 나의 집을 고쳐라."하는 음성을 들었다고 한다.

프란치스코는 즉시 이 성당의 보수에 착수하였고 이 후 '성베드로성당과 뽀르찌웅꿀라의 '천사들의 성마리아성당'도 보수하였다. 주님의 이 말씀이 교회 재건을 의미함을 그는 나중에야 깨닫게 되었다. 따라서 성프란치스코의 초기 삶에 있어 중대한 전기를 마련해 준 이 십자가는 타우 십자가와 더불어 프란치스칸들의 중요한 상징이 되어 왔다. 이 십자가는 1260년 성다미아노글라라 자매들의 이전과 더불어 성녀 글라라대성당으로 옮겨져 보관되어 있다고 한다.

노을빛에 번져나온 영혼의 노래

김숙자

달빛 함께 젖어드는 적막한 산 고을
자갈 돌 밟으며 내딛는 내리막길
주님 발자국 자박자박 마중 나오신다

예쁜 반달 데려다놓고 마음 졸이며
닫힌 문틈 새로
새어나온 천상의 노래

주님께 영혼 다해 부르는
아름다운 노수사들 목소리
절절한 파이프 오르간 소리

달빛 창가에 사랑 실어 보내며
다미아노 향기 곱게 익어간
생에 잊을 수 없는 아씨시의 밤

chapter 11

자신에게 정직해 지는 것에서 변화는 시작된다
(세계의 길은 로마로 통한다)

"세계의 길은 로마로 통한다."라는 말은 학창 시절 세계사 시간에 처음 들은 것 같은데 그 말이 실감 나는 건 이번 로마에 와 보고서야 이해가 간다.

사랑의 도시 로마는 말로는 설명하기가 힘든 독특한 매력을 소유한 도시이다. 도시 전체가 마치 커다란 박물관이라 할 수 있는 로마는 옛 유적을 그대로 보전한 채 현대 문명과 멋진 조화를 이루고 있다. 관광객들에게는 소매치기와 좀도둑으로 악명이 높지만 그럼에도 불구하고 로마는 매년 많은 관광객으로 붐비는 도시이다.

루피나교구에 속하는 주교좌성당으로 이 지방 백성들은 이냐시오성
인을 특별히 공경하여 1년에 몇 차례 이냐시오성인의 생애를 재현하며
묵상을 하고 있다.

우리는 이곳에 와서 이곳 사람들을 통해 믿음이 계속된 전통이 이어진
중요함을 보아야 한다. 순례 중에는 특히 어느 돌 어느 집이 중요하지
않다.

바로 신앙 체험이 중요한 것이다. 이냐시오성인은 나이가 든 후에 공
부를 시작하셨다. 피정을 통해 또한 이냐시오성인의 인품에 끌려 하느님
의 부르심에 따라 모인 첫 동료들이 해야 할 일들을 묵상한 곳이 이곳이
다. 우리가 무엇을 할 것인가? 하느님이 우리에게 무엇을 원하시는가?
이 모든 문제를 마음의 움직임을 보면서 계속 분발 했던 곳이 바로 이
라스토르타이다.

이냐시오는 글자 그대로 또 지리적으로 예수께서 살던 그곳에서 살고
싶어 했고 그래서 그는 하느님께 인도하도록 돕기 위해 1534년8월15일
몽마르뜨에서 서원을 한다.

예루살렘으로 가기로 서원했으나 하느님이 원하시면 로마로 가서 교
황님의 원의에 따라 순명하기로 했다. 여기에서 교황님께 자신을 맡기
고 하느님의 뜻으로 받아들인다는 결정이 교회사에서 매우 중요한 역할

을 하는 곳이 바로 이곳이다.

이냐시오는 1537년6월24일 사제로 서품되지 않은 첫 회원들과 베니스에서 서품을 받게 된다. 그들은 예루살렘으로 가는 배편을 기다리며 1년의 시간을 보내는 동안 베니스, 비첸자 등에서 복음 선포를 하였다.

1년이 지났는데도 베니스와 터어키의 전쟁으로 예루살렘에 들어가지 못하자 처음에 약속한대로 동료들과 2~3명씩 짝을 지어 로마로 들어온다. 그는 이미 동료들과 서품을 받았지만 바스크인의 고집으로 혹시 예루살렘 즉 주님의 땅에 가서 첫 미사를 지낼 수 있을지 모른다는 생각에서 서품 후에도 이처럼 1년간을 다시 서품을 준비하는 마음으로 지냈다.

1537년 늦가을 11월쯤에 'LA STORTA'에 다시 들어오게 된다.

로마에서 15Km 떨어진 마지막 지점으로 누구든 로마로 들어가려면 이 길을 통과해야 하는 곳이다. 'LA STORTA'란 '구부러진'이라는 뜻으로 이 말은 비아카시아(Via Cassia)라는 길이 팔굽처럼 구부러졌다는 데서 유래 된 뜻이다. 그 당시 이 지역은 모두 허허 벌판이었고 한두 채 정도의 주막이 있었는데 이는 말들에게 물을 먹이고 안장 등을 갈아 끼우기 위해서 있었다고 한다.

라 스토르타

김숙자

허허벌판에 꿈이 꿈틀거렸다
희망이 또아리를 틀었다
터질 듯 뛰었던 이냐시오 심장
당신은 내게 무엇을 원하시는 가
몽마르트에서 싹튼 동료들 서원의 씨
라 스토르타에서 그 첫 삽을 뜨다

하느님 부르심 받은 이곳
뜨거운 묵상이 흘렀고
뜨거운 영성이 샘솟고
뜨거운 순명이 싹텄고
뜨거운 맹세가 들끓고

누구든 로마에 가려면
구부러진 이 길을 가라
하느님 부르심 받은 이곳
교회사 주춧돌이 된 이곳
예수회 피가 감돌았던 라 스토르타

목표가 없으면 이룰 것도 없다

라 스토르타큰성당

'라 스토르타'큰성당은 경당보다 높은 언덕 위에 위치하고 있다고 한다. 우리 일행은 시간이 모자라 큰 성당 까지는 가지 못하고 라 스토르타 경당만을 들려서 가게 되었다. 그래도 우리는 이냐시오의 결연한 의지가 엿보인 이 경당을 들려간다는 것만 해도 큰 공부가 되었다. 라 스토르타큰 성당 안에는 이냐시오성인의 실물 크기의 모습이 있다고 하며 들어가면서 우측 벽 위의 천장 그림에는 이냐시오와 예수회 성인들이 그려져 있다고 한다. 천장 그림에서 지팡이를 짚으신 분은 프란치스코 시베리오성인이며 거기에 있는 성인들은 예수 성심 공경과 관련된 사람들이라고 한다.

예수회는 예수 성심을 공경하고 백성들을 가르치도록 사명을 받았다.

무릎을 꿇은 성녀는 마리아 알라꼭성녀이며 그 옆의 사제가 예수회 신부로서(복자 콜롬비아) 알라꼭의 영적 지도 신부였다고 한다. 이 사제를 통해 예수회에 예수 성심 공경이 들어왔고 현 교황 요한 바오로2세는 다시 한 번 예수회에 성심 공경을 백성들에게 전하라고 권고 하셨다고 한다. 그림을 보면 복자 콜롬비아는 예수회원이었기에 반대편에 서야 하는데 영적 지도 신부였기에 꼭 알라꼭 옆에 서 계신다고 한다.

52 불꽃처럼 타오르던 예수님 사랑

라 스토르타경당

　우리 일행은 작은 장소를 통해 큰일을 이루신 하느님을 이곳에서 다시 보고 있다. 마치 나자렛에서나 베들레헴 같은 보잘 것 없는 장소에서 큰일을 이루신 것처럼 말이다. 오늘 우리가 찾아 온 이 작은 경당 라 스토르타에서 주님은 이냐시오성인에게 큰 은혜를 베푸셨다고 한다. 우리는 가운데 그림 성모마리아께서 아기 예수님을 안고 계신 그 그림을 보면서 묵상에 들어가 보기로 하자.

　왼쪽 벽에 있는 성모상은 이냐시오성인이 동료들과 서원을 한 성모상으로 진품은 바오로성당에 있고 모조품으로 설치 해 놓은 것이라고 한다. 하느님께서 성인을 준비 시키시고 이냐시오 자신도 스스로 많은 준비를 해 온 것이다. 성모님께서 자신을 성자 예수와 한 자리에 있을 수 있도록 은혜를 청하며 첫 미사를 준비 했는데 이처럼 우리 기도를 통해 청할 수 있는 것이다.

　이냐시오는 어떠한 중요한 일이 있을 때마다 사랑하는 어머니께 기도를 올린다고 한다. 이것은 성모님께서 이냐시오를 당신의 아들과 함께 있게 하시도록 청하는 것이라고 한다. 이 서원은 로마로 가는 도중에도 로마에서 자신들을 봉헌 하려고 하는 과정에서 이루어졌다고 한다. 이 여행길에서 이냐시오는 라 스토르타 환시로 많은 은혜를 입게 되었다고도 한다.

이냐시오 자서전 (96번)

"로마를 몇 마일 남겨두고 하루는 어느 경당에서 기도를 하는데 그는 자기 영혼에 크나큰 변화가 일어난 것을 체험하였다고 한다. 그리고 성부께서 자기를 당신의 성자 그리스도와 한자리에 있게 해 주시는 환시를 선명히 보았으며 성부께서 자기를 성자와 함께 해 주셨음을 추호도 의심할 바 없었다."

이 기도를 드리는 순간에 이냐시오는 마음의 변화를 체험하였다고 한다. 이냐시오는 성부께서 성자와 나란히 한 자리에 있게 해 주시는 것을 선명히 보여주셨다고 한다. 이 현시는 이냐시오에게 너무나 선명히 나타났기에 당신 생애에서 한 번도 의심할 여지가 없었다고 한다.

53 이냐시오 영성의 심장

성부께서는 두 팔을 펼치시고 그리스도께서는 십자가를 지시고 성부께서 말씀 하시는 것을 듣는다. "나는 네가 이 순례자를 너의 봉사자로 삼기를 원한다."고 성자는 이냐시오에게 말씀하신다. "나는 네가 우리에게 봉사하기를 바란다." 이것이 봉사 안에서 그리스도의 동지가 되는 삼위일체적인 은총이며 이냐시오는 그리스도를 통하여 삼위일체이신 하느님의 동반자가 되는 것이다.

이 그림은 예수회원인 스페인 신부님께서 그리신 그림이다. 전체 묘사는 따뜻한 색깔로(노랑, 분홍, 연갈색) 가장 자리에서 안으로 짙어지면서 중심을 이룬다. 점점 색이 중앙으로 짙어지면서 중심을 향해 모아짐을 볼 수가 있다. 이냐시오성인은 순례자의 옷과 지팡이를 짚고 있고 그리스도는 십자가를 지고 성부께서는 열려진 두 팔로 그들을 감싸고 계시는 그림이다. 성령은 전반적으로 붉은 빛으로 간접적으로 묘사 한 듯하다. 이냐시오가 내적으로 체험한 이런 변화 환시를 일생동안 의심하지 않은 신뢰가 바로 성령의 역사이다.

이냐시오성인은 손을 벌린 채 예수회의 동료가 될 것을 원하고 있다. 자신의 고집이나 강요에 의해서가 아닌 준비된 자세의 개방적인 손을 보여준다. 마음이 열려져 있으면 손은 저절로 열리게 된다. 하느님의 눈길은 그리스도에게로만 향해 있다.

한편 예수의 눈길은 이냐시오를 향해 있다. 두 눈이 마주치는 순간이다. 두 분의 얼굴 모습이 많이 닮아 있음을 보게 된다. 십자가를 지고 계시는 그리스도, 왜? 바로 부활하신 그리스도이기 때문이다. 예수님의 열려 있는 마음에 이냐시오가 받아져 동지가 된다. 이냐시오는 서 있고 예수가 움직인다. 항상 모든 시작은 하느님께서 하신다. 그분이 나한테 오시지 않으면 갈 수가 없다. 우리는 하느님의 은총을 청할 수는 있지만 강요할 수는 없다. 성부의 두 팔은 예수 그리스도를 감싸고 또한 이냐시오를 감싸고 있는 그림이다.

'예수 그리스도를 통해서만 이냐시오는 성부께 받아들여진다.'라고 하는 그림 안에 모든 선들의 의미를 우리는 다음과 같이 묵상 해 볼 수가 있다.

이냐시오가 순례했던 모든 길들과 생각들의 모임 같다고 말이다.

여기에서 하느님은 이냐시오를 기다리고 계셨고 이냐시오에게 당신의 원하심을 보여 주셨고 영원토록 주님의 봉사자로 원하심을 묵상할 수가 있게 된다.

한편 반대로 이 선들의 의미를 또 묵상해 본다면 중앙에서 모아진 선을 통해 모든 길이 온 세상으로 나아가는 봉사와 파견의 길임을 느낄 수가 있다. 이것이 바로 이냐시오 영성의 심장이요, 핵이라는 생각도 든다.

"내가 로마에서 너희를 축복하리라. 로마에서 너희와 함께 있겠다."라는 구절이 우측 벽면에서 또다시 우릴 내려다보고 있는 것 같다.

그림 속의 말

김숙자

그림 속에서 말이 쏟아진다
사랑의 눈길 그리스도 향하고
그리스도 눈길 이냐시오 기다린다
성부의 팔 그리스도 감싸고
사랑의 팔 이냐시오 감싼다

그림이 말을 하고 있다
봉사자로 나아가라
예수회 봉사 파견의 길
이냐시오 영성의 심장
이냐시오 영성의 핵

그림 속에서 말이 들려온다
주님 봉사자로 나아가라
그림 속에서 말이 메아리친다
너희를 축복하리라
너희와 함께 있겠다

사랑의 도시라 불리우는 로마는 한 마디로 설명하기는 힘든 독특한 매력을 소유하고 있는 도시이다. 로마의 도시 전체가 커다란 박물관이라고 할 수 있는 로마는 옛 유적을 지금까지 그대로 보전하면서도 현대 문명과 멋진 조화를 이루며 더 그 가치를 올려가고 있는 도시이다. 로마를 찾는 수많은 관광객들에게는 좀 도둑이 많기로 악명이 높기도 하지만 그럼에도 불구하고 로마는 매년 수많은 관광객으로 붐비는 도시이다.

전설에 의하면 로마는 전쟁을 주관하는 신 마르스(Mars)와 인간인 레아 실비아(Rhea Silvia)의 사이에서 태어난 쌍둥이 형제 로물루스(Romulus)와 레무수(Remus)에 의해서 건국되었다고 한다.

태어난 후 테베레강에 버려진 쌍둥이 형제를 암늑대가 젖으로 키웠다고 전해지며 우리나라의 단군 신화와 같은 로마를 세운 시조로 널리 알려진 에피소드이다.

로마는 테베레강 하류에 접해 있으며 대부분이 구릉지구로 이루어져 있는 이탈리아의 수도로서 7개의 언덕을 중심으로 발전에 발전을 거듭한 영원한 도시이다. 이탈리아의 정치 문화의 중심지이며 특히 바티칸은 가톨릭교회의 총본산으로 가톨릭교회와 관계된 국제적인 연구, 교육 기관이 자리하고 있다.

로마의 주요 산업은 관광업으로 연간 천만 명 이상의 관광객이 이곳 로마를 찾는다. 고대서부터 '모든 길은 로마로 통한다.'라는 말이 있듯이 육지, 수상 교통의 중심지로 로마를 기점으로 이탈리아의 모든 교통이 발달되어 있다.

로마는 여름에는 고온 건조하고 겨울에는 발칸반도에서 불어오는 찬 바람의 영향으로 가끔 기온이 영하로 내려가기도 한다고 한다. 보통 때는 한국과 거의 비슷한 기후를 가지고 있지만 한국보다 겨울이 좀 더 따뜻하다고 볼 수 있다. 로마에서 사는 사람들의 얘기를 들어보니 바람이 발칸반도의 영향이라고 알고는 있었지만 예측할 수 없이 불어 닥친 바람의 영향이 자주 도시를 스산하게 만드는 때가 있다고 한다. 우리가 순례를 하는 동안 로마의 기후는 그야말로 찬란하고 아름다운 봄날의 연속이었다. 우산은 준비 해 갔지만 정말 비도 안 오고 화창한 도시라 할 만큼 맑은 봄 날씨였다. 센 바람이 가끔 불어온다는 말은 아직 이해가 안 간다. 기후는 로마에 오래 살아본 사람들만이 느낄 수 있기 때문에 우리가 머물다 간 한 동안의 날씨로는 로마의 날씨가 이렇다라고 말할 수는 없을 것 같다.

로마에서 우리가 순례를 하고 갈 곳은 참 많기도 하다. 그만큼 영성 생활에 분기점이 되고 있는 주요 성당이 이곳에 많다는 뜻이다. 순례 11일차 우리가 가야 할 순례지는 중요한 지하무덤이 있는 카타콤바와 사도바오로의 참수터가 있는 트레폰타나와 성바오로대성당을 순례 할 예정이다. 그리고 로마에서 머물 2일간은 '바티칸박물관을 비롯하여 성베드로대성당, 예수회성당, 성모마리아대성당, 프락세대성당 그 다음 우리 이번 성이냐시오의 순례여정의 핵심 포인트 '예수회 이냐시오방' 그리고 라테란의 성요한대성당, 성계단성당, 성예루살렘십자가성당 등 가톨릭 교회를 증거하고 있는 굵직굵직한 사도들의 성당을 포함한 이냐시오 순례여정에서 빼놓을 수 없는 주요 성당들을 2일에 걸쳐 순례를 하고 나면 이번 우리들의 이냐시오 영성을 배우기 위한 가톨릭 본산지 로마를 끝으로 우리 순례여정은 끝을 맺게 된다. 어느새 순례여정의 끝자락을 밟고 있는 중이지만 로마의 그 어느 곳 하나도 중요하지 않은 곳이 없다. 정말 우리 순례단 일행들은 이번 여정에서 우리 영성에 필요한 보약들을 빼놓지 않고 먹으며 값진 순례를 하고 간 셈이다. 이번 이냐시오성인에 대한 순례여정을 이렇게 값지게 배우고 갈 수 있도록 사전에 주도면밀한 계획을 잘 짜 주신 대전 예수 수도회 소속 박경희 수녀님과 장길선 수녀님께 무한 감사를 드리고 싶어진다.

55 가슴으로 머문 영원한 안식처 카타콤바(Catacombe)

아직 겨울인데 로마의 날씨는 마치 봄 햇살처럼 찬란하게 비춰주고 있다. 오는 내내 마음이 좀 음산해 있었기 때문에 동굴묘지정원에는 너무도 화사한 '미모사리스'가 노란 얼굴로 웃어주며 나를 반갑게 맞이하고 있다. 내가 잔뜩 겁을 먹고 있는 줄 어찌 알고 이렇게 비너스 같은 미모사리스가 아름드리로 카타콤바의 온 뜨락을 노란 물결로 반짝거리게 해 주었다. 기다리는 동안 신부님께서도 우리 순례 일원들도 그 꽃 앞에서 포즈를 취하지 않을 수 없게 만들었다. 마치 먼저 가신 우리 신앙 선조의 영혼들이 반갑다고 우리를 저토록 환하게 맞이해 주는 건 아닐까? 하면서도 두려운 생각은 영 가시지를 않는다. 나는 카타콤바의 입구에서부터 사실은 좀 떨고 있었다. 아마도 혼자라면 이곳을 절대 들어가지 못 했을 것이다. 아니, 가 볼 생각마저도 안 했을 것이 분명하다. 난 나이만 먹었을 뿐 유난히 겁이 많다. 어려서부터 무섭다는 선입견을 갖고 있는 곳은 정말 얼씬도 안 했다. 카타콤바에 들어서는 입구도 마치 살림을 하고 있는 가정집처럼 탐스러운 귤송이가 주렁주렁 열려 있었고 아름다운 꽃들이 모두 얼굴을 들고 우리를 맞아주는 듯 했다. 전혀 이곳이 묘지라는 생각이 들지 않았다.

로마 쿼바디스(Quo Vadis)성당에서 조금 내려가면 바로 카타콤바에 이르게 된다.

로마에는 이런 카타콤바가 51개나 있다고 한다. 그러니까 우리나라 같으면 공동묘지인데 그리스어로 카타콤바란 코이메테리온(Koimeterion)에서 따온 말로 '안식처'라는 뜻이라고 한다. 안식처라고 하는 말이 더 적절할 것 같다. 우리가 볼 수 있는 이 성갈리스도(San Calixtus) 카타콤바와 성세바스티아노(San Sebastiano) 카타콤바는 아피아 가(Via Appia)에 있으며 도미틸라(Domitilla) 카타콤바는 다른 곳에 있다고 한다.

로마에 있는 카타콤바는 대부분 크리스천의 무덤들이다. 그러나 가끔 비 크리스천과 유대교인들도 있었다고 한다. 당시 크리스천은 부활의 희망으로 그리스도와 같은 방법 즉 아마천으로 몸을 싸고 무덤 문을 돌로 막는 방법을 원했었다고 한다. 또 이들은 대부분 가난한 노예들이 많았기 때문에 개인 무덤을 만들 수가 없었다고 한다.

땅도 제한되어 있어 땅 속 깊숙이 5~6층 정도의 통로를 뚫고 장사 지내는 방법을 택했다고 한다. 이 통로의 총 길이는 900km 정도나 되며 300년 동안 그리고 약6백만 명으로 추정되는 인원이 이곳에 묻혀 있다고 한다. 실로 어마어마한 크기의 카타콤바이다. 6백만 명이나 이곳에 계시다니 실로 입도 다물어지지 않는다.

본래 카타콤바는 비밀스런 장소는 아니었다고 한다. 왜냐하면 로마법에 무덤은 신성불가침의 장소로 지정되어 있었기 때문이다. 이러한 상황 속에서 크리스천은 땅 속 무덤으로 피신 할 수 있었고 때로는 종교 예식도 자연스럽게 거행할 수 있다는 것이다.

모든 카타콤바의 구조는 거의 비슷하다고 한다. 가운데에 곧은 통로가 있고 그 측면 층층으로 시체를 묻었던 것이다. 많은 카타콤바 중에 제일 큰 성갈리스도 카타콤바는 3세기부터 크리스천의 무덤이었으며 많은 교황들이 묻힌 곳이기도 하다.

성식스투스2세(257~258)교황 등 9명의 교황과 3명의 주교가 확인되고 아직 5명의 밝혀지지 않은 교황들이 묻혀 있다.

초세기 교황님들의 소성당(Chapel)도 눈에 띄고 성녀 체칠리아는 뜨라스떼베레(Trastevere)의 자기 집 뜨거운 목욕탕에 가두어 놓는 장시간의 고문을 당했다고 한다. 그래도 굽히지 않자 참수형을 받아 순교했다고 한다. 성녀의 관은 821년 교황 파스칼1세(817~824)의 명으로 뜨라스떼베레의 성녀 체칠리아성당으로 이장 되었는데 여기에 있는 현재의 석상은 1599년 성녀의 관을 열었을 때 그 성녀의 몸이 조금도 손상 되지 않은 현상을 목격한 스테파노마데르노(Stefano Maderno)가 남긴 작품으로 원형은 성녀께 봉헌된 뜨라스떼베레의 성녀 체칠리아성당에 보전되어 있고 여기에 있는 것은 모조품이다. 체칠리아성녀는 오른 손가락으로 셋, 왼 손가락으로 하나를 가리키는 삼위일체이신 하느님께 신앙고백을 하고 있는 모습이라고 한다.

머리를 벽 안쪽으로 돌리고 있는 모습에 얼굴은 보이지 않는다.

누군가 꽃다발을 갖다 놓은 흔적도 있다. 아마도 그 성녀를 존경하는 마음에서 그랬을 것 같다. 희미한 벽화 그 밖에 군데군데 떨어져 나가긴 했어도 만찬 장면, 그리스도의 초상화, 비둘기, 어린 양, 물고기, 닻이 달린 십자가(바오로사도가 많이 사용했다는)도 있었다. 그리스어, 라틴어 단어들의 파편 등을 볼 수가 있었다.

이곳 성갈리스도묘지는 성베드로와 사도바오로의 시체를 임시 대피 시켰던 장소로 믿어지고 있다. 그런데 막상 갈리스도 지하무덤을 직접 들어가 보니 써늘한 공기부터 지상과 달랐다. 안내 되어지는 대로 지하 무덤을 걸어가자니 다리가 먼저 후들후들 떨린다. 원래 무서움이 많은 필자라서 더더욱 그러는 것 같았다.

숨도 제대로 쉬지 못할 만큼 겁에 질린 채로 카타콤바의 이곳저곳을 통과하였다.

설명을 들었던 대로 아직 지하 아파트 구조처럼 관이 겹겹이 놓여 있었던 모습이 눈에 띈다. 아이들 무덤도 있고 사이즈가 큰 것은 어른들 무덤인 것 같다.

　가끔, 교황님들의 무덤도 보인다. 아직도 누구의 무덤인지 알 수 없는 무덤은 더 많은 것 같다. 그리고 이름 조각만 남은 사람도 있고 누구인지 모른 사람들도 수두룩하다. 지금까지 지하무덤 사이로 길을 내고 그 안에 소성당도 있고 작은 경당도 만들어 놓았다. 그들을 위해 한번쯤 기도를 하고 가라는 뜻인 것 같다. 지금 우리들에게까지 이 카타콤바를 보여주는 것은 신앙 선조들의 무덤이 이렇게 보존 되어 있고 그분들의 영혼을 위해 기도를 많이 하라는 뜻인 것 같다. 정말 지하무덤에서 아직도 깊이 잠들어 있는 신앙 선조들의 영혼의 안식을 빌어야 할 것 같다. 우리 순례단 모두는 지하무덤의 작은 경당에서 카타콤바에 묻힌 영혼들을 위한 연도를 바치고 밖으로 나왔다.

　들어가기 전과 들어갔다 나온 후의 마음이 참으로 착잡하였다. 이쯤해서 카타콤바의 영혼들을 위한 마음의 시 한 수 드리고 가고 싶다.

오 아름다운 영혼들이여

김숙자

오 아름다운 영혼들이여
하늘이 너무 곱습니다
구름도 너무 찬연합니다
나를 마중 나온 미모사 리스
노란 물결도 너무 아름답습니다
그대들 누운 그 자리에
주님 은총 가득 차고
주님 사랑 꽃 피어
주님 향기 넘치도록 배어납니다

오 아름답게 잠든 영혼들이여
그대들은 잘 살았소이다
그대들은 잘 믿었소이다
말 못할 박해 기인 침묵
하늘도 알고 땅도 알고
우리 순례자들도 압니다
그대들 살다간 모진 수난
수 세기 견딘 십자가 사랑
무언으로 견딘 카타콤바여
그대들 빛난 영혼의 말
가슴 깊이 안고 떠납니다
부디 영원히 평안하시오

우리가 다녀 나온 '갈리스도 지하묘지' 입구 건너편에는 쿼바디스(Quo Vadis)성당이 보인다. 성전에 의하면 네로(Nero)황제(54~68년)의 크리스천에 대한 혹독한 박해로 죽음을 피해 달아나 아피아가도(Appia Way)를 달려갔던 베드로사도를 떠올리지 않을 수가 없다. 이 아피아가도는 B.C312년에 건설이 시작 되었고 50km 정도 되는 길인데 지금은 이탈리아의 남부 도시인 부린디 시까지 이어져 있다고 한다. 그리하여 지금은 아피아가도를 시작으로 500년 동안 길을 정비하여 지금은 큰 길만 85000km나 된다고 하니 '세계의 길은 로마로 통한다'라는 말이 실감 나지 않을 수가 없다. 그런 아피아가도로 죽음을 피해 도망을 가던 베드로사도 앞에 홀연히 나타난 스승 예수를 만나 쿼바디스 도미네(QuoVADIS Domine ? 주여, 어디로 가시나이까?)하고 물으니 "다시 십자가에 못 박히기 위해 로마로 들어가는 길이다."라고 대답하셨다고 한다.

베드로사도는 부끄러워 어쩔 줄 몰라 하며 즉시 성문 안으로 들어가 체포되어 바티칸언덕에서 십자가에 거꾸로 매달려 67년경 순교하게 되었다고 한다.

이쯤해서 베드로사도를 기념한 자그마한 '쿼바디스성당'에 대하여 호기심이 생겼으니 조금 더 알아보지 않을 수가 없다.

　　로마 문화와 그리스도교의 관계는 너무나 밀접하다. 그리스도교가 전파되면서 로마는 새로운 전환기를 맞이하였기 때문이다. 그리스도교가 황제 숭배사상과 살인을 거부하면서 로마에서는 교인들에 대한 피의 탄압이 자행되고 있었다. 그러나 다른 한편에서는 그리스도교를 새로운 제국의 통치 이념으로 간주하여 제국의 재건에 필요한 핵심적인 사상으로 흡수하려는 노력도 없지는 않았다.

　　그리고 이러한 경향은 중세의 이념 형성에 직접적인 영향을 주었다. 이 또한 로마의 역사였다.

　　로마의 아우렐리아성벽에서 가장 잘 보전된 것으로 알려진 성세바스티아누스성문을 지나 조금만 더 내려가면 아주 친숙한 느낌을 주는 자그마한 건물과 마주치게 된다. 이는 다름 아닌 '쿼바디스성당'이다. 우리는 영화 속에서나 한 번쯤 만날까 말까 한 그런 성당이다. 그러나 누구를 막론하고 이 성당을 만나게 될 때는 마음이 먼저 숙연 해 지리라 믿는다.

　　바로 예수님의 수제자 베드로가 네로 황제의 박해가 두려워 로마로부터 달아나는데 바로 이 지점에 이르렀을 때 예수님이 나타났다가 사라지셨다는 것이다. 베드로는 깜짝 놀라서 "주여, 어디로 가시나이까"?하고 물었다고 한다. 물론 예수님은 당신의 제자들이 박해를 당하고 있는 로마로 돌아가 다시금 십자가에 못 박힐 의향이었다고 전해진다. 베드로는 예수님의 그 말에 깊이 뉘우치게 되어 다시 로마로 돌아와 예수님과 똑같이 죽을 수는 없어 '거꾸로 십자가에 못 박혀 순교'를 하였다.

이를 기리기 위해 그 자리에 이 '퀴바디스성당(Domine, Quo Vadis)'이 세워졌다고 한다. 그러나 많은 시간이 흐른 후 그 성당이 훼손되어 이 퀴바디스성당은 17세기에 이르러 바르베리니 가문에 의해 재건축 되어 오늘에 이르고 있다고 한다.

이러한 예수님과 베드로사도의 사실을 기념하는 퀴바디스성당은 아주 자그맣고 볼품은 없으나 성당 안에는 아직도 그리스도의 발자국이 선명하게 새겨진 돌이 통로 한 가운데 놓여져 있어 그 사실을 증명이라도 해 주는듯하다고 한다.

로마의 세분수 수도원 트레폰타네(Tre Fontane)

옛날 로마 제국시대 때 이곳에 사형장이 있었다고 한다. 사도바오로
가 끌려와 참수형을 받았다고 한다. 성당 입구에 도착하기 전 길 한 가
운데에 널찍한 돌을 깔아놓은 돌길은 그 옛날 로마 시대 때의 것이라고
한다.

성당 입구 양쪽 벽 위에는 사도바오로와 베드로의 순교 모습을 그린
대리석 조각판이 걸려있었다. 사도바오로의 사형 모습을 잘 보면 사도
의 목을 돌기둥 위에 올려놓았다. 바로 그 돌기둥이 이 성당 안에 보관
되어 있다. 기둥 아래쪽으로 세 군데의 경당이 있는데 사도의 목이 잘려
그 목이 땅 위에서 세 번을 튀어 올랐고 그 튄 자리마다 샘이 솟았다는
이야기가 전해 내려온다.

하늘 계단의 성모마리아경당(La Chiesa Santa Maria Scala Coelei)은 3세기
말 디오클레시아노 황제 때 있었던 그리스도인들에 대한 대 박해 기간
중 순교한 로마 병사 1만230명을 기념하기 위해 4세기 때 세워졌던 작
은 성당을 1582년 건축가 자코모 델라 포르타의 설계로 개축 되었다고
한다. 성당 내부의 돔에는 순교한 로마 병사들의 숫자만큼의 별이 새겨
져 있다고 한다.

로마에서 옛 검투사들의 경기가 열렸다는 콜로세움을 멀찌감치 바라
보며 우리 일행은 트레폰타나수도원으로 향했다.

이곳 수도원 자리에서는 옛날 로마 제국시대 때 바오로사도의 참수 장소인데 목이 세 번 튀어 오른 자리마다 세 분수가 솟아올랐다고 한다.

그 분수가 솟아오른 자리는 바로 바오로사도를 처형한 무서운 사형장이 있었다고 한다.

예수님의 제자 사도바오로가 바로 이 장소까지 끌려와 끔찍하게 참수형을 받았던 장소라니... 정말 말만 들어도 소름이 끼치는 이곳을 지나면서는 발걸음마저도 무거웠다. 그러나 오랜 시간의 장이 지나간 지금은 사형장이라는 끔찍한 생각은 전혀 안들고 주변의 자연과 나무들이 즐비하게 들어서서 마치 어느 공원 속으로 우리를 안내 하듯 평화로웠다. 하늘색도 너무 파랗고 구름도 아름답고 주변의 아름다운 숲길이 너무도 그림처럼 아름다워 성 바오로의 잔혹한 슬픔이 깔려있는 길이라는 예상이 전혀 들지 않았다.

트레폰타나 세분수수도원성당 입구에 도착하기 전 길 한 가운데 널찍한 돌을 깔아놓은 돌길이 먼저 눈에 띄었다. 바로 이 길이 그 옛날 로마 시대 때 바로 사형장 그 길이라고 한다. 세월은 이리도 많이 흘렀는데 로마시대의 길이 지금까지 그대로 보존 되어 있다니 정말 아이러니 하다.

수도원성당 입구 양쪽 벽 위에는 사도 바오로와 베드로의 순교 모습을 그려놓은 대리석 조각판이 걸려 있었다. 사도 바오로의 사형 모습을 자세히 보면 바오로사도의 목을 그 돌기둥 위에 올려놓은 잔인한 모습이 먼저 눈에 들어왔다. 바로 그 돌기둥이 이 성당 안에 그대로 보관 되어 있었다. 참으로 숙연해졌다.

기둥 아래쪽으로 세 군데의 경당이 있었는데 바오로사도의 잘린 목이 땅 위에서 세 번을 튀어 올랐다는 사실을 그 기념 경당들이 말해 주고 있었다. 얼마나 기가 막힌 현상이란 말인가? 그때 그 현상을 목격했던 사람들이라면 정말 오들오들 떨었을 것이고 기겁을 했을 일이다. 지금

이야기로 전달 받은 이 순간에도 내 심장이 이리 떨리는데 그 사형 현장에서 그 모습을 목격한 사람들은 어떠했을까? 아마도 하느님의 뜻깊은 계시가 숨어 있었을 것으로 여겨진다. 그리하여 사도 바오로의 목이 세 번 튀어 오른 자리마다 샘이 솟아올랐다고 한다. 이런 하느님의 증거를 보고 많은 사람들이 바오로사도의 믿음의 길을 따랐을 것으로 여겨진다.

지금은 그 참수가 진행되었던 현장에 분수가 세 군데나 솟아올라 이곳을 '세분수 수도원'으로 불리고 있다고 한다. 그리고 트레폰타네 옆에는 하늘 계단의 성모마리아성당(Lhiesa Santa Maria Scala Coeli)도 있었다. 이 성당은 3세기 말 디오클레시아노 황제 때 있었던 그리스도인들에 대한 대박해 기간 중 순교한 로마 병사 1만230명을 기념하기 위해 4세기 때 세워졌던 작은 성당을 1582년 건축가 자코모 델라 포르타의 설계로 개축 되었다고 한다. 이 성당 내부의 돔에는 순교한 로마 병사들의 숫자만큼이 별로 새겨져 있었다. 그 수많은 별이 된 로마 병사들이 지금도 '하늘의 별'로 떠 있다니 그 까마득한 수의 별들에 또 한 번 놀라지 않을 수 없었다.

하늘 계단 성모마리아성당 왼쪽으로 나 있는 계단을 따라 지하로 내려가 보니 바오로사도가 순교하기 전 며칠 동안 갇혀 있었다는 작은 감옥이 있었다.

정말 그 좁은 감옥 안에서 죽음을 앞둔 바오로사도의 심경은 어땠을까?

잔인해도 너무 잔인하고 처참해도 너무나 처참하다. 그 작은 감옥을 돌아 나오며 사도 바오로의 영혼에 다시 한 번 고개가 숙여졌다. 이러한 참혹한 박해를 다 참아 견디며 오직 죽음으로서 하느님을 증거하고 사랑한 바오로사도가 너무도 존경스럽다. 정말 두 발마저 뻗기 어려울 정도의 작은 그 감옥에서 바오로사도는 그 순간 어떤 생각을 하고 있었으며 또 공포스런 죽음을 예상하고 있었던 그 참담한 심경을 어떻게 삭히며 보냈을까? 아마도 하느님을 뵈올 생각으로 더 각오가 굳어졌을 지도 모른다. 짧은 며칠이라고 해도 그 공간에서의 공포와 무서움은 몇 달보다 길었을 것이며 말로는 도저히 표현하기가 어려웠다.

성당으로 들어가기 전에 조용히 준비하도록 하기 위해 정원을 만들었다. 여기서 몇 킬로미터 떨어진 트레폰타네라는 곳에서 바오로가 치명당했다고 한다. 콘스탄틴 대제가 이 성당을 지어 공동묘지에 있던 바오로를 신앙 제대 밑에 묻었다고 한다. 또 이 성당을 성 밖의 바오로성당 또는 오스티엔세성당이라고도 불리는데 이유는 그 당시 큰 항구였던 오스티아에서 로마로 들어오는 길에 세워진 성당이기에 그래서 발굴하던 공동묘지도 오스티엔세로 불린다.

이 성당은 베드로대성당 다음으로 큰 성당이며 1823년6월15~16일 사이에 화재가 발생 완전히 전소가 되었다. 레오12세 교황께서 전 세계에서 돈을 모아 재건축을 했으며 루이지 뽈렛띠가 지은 대표적 작품이다. 1854년 비오9세께서 이 성당을 축성하셨다. 화재 후 새로 지으면서 옛것을 잘 살리지 못해서 내부는 많이 변했어도 앞부분은 많이 살렸다고 한다.

이 성당 안에는 한 덩어리로 된 156개의 대리석 기둥으로 되어 있다. 앞부분에 있는 대리석 기둥은 분홍색이다. 건물 위에 그려진 그림을 보면 가운데 앉아있는 양과 4줄기의 은총의 샘 그리고 예언자들이다. 그리고 양 옆의 건물은 예루살렘과 로마를 그렸다. 화재 전보다 그리스도와 복음 사도들의 양, 예언자들 등 옛날 성당보다 복음을 선포하는 힘이 많이 줄어들었다.

59

성바오로성당(SAN PAOLO)

사도바오로를 움직이는 힘은 과연 어디서 나왔을까? 뭐니뭐니해도 바오로사도의 힘은 '성령의 이끄심'에 따라 움직였다고 볼 수밖에 없다.

최고 의회에 출두해 부활을 이야기 해 분란을 일으킨 바오로에게 그 날 밤에도 주님께서 나타나시어 바오로에게 용기를 내라고 격려하시며 로마에서도 증언해야 한다고 말씀 하신 것 만 보더라도 바오로사도는 다분히 성령의 이끄심으로 살고 있다고 하는 게 맞는 말이다. 천인대장 이 소집해 놓은 최고 의회에 출두한 바오로는 위험 앞에서도 조금도 움 츠려들지 않는 그 꼿꼿한 성품을 잘 보여주고 있다.

성바오로성당 앞에 당도 하고 보니 성당 한 중심에 바오로사도의 기 백에 찬 동상이 나를 맞이해 주고 있다. 바오로사도는 인간적인 위협이 나 큰 위험 앞에서도 절대 굴복하지 않는 용기와 강인함을 보여 주는 분이시다. 그러나 그는 자신의 실수에 대해서만은 즉시 인정할 줄 아는 솔직함도 지니고 있다. 그랬기에 "하느님의 대사제를 욕하는 것이오?" 하는 지적에도 바로 잘못을 인정하는 쿨한 분이시기도 하다.

최고의원들이 부활을 믿는 바리사이와 믿지 않은 사두가이로 갈라져 있는 것을 간파하고 의회에서 부활 이야기를 꺼내 회중을 분란 시킨 것 은 바오로의 지혜로움을 보여주는 일화라고 생각 된다. 그러나 바오로 는 용기와 솔직함 못지않게 지혜로움도 함께 갖추고 계신 분이다. 하지만 사도행전을 통해서 계속 살펴보고 있듯이 바오로를 움직이는 힘은 따로 있었던 것이다. 바로 성령이셨다. 바오로가 회심한 이후 바오로사도는 늘 성령의 이끄심에 따라 움직이셨다. 성령께 마음을 열지 않고서는 성령의 이끄심을 결코 따를 수 없었기 때문이다. 그래서 바오로의 삶은 우리 그리스도인들에게 성령께 마음을 여는 것이 얼마나 중요한 일인지 일깨워주시고 계시는 큰 어른이시다.

그리고 바오로사도는 용기와 솔직함 못지않게 지혜로움을 또 많이 갖추신 분이시라는 생각이 든다.

이런 저런 생각이 겹치는 동안 필자는 성바오로성당의 내부로 들어갔었다. 이 성당 내부는 5개의 회랑으로 되어 있었다. 심판자이신 예수그리스도와 함께 감실 밑에는 바오로의 무덤이 있었다. 가운데 천장 그림에 예수님의 펼치신 손가락 3개는 삼위일체를 뜻하고 2개는 신성과 인성쪽 가르친다고 한다. 왼손에는 성서를 들고 계신다. 예수의 오른쪽 발 밑에 하얀 거북이는 당시 교황 호노리우스3세를 가리킨다고 한다.

하느님 엄위의 상징인 구름 그 밑에는 수난의 상징인 십자가, 천사들, 사도들, 세상을 상징하는 종려나무, 풀, 꽃, 열매들이 즐비하게 있었다.

이곳 바오로성당의 의자는 주교좌가 아닌 분도 회에서 관리를 하고 있기에 원장(분도 회)자리라고 한다.

성당으로 들어가기 전에 조용히 준비하도록 하기 위해 큰 정원을 만들었나 보다. 여기에서 몇 킬로미터 떨어진 곳에 뜨레 폰타나란 곳에서 바오로사도가 바로 치명 당했다. 콘스탄틴 대제가 이 성당을 지어 공동묘지에 있던 바오로를 신앙 제대 밑에 묻었다고 한다. 또 이 성당을 성 밖의 바오로성당 또는 오스티엔세성당이라고도 불리고 있는데 그 이유는 그 당시 큰 항구였던 오스티야에서 로마로 들어오는 길에 세워진 성당이기에 그래서 발굴하던 공동묘지도 오스티엔세로 불린다.

이 성당은 베드로성당 다음으로 큰 성당이며 1823년6월15~16일 사이에 화재가 발생 완전히 전소가 되었다고 한다. 레오12세 교황께서 전세계에서 돈을 모아 재건축을 했으며 루이지 뽈렛띠가 지은 대표적 작품이다. 1854년 비오9세께서 이 성당을 축성하셨다. 화재 후 새로 지으면서 옛것을 잘 살리지 못해서 내부는 많이 변했어도 앞부분은 많이 살렸다고 한다. 이 성당 안에는 한 덩어리로 된 대리석 156개의 기둥으로 되어 있다. 앞부분에 있는 대리석 기둥은 분홍색이다.

건물 위에 그려진 그림을 보면 가운데에 앉아있는 양과 4줄기의 은총의 샘 그리고 예언자들이다. 그리고 양 옆의 건물은 예루살렘과 로마를 그렸다. 화재 전보다 그리스도와 복음사도들의 양, 예언자들 등 옛날 성당보다 복음을 선포하는 힘이 많이 줄어들었다고 한다.

바오로사도는 3차 선교 여행을 마치고 돌아오는 길에 밀레토스에서 에페소교회 원로들에게 작별 인사를 하면서 이런 말을 한 게 생각난다.

"이제 나는 성령께 사로잡혀 예루살렘으로 가고 있다. 거기에서 나에게 무슨 일이 닥칠지 모른다. 다만 투옥과 환난이 나를 기다리고 있다는 것은 성령께서 내가 가는 곳 마다 일러 주셨다."(20,22~23) 바오로사도는 자신의 삶이 순탄치 않은 시련과 환난의 연속이 될 것임을 알고 있었지만 예루살렘에서 이를 다시 한 번 체험하곤 했다. 그런데 예루살렘성전 옆 로마 군대 진지에서 바오로사도는 "용기를 내어라... 로마에서도 증언을 해야 한다."는 주님 말씀을 또다시 듣게 된다. 주님께서는 바오로가 예루살렘을 넘어서 로마에까지 주님을 증언해야 한다는 것을 일깨우시면서 늘 용기를 붙돋아 주신다고 그는 느끼고 있었다고 한다.

60

이냐시오 동료가 서원한 성모님 성체경당

바오로대성당에서 성체가 모셔진 이 경당은 참으로 '이냐시오성인'과 관계가 깊다고 할 수 있다.

이 성체가 모셔진 경당에는 '이냐시오와 그 동료들'이 마지막으로 와서 서원한 성모님이 모셔져 있다. 이냐시오는 그의 동료들과 영적 분별을 통해 수도회를 인준 받고 총장으로 선출된 후 7개의 성당(베드로, 바오로, 세바스티안, 라테란, 예루살렘의 십자가, 성 밖의 노렌죠, 마리아마죠레)을 순례한 후 마지막으로 이곳에 와서 서원을 한 '이냐시오와 그의 동료들'에게 아주 뜻깊은 성당이라 할 수 있다.

이 계기가 바로 '예수회의 주춧돌'이 놓이게 된 순간이라 보면 된다.

그때까지는 예수의 벗이었으나 이제는 예수의 동지들이 되었으니 얼마나 그들의 뜻이 더욱 강직하게 느껴지고, 서로가 더 굳게 단결되어 있다는 뜻깊은 순간이었겠는가?

이렇게 예수회의 동지들은 이냐시오를 비롯해 라이네즈, 쟈이, 살메론, 프로이드, 코주르였으나 조금 늦게 9월경에 서원을 하게 된 보뵈딜라가 함께 예수회에 가담하여 더욱 탄탄한 7명으로 예수회가 결성되었다. 가장 늦게 가담한 보뵈딜라는 이미 교황께 파견 되어 다른 곳에 있었고 또 항상 예외가 있었다고 한다.

여기에서 예수회의 서원이 있게 된 후 젊은 추종자들이 약20명 정도

가 또 이곳에서 서원을 하였다고 한다. 이때가 마침 부활 주간으로 성
금요일이었다고 한다.

이냐시오는 1523년 처음으로 로마에 들어 왔을 때 주요한 7개의 성
당을 먼저 순례했고 다음에 뜻을 같이 한 회원들도 1537년 예루살렘에
가려고 교황님께 허락을 받으러 가기 전에 또 7개의 성당을 함께 순례
했다고 한다. 정말 예수회 성이냐시오와 그 동지들은 지극한 정성과 하
느님을 경외한 의지가 어느 누구보다 더 강하고 열렬하다는 걸 하느님
과 교황님께서도 이미 알고도 남음이 있으셨을 것이다.

바오로대성당의 한 경당에는 이냐시오와 그 동료들이 서원한 성모님
이 모셔져 있었다. 이냐시오는 그의 동료들과 영적 분별을 통해 수도회
를 인준 받고 총장으로 선출 된 후 7개의 성당(베드로, 바오로, 세바스티안
라테란, 예루살렘의 십자가, 성 밖의 노렌죠, 마리아 마죠레)을 순례한 후 이곳 바오
로성당에 마지막으로 와서 서원을 했다고 한다.

그 순간이 예수회의 주춧돌이 놓인 순간이다. 그때까지는 예수의 벗
이었으나 이제는 예수의 동지들이 되었고(이냐시오, 라이네즈, 쟈이, 살메론, 프
로이드, 코주르) 보뵈딜라는 조금 늦게 9월경에 서원을 했다고 한다. 그 이
유는 이미 교황께 파견 받아 다른 곳에 있었고 또 항상 예외가 있었다고
한다.

이렇듯 성체경당에서 서원 후 젊은 추종자들 약20명도 여기서 서원
을 했다. 이때가 부활 주간 금요일이었다. 이냐시오는 1523년 처음 로
마에 들어왔을 때 중요한 그 7개의 성당을 열심히 순례하였고 그 회원
들도 1537년 예루살렘에 함께 갈려고 교황님께 허락을 받으러 왔을 때
에도 또 7개 주요한 그 성당들을 열심히 순례 하였다고 한다. 그만큼
하느님 사랑이 뜨거웠음을 느낄 수가 있다.

chapter 12

상처 입은 세상에 희망의 싹이 더 곱다
(사랑의 도시 로마의 주요 성당들)

예술의 영감과 울림이 만들어낸 바티칸박물관

이탈리아의 수도 로마에서 가장 작은 나라 '바티칸'이라는 또 하나의 나라 안에 들어왔다. 바티칸시(Vatican city) 또는 교황청(Holy See)이라고도 하는 바티칸시티는 전체 면적이 0.44평방킬로미터로 전 세계에서 가장 작은 독립국이라 할 수 있다. 이곳은 전 세계 가톨릭의 총본산이라는 성스러운 의미가 담겨져 있으며 땅 넓이는 우리나라 경복궁 넓이 정도의 나라라고 한다. 이탈리아 안에는 이런 작은 나라가 3개 정도 있는데 바티칸이 그중 하나이다.

로마에서는 오랜 역사 속에서 그 규모나 내용이 단연 세계 최고를 자랑하는 바티칸 박물관이 있다. 성베드로광장 오른편 성벽을 따라 5~6분 정도 걸리는 가까운 거리에 바티칸시를 버티게 하는 역사적인 힘을 가진 '바티칸박물관'이 있다. 이곳은 그 역사만 해도 무려 500년이나 되어 세계 각국 박물관의 표본이 되어 왔다.

바티칸박물관은 교황 율리오2세(1503~1513)가 아폴로석상을 교황청 안에 안치함으로써 시작이 된 이 박물관은 28개의 부분으로 크게 분류되는 데 이곳에는 고대 이집트의 미이라와 상형문자를 비롯하여 그리스, 로마제국, 르네상스, 현대 미술 등이 총 망라 되어 여기에 소장된 작품만 해도 얼마나 되는지는 아무도 알 수가 없다.

물론 여기에는 아직까지 미공개 된 예술작품들도 있고 분류가 안 된

필사본 등이 아직도 꽤나 된다고 한다. 바티칸박물관에 들어서면 양쪽 벽면에만 작품이 있는 게 아니라 바닥과 천장에도 가득 차 있다. 그러니 일정한 한 곳에만 눈을 향할 수도 없다. 그 많은 사람들 틈에 끼어서 주마간산 격으로 방 전체를 쓰윽 훑어보고 지나가는 게 고작이다. 모두 가 다 감탄사만 연발하며 그냥 지나칠 수밖에 없다. 이 바티칸 박물관이 야말로 이곳에 와서 보고, 놀라고, 감탄만 할뿐 어떤 것으로 표현한다는 자체가 어리석게 생각 될 뿐이다. 도저히 어떻게 표현할 방법이 없다.

여기까지 어렵게 왔으니 천천히 모든 걸 감상하고 간다는 게 어려운 일일 수밖에 없다. 모든 작품이 다 명작이고, 명품이고, 세계 최고를 자 랑하는 거장들이 만든 작품들이라 어떤 작품에 몰입하여 천천히 감상 할 수가 없다. 세계 각국에서 모여든 관광객이나 신자들이 날이면 날마 다 몇 줄의 줄로 서서 들어가는 것조차도 고맙게 생각할 정도이다. 도저 히 어떻게 표현할 방법이 없다. 박물관에 들어와서 모든 게 다 명품 명 작만 보고 있으니 잠시 동안인데도 눈이 피곤할 정도이다. 세계적인 조 각가 미켈란젤로가 천장에 그린 '천지창조'와 '최후의 심판' 같은 작품을 진품으로 만나 보았다는 것만도 어디인가? 이것만으로도 바티칸 박물 관에 직접 왔다는 사실에 만족해야 할 것 같다.

'최후의 만찬'을 그린 레오나르도 다빈치, '천지창조'와 '최후의 심판' 을 그린 미켈란젤로의 숨결이 온 몸으로 전해져온다.

그리고 말로만 들어왔던 교황님들을 직접 선출해 왔던 장소 '콘클라 베'도 지나가는 길에 둘러 볼 수가 있었다. 참 세계 문화사 공부를 제대 로 하고 있는 역사의 순간에 지금 내가 서 있는 것이다.

그리고 바티칸의 천장에 그려진 천지창조, 최후의 심판 등 여러 사람 들의 그림이 그려져 있지만 결코 여러 사람이 그렸다는 이질감이 없이 모든 그림을 마치 한 사람이 그린 것처럼 어색하지 않고 자연스럽고 모 두 편안한 감을 준다. 왜 그럴까? 라는 의심을 잠시 해 보았지만 그건 조각가, 미술가 모든 분들이 하느님에 대한 사랑과 공경의 마음이 일치하지 않았을까?라는 생각에 머물게 된다.

미켈란젤로는 하느님께서 빛과 물을 가르시고 아담과 이브를 창조하시었는데 하느님이 창조하시던 그때 그 숨결이 그대로 들어와서인지 그 낙원조차 너무도 완벽하다.

아담과 이브가 선악과를 따 먹고서 얼굴이 새까맣게 되어가는 모습, 노아의 홍수 장면, 땅 위에서 제사 지내는 모습, 신약과 구약의 이야기가 그림 안에 모두 공존하고 있다. 최후의 심판을 받을 땐 진짜 그런 광경이 펼쳐질까?

사심판 받는 광경, 천국의 모습, 지옥의 모습, 공심판을 받는 최후의 모습까지 너무도 신랄하다. 천국에 가는 사람 수가 지옥으로 가는 사람 수보다는 현저히 적다.

역시 우리 생각처럼 죄 짓지 않고 천국으로 올려지는 삶 수가 당연히 적을 수밖에 없을 것이다. 그리고 이상한 것은 미켈란젤로가 그린 그림은 누구를 막론하고 모두가 누드이다. 미켈란젤로는 예수님까지도 올 누드로 그려 놓았다.

이제 원형의 방으로 들어와 4세기 때의 석관을 만나게 되었다. 또 예수님의 이야기를 모두 수로 놓은 작품도 있다. 인간의 오감이 얼마나 미약한가? 예수님의 부활 그림인지 조각인지 잘은 몰라도 너무 자세하게 나타나 있다. 그리고 이탈리아 지방의 이야기가 대형 그림 40장에 잘도 그려져 있었다. 이탈리아를 다 돌아보지 못해도 지방의 특색을 그림에서나마 잠시 만나볼 수가 있었다.

베드로사도는 어떤 분인가? 나에게 자문을 해 보고 있다. 성경을 완전히 통독도 못한 내가 나에게 베드로를 얼마나 아는가? 자문해 보니 낯부끄럽게도 이런 말만 튀어나온다. '예수님을 세 번이나 배신한 제자 아닌가? 그런데 이런 생각조차가 베드로사도에게는 가장 가슴 아픈 말이라는 걸 정말 뒤늦게 알았다. 성경의 맥락을 보더라도 그럴까? 내가 이번 순례를 다녀와서 이냐시오 순례여정을 열심히 쓰고 있는 2월22일은 성베드로사도좌 축일이었다.

부끄럽게도 순례를 다녀와서야 이렇게 큰 분이라는 걸 알고 정말 얼굴을 들 수가 없다. 베드로는 가톨릭교회에서 가장 큰 산이라 할 수 있다. 예수님의 지상 대리인이며 초대 교황을 지내신 분이다. 그러니까 예수님의 '최고 지도자 양성'이라는 시각에서 볼 때 베드로의 삶을 묵상해 보면 그냥 알 수가 있다. 예수님께서는 왜 당신의 대리인으로 베드로를 선택 하셨겠는가? 예수님께서는 어떻게 베드로를 최고 지도자로 양성 하셨을까? 그것은 보통 사람 베드로에 대한 예수님의 큰 믿음이 있으셨기 때문이다. 첫 번째는 왜 베드로였을까?가 의문이었다. 그러나 예수님은 공생활 초기 일찌감치 갈릴레아의 어부 베드로를 당신의 대리인으로 '찜' 해 놓으셨다.

당시 갈릴레아의 어부는 배운 것도 별로 없고 변변한 사회적 배경도 없는 촌부였고 그냥 보통사람이었다. 그러나 베드로에게는 타의 추종을 불허하지 못할 믿음이 있었던 것이다. 나는 이 대목에서 '마리아 사제운동'을 창설하신 스테파노 곱비 신부를 떠올리고 싶다. 예수님의 깊은 뜻을 어찌 알까마는 곱비 신부가 '내적 담화' 형식으로 받은 성모 마리아의 말씀을 정리 해 놓은 책 「성모님께서 지극히 사랑하는 아들 사제에게」를 읽고 나서 예수님의 마음을 어느 정도 짐작 할 수가 있게 되었다.

곱비는 MMP활동을 하면서 큰 의문을 하나 갖고 있었기 때문이다.

'내가 이 운동을 하기에는 너무 부족하고 무능한데... 성모님은 왜 나에게 이 일을 맡기셨을까?'

성모님께서 1973년 복되신 동정녀마리아기념일에 곱비에게 응답하셨다고 한다.

"아들아, 가장 적합하지 않은 도구라는 바로 그 이유 때문에 너를 택한 거다. 그래야 이 일을 너의 일이라고 말할 사람이 없지 않겠느냐? 마리아 사제운동은 오로지 나의 사업이어야 한다. 너의 약함을 통해 나의 강함을 드러내고 아무것도 아닌 너를 통해 나의 능력을 드러낼 작정이다."

오로지 나의 사업이어야 한다는 대목에서 나도 큰 울림을 받았다. 스스로 똑똑하다고 여기는 사람들은 이런 일을 할 때 '자신의 사업'으로 착각하기가 쉽다.

예수님께서 천국의 열쇠를 베드로에게 맡긴 것이나 성모님께서 MMP 운동을 곱비에게 맡긴 것이나 그 취지가 같지 않나 하는 생각이 들었다.

또 한 가지는 예수님께서 제자를 어떻게 양성 하셨을까? 베드로는 예수님과 처음 만나 하룻밤을 묵은 날부터 더 큰 상처를 받았을지도 모른다. 예수님은 베드로에게 믿음이 없다고 지적하기도 하셨고 심지어는 사탄이라고까지 질책을 하셨을 정도였으니 말이다.

예수님은 왜 그렇게 베드로에게 혹독하게 하셨을까? 유독 베드로에게만은 이런 방법을 쓰셨는지가 참으로 궁금해진다. 그러나 충분히 이해가 가기도 한다. 베드로의 기본 자질 즉 믿음은 출중하지만 그것은 필요조건이지 충분조건이 아니기 때문이다.

그래서 더더욱 엄격한 훈육이 베드로에게 필요하게 된 이유라는 걸 다시 알게 되었다.

63 가톨릭의 가장 큰 산 베드로

예수님의 베드로 훈육은 정말 독특하다. 베드로 스스로 인간적인 결정 즉 죄를 티끌하나 남지 않게 고백하도록 했던 것이다. 성경에 나오는 제자들이 실수 중 대부분은 베드로가 저지를 것이다. 복음사가들이 다른 제자들의 실수를 의도적으로 기록하지 않았을 수도 있지만 그렇더라도 열두사도의 좌장답지 않게 베드로의 실수가 현저히 많았다는 것이다.

결점 노출의 프로세스라 봐야 할 것 같다.

그리고 가장 중요한 훈육 방법은 용서를 통해 '성숙한 인간'이 되게 하신 점이라 할 수 있다. 예수님을 세 번이나 배신한 행위도 이런 실수의 프로세스의 한 과정이 아니었을까?라는 생각을 금할 수가 없다.

예수님은 노출된 결점을 모조리 용서하여 베드로를 '성숙한 인간'으로 만드신 것이다. 결점의 발본색원! 이것이 바로 혹독한 담금질이 되었을 것이다. 베드로에게는 이 과정이 몹시 고통스러웠을 것이다. 그러나 예수님의 베드로 훈육은 단순한 담금질이 아니라 치밀한 치유과정이었다고 생각한다.

'최후의 담금질'은 너무 극적이고 감동적이다. 베드로가 네로 황제의 박해를 피해 로마 외곽 아피아가도를 피신하려 하자 예수님께서 베드로 앞에 나타나셨다는 전승이 이를 입증하고 있다.

베드로가 예수님에게 "주님, 어디로 가시나이까?"(Quo Vadis Domine?)

라고 인사 하자 "나는 네 대신 십자가에 못 박히러 로마로 간다."라고
대답하셨다고 한다.

　순간 베드로는 큰 충격을 받고 바로 로마로 발길을 돌렸다고 한다.

　그리하여 로마 언덕 처형장에서 십자가형을 받을 때 예수님처럼 똑바
로 매달릴 자격도 없다면서 결국 십자가에 거꾸로 매달려 순교를 했다
고 한다.

　프란치스코 교황도 성베드로대성전에 모셔진 베드로사도 성상 앞에
서 축일 예식을 거행할 때도 베드로사도 성상은 성베드로사도좌 축일에
중세 때 교황 전통 복장을 하고 순례자를 맞이한다고 하신다. 나도 이번
순례 때 대성당에서 베드로사도의 성상 앞에서 분명 그 사도를 뵈웠지
만 미안하게도 복장까지는 기억이 안난다.

천국의 열쇠 베드로에게 맡긴 베드로대성당

로마에 온지 이틀 째 되는 날이다. 오늘은 예수님 제자 중 예수님을 모른다고 세번이나 배반했던 제자 '베드로대성당'에 왔다. 참으로 마음이 착잡하다. 그렇게 예수님을 믿고 따랐던 제자였건만 어떤 어려운 여건 앞에서는 예수님을 전혀 모르는 것처럼 배반을 하고 말았던 것이다.

그래서 마지막 죽음 앞에서는 예수님을 배반하며 마음 아프게 했던 사실을 인정하고 죽을 때 예수님과 똑같은 십자가형으로 죽을 수는 없다고 거꾸로 매달려 죽는 형식을 취해 베드로는 결국 십자가의 처형을 거꾸로 매달아 죽는 참혹함을 이겨내며 그렇게 죽었다고 한다. 죽음 앞에서라도 예수님을 향한 최소한의 양심과 사랑을 보여주는 듯 했다. 그러나 거꾸로 매달린 사진 속에서도 아픔은 더욱 크게 느껴지며 연민도 느껴온다. 그리고 베드로광장을 말로만 들어왔었는데 직접 로마에 와서 내 눈으로 보니 그 규모와 장엄함에 내가 압도되어 버렸다.

베드로광장이 된 이곳은 옛날 2000년경에는 대전차경기장을 하기 위해 만들었다고 한다. 베드로대성당은 콘스탄티누스 4세기에 증축과 개축을 거친 다음 그 성당의 자리에다 증축을 더하였다고 하며 내부는 바로크 양식이었으나 4~5세기에 바실리카 양식으로 바뀌어져 갔다고 한다.

베드로광장에서 교황청을 바라보니 바티칸에 계시는 교황님의 창문까지 다 바라다 보인다. 베드로광장 현관에서는 모두가 양심 성찰을 하고 들어가야 한다고 한다.

베드로대성당문을 들어서니 중심 한 가운데 바닥에 자색 대리석바탕에 둥그런 원이 그려져 있었다. 그 원안에는 정성껏 새겨진 글씨를 볼 수 있었다. 그 글 내용은 바오로2세 교황님께서 제2차 바티칸 공의회에 가기 위한 결연한 의지를 그곳에 새겨 놓으셨다고 한다.

지금 교황님께서 계시는 '바티칸(Vaticinia)'이라는 곳은 고지란 뜻을 가지고 있으며 여기에서 바티칸이라는 이름이 연유한다고 한다. 베드로대성당은 네로(Nero)황제(54~68년)의 경기장으로부터 북쪽 언덕배기 위에 콘스탄틴 대제(272~337년)가 4세기에 세웠던 대성당터에 서 있다. 네로황제라면 로마의 첫 주교로서 초대 교황이었던 베드로사도가 순교한 그 박해를 직접 명령했던 장본인이기도 하다.

이 대성당 바로 밑에는 초세기의 이교도들의 공동묘지기 있고 이 무덤들 사이에 베드로사도의 유해도 모셔져 있었다고 한다.

로마제국에서는 노예라도 자기 무덤을 가질 수 있는 권리와 어느 누구도 타인의 무덤을 범해서는 안 된다는 신성불가침의 로마법에도 불구하고 그리스도교인들은 이러한 법적인 보호도 못 받는 역적으로 취급받았다고 한다.

따라서 성베드로의 유해를 안전하게 보존하기 위하여 이교인 무덤과 비슷하게 꾸며놓고 신자들끼리만 알고 그곳으로 성묘를 다니며 기도도 하였던 것이다.

이렇듯 대성당의 심장부가 되는 이 무덤을 둘러싸고 오랜 세월에 걸쳐 여러 건물들이 세워졌다.

사도 성 베드로가 순교한 지(67년경) 얼마 안 되는 2세기 초엽 사도의 무덤 위에 가이오신부가 이교인 무덤과 비슷하게 다시 기념 묘각을 세워 두었다고 한다.

313년 밀라노칙령으로 그리스도교인들에게 종교 자유가 인정된 이후 콘스탄틴 대제는 초라하게 땅 속에 묻혀 있던 베드로사도의 유골을 거두어 특별한 돌궤에 안치하였다. 그리고 기념 묘단을 만들어 그 돌궤를 보존하기 위해 무덤 위를 덮었다고 한다.

그 무덤을 중심으로 짓도록한 대성당을 교황 실베스떼르(Sylvester, 314~335)1세가 326년11월8일 성대하게 축성하였다. 교황 그레고리오1세(590~604년) 콘스탄틴 대제 기념 묘단과 거의 같은 높이로 그 주위를 대리석으로 덮어 성직자석으로 꾸미고 새 제대를 크게 지어 그 기념 묘단을 덮었다고 한다.

교황 갈리스도(Calixtus,1119~1234)2세는 다시 더 큰 제대를 만들어 있던 제대를 덮고 교황 클레멘스(Clemens, 1592~1605)8세는 새로운 대성당 건축을 계속하면서 다시 더 큰 제대를 세워 덮었으니 이 제대가 바로 현재까지 사용되고 있다고 한다. 콘스탄틴 대제에 의해 세워진 베드로 대성당은 1200년동안 존속 하였으나 붕괴 될 위험이 있었다.

성년을 맞이하여 보수 증축할 필요성이 생겨 교황니콜라오(Nicholas, 1447~1455) 6세 때 공사가 시작되었으나 그의 죽음으로 중단 되었다고 한다. 1506년 교황 율리오2세(JULIUS,1503~1513) 때 대성당을 다시 허물고 새로 짓도록 명하였다고 한다.

브라만테, 라파엘로, 미켈란젤로, 폰티나, 베르니니, 마테르노 등 당대의 거장들에 의해 작업이 이어진 끝에 1626년11월18일 콘스탄틴 대제 때 세워진 대성당을 축성하였다. 이렇게 대역사는 120년 만에 끝이 났다.

그러나 광장과 그 외의 부분들은 1700년 초까지 공사를 계속하여 이루어진 작품들이다. 베드로광장 주위의 기둥들은 1656년에 시작하여 11년 후인 1667년에야 완성되었다. 이리하여 그리스도교 신자들의 신앙과 예술이 총 발휘되어 옛 묘소를 영예롭게 장식하기에 이르렀다. 최근의 고고학 발굴로 그 묘소가 오랜 세월이 지난 지금까지 옛 모습을 고스란히 간직하여 왔음이 고증되었다고 한다.

　참으로 오랜 세월이 흐른 지금까지 그 모습을 지탱하고 있는 데는 이렇게 피눈물 나는 어려운 과정들이 이어져 왔기 때문임을 느끼게 되면서 베드로사도의 정신과 신앙생활에 절로 고개가 숙여진다.

성작을 닮아가는 거룩한 시간

65 피에타, 고통 속에서 잉태된 그 환희

베드로대성당안으로 들어서니 가톨릭십자가가 라틴십자가로 바뀌어 있다.

그리고 제일 먼저 내 눈에 다가온 것은 인류의 걸작 '피에타'가 제일 먼저 내 시선을 끌었다. 아드님의 주검을 안고 있는 성모님의 고통과 그 고통 속에서 잉태된 환희를 너무도 잘 표현해 주고 있었기 때문이다.

피에타! 우리는 미사를 드릴 때나 기도를 드릴 때 주님에게 수없이 피에타를 간구하곤 한다. 아니 피에타를 입에 달고 기도를 한다. "주님, 자비를 베푸소서!", "그리스도님 자비를 베푸소서!" 이탈리아어로 "시뇨레, 피에타(Signore, Pieta)", "크리스토 피에타(Christo, Pieta)이다. 그러니까 피에타는 엄밀하게 말해 자비라는 뜻을 내포하고 있다. 피에타 하면 머릿속에서 무엇이 떠오르는가? 바티칸순례를 하면서 지금 들어선 베드로대성전에서 마주한 피에타는 그 어느곳에서 만났던 피에타와 느낌이 사뭇 달랐다. 싸늘하게 식은 아드님을 안고 있는 성모님의 슬픈 표정과 함께 그날은 성모님의 모습이 더 애틋하게 다가왔기 때문이다. 그때 성모님의 심경은 과연 어떠하셨을까?

골고타십자가 밑에서 예수님의 주검을 안고 있는 그 성모님의 그때의 모습을 뭐라 표현 할 수 있을까? 처절하기 짝이 없는 그 슬픔, 그 아픔을 어떻게 감히 어떻게 표현할 수 있을까? 대부분의 사람들은 한결같이 슬픔만을 이야기 할 것이다.

그러나 나는 그렇게만 생각하고 싶지는 않다. 끝까지 십자가형을 마다하지 않고 거룩한 그 사명을 완수한 하느님의 아드님! 그 장한 아드님을 껴안고 있는 마리아 어머니에게 조금이나마 환희는 없었을까? 하는 생각도 든다. 극과 극의 한계 상황에서 상반된 감정이 성모님 마음에도 공존하지 않았을까?하는 생각을 조심스레 해 본다.

미켈란젤로가 성모님 마음을 정확히 표현했다는 생각이 든다. 성베드로대성전에서 그때 만난 피에타에는 그 감정까지 교묘하게 잘 드러나 있는 것 같았다.

고통과 환희를 동시에 대리석에 표현 한다는건 보통 예술가 같으면 불가능할 수밖에 없다. 그러나 미켈란젤로 같은 예술가는 천년에 한 번 나올까 말까 하는 천재 예술가이기 때문에 그 양존된 감정까지도 잘 표현해 냈을지도 모른다.

미켈란젤로는 예술가이기 전에 신앙심이 아주 깊은 신자였고 수준 높은 신학자이기도 했다. 그래서 모든 작품에 그의 신앙심이 배어 있다고 믿어진다. 신학적 접근 없이 그의 작품을 감상한다는 것은 무신론자가 그냥 성경을 읽는 것과 흡사할 것이다.

예수님에 대한 성모님의 믿음에는 털끝만큼의 흔들림도 없었을 것이다. 예수님께서 수난을 다 겪으시고 부활을 수차례 예고했음에도 제자들은 믿지 않았었다.

아마도 성모님께서는 골고타에서 이런 기도를 드렸을 것이다. 내 아들 예수님이 수난을 꼭 당해야 한다면 가급적 제발 고통이 적은 수난이기를...하고 소망하셨을 것이다. 그런데 그 소망은 처참하게 무너져버리고 말았지 않은가?

그러나 성모님은 예수님이 어떠한 고통이라도 잘 받아들이길 기도하고 응원하셨다.

언젠가 보았던 멜 깁슨 영화 '패션 오브 크라이스트'가 이 상황을 너무도 잘 그려냈던 것 같다. 그 영화의 클라이막스 소위 '마지막 유혹'이 밀어닥칠 때의 장면이 아직도 가슴을 후빈다. 못된 인간들이 조롱과 비아냥을 퍼부어대던 그 상황을 어찌 참아내셨을까? "네가 하느님 아들이라면 지금 십자가에서 내려와 봐라." "너 자신이나 구원해 보아라." 그 순간 성모님과 예수님의 시선이 마주치던 순간을 지금도 기억한다. 성모님께서는 이런 말을 하셨을 것이다. "이 유혹을 이겨내야 합니다. 기적은 안 됩니다. 여기서 죽어야 합니다. 그게 아버지의 뜻입니다." 예수님은 그래서 그랬는지는 모르지만 "다 이루어졌다."는 말씀만을 남기고 끝내 숨을 거두셨다.

성모님께서는 아드님이 거룩한 사명을 완수 하셨는데 사흘 후면 되살아나시는데 이 사실을 굳게 믿고 있는데 성모님께서는 어찌 슬프기만 하셨겠는가?

난 '피에타' 앞에서 묵주 기도를 드리면 성모님께서 커다란 다이아몬드로 보일 때가 있다. 성모님께서는 외유내강의 전형적이신 분이기 때문이다. 겉은 여리고 솜털처럼 부드럽지만 속은 다이아몬드처럼 강인하게 다가오기 때문이다. 이 사자성어의 강은 강철이 아니라 강철도 깨부술 수 없는 금강석이라 할 수 있다는 말이다.

이 세상에서 가장 아름다운 물질, 이 세상에서 가장 강한 물질, 보석 중의 보석 그야말로 '다이아몬드'이다. 이 성모님처럼 아름다운 여성이 이 세상 어디에 또 있을까? 피에타! 그 자체가 큰 기도이다. 성모님께서 죽은 아드님을 안고 성부 하느님께 기도를 드리신다. "주님, 자비를 베푸소서." '피에타를 유심히 살펴보면 예수님의 입이 살짝 열려 있는 것을 알 수 있다. 엄청난 고통을 받고 계신 그 순간에도 우리에게 뭔가를 말씀 해 주시려고 하신 것 같다. 이제는 부활하신 예수님께서 대신 우리게 이렇게 응답 해 주시고 계신다.

"두려워하지 마라. 내가 세상 끝까지 언제나 너희와 함께 있겠다."

(마태 28,20)

필자는 조용히 '성체의 소성당'으로 내 발길을 옮겼다.

조심조심 성체의 소성당 안으로 들어가 잠시 성체 조배를 하였다. 성체의 소성당은 교회 안에서 7성사를 부정하고 있는 프로탄트들에게 다시 감실을 만들어 하느님의 모습을 가까이에서 느껴 볼 수 있도록 성당 안에 감실을 만들어 두었다고 한다. 예로니모에게 성체를 영해 주고 있는 성화의 모습도 보였다.

대성당 안에서 정말 눈여겨 보이는 장면이 너무도 많다. 베드로사도의 발을 만지고 있던 동상, 베드로에게 열쇠 두 개를 쥐어주시고 계신 예수님의 청동상도 있었다. 다음은 베드로사도 중앙제단 앞으로 발길을 향했다.

베드로사도의 중앙제단은 돔 형태로 만들어져 있었는데 이 돔 위에 올라가 있는 제단 제일 상단부에는 '라틴십자가'가 올려져 있었다. 이것도 미켈란젤로가 바꾸어 놓은 작품이라고 한다. 그 곁에 높이 올라가 있는 의자는 역시 주인공인 베드로사도의 의자라고 한다. 헬레나성녀가 십자가를 찾아 온 성녀라고 한다.

우리가 대성당을 돌아 나와 자비의 문 곁으로 왔을 때는 문이 굳건하게 닫혀 있었다. 2000년에 이 자비의 문이 열렸다고 하며 그때 전대사를 주셨던 파격적인 문이라고 한다. 또 몇 년 후에 다시 그 '자비의 문'이 열릴 거라고 하며 그때 다시 로마에 오라는 말을 가이드가 힘주어 말한다. 한 번 다녀가는 것도 이리 힘든 일인데 내 일생에 또다시 이 베드로성당을 온다는 건 어려운 일일 것이란 생각이 든다. 그러나 하느님의 부르심이 있으면 또 오게 될지도 모르는 일이다. 다시 희망과 은총을 기다려 보아야겠다.

66 말구유가 있는 성모마리아대성당

로마의 4대 성당중의 하나인 성모마리아대성당(Santa Maria Maggiore)에 오게 되었다. 로마에서 7개 언덕 중의 하나인 에스뀔리노(Esquilino)언덕 위에 352년에 세워진 이 성전은 서방가톨릭 교회에서는 처음으로 성모님께 봉헌된 성전이다.

이 성전이 여기에 세워진 이유에 대해 눈에 얽힌 유명한 기적이 전해 내려오고 있다.

리베리오(Liberius(352~366년) 교황 때의 일이다. 로마에 '요한'이라는 독실한 신자 귀족이 있었다. 그는 경건한 아내를 맞아 평화스럽고 원만한 가정을 이루어 나날을 보냈으나 그 가정엔 자녀가 없는 아쉬움이 있었다고 한다. 그래서 늘 기도를 하던 중에 자녀를 원하는 간절한 소망을 말씀드렸다고 한다. 그러나 하느님의 뜻은 다른데 있었음인지 둘이 다 연로하여 이제는 자녀에 대해 더 이상 희망을 갖지 못하게 되었다고 한다. 그리하여 이들 부부는 막대한 재산을 성모님께 바치기로 결심을 하였다고 한다. 그런데 어떤 방법으로 바쳐야 되는지를 모르던 두 부부는 열심히 기도하며 자선 행위도 하고 단식과 금육의 재계를 지키며 주의 계시만 기다리고 있었다.

그들의 소원은 참으로 기이하게 이루어졌다.

8월4일이 지나 4일로 접어든 밤중에 지극히 거룩하신 동정녀 마리아께서 이들 부부의 각자의 꿈에 나타나시어 "로마의 에스뀔리노언덕에 나를 위한 성당을 세우라. 그 장소는 눈이 하얗게 내린 곳이니 즉시 알 것이다."하고 말씀 하셨다고 한다.

아무리 꿈이며 묵시라고 해도 둘에게 동시에 나타난 현상이요. 찌는 듯한 이 삼복더위에 과연 눈이 내렸을까? 하는 생각이 들기도 했으나 날이 새자 즉시 그곳으로 달려가 보니 과연 눈이 하얗게 와 있지 않은가!

그것도 꼭 성당을 지을 장소에만 눈이 내려 있었다고 한다. 신기하고도 형언하기 어려운 감동으로 두 부부는 곧 교황 알현을 청해 자초지종을 말씀 드리니 교황도 다른 사제들과 함께 그곳으로 향했다고 한다. 이 소식을 듣고 모여든 수많은 군중들도 삼복더위 8월 중에 내린 하얀 백설을 보고 이는 거룩한 동정 성모님의 순결을 상징함이라 하며 경탄하면서 감동되어 하느님께 찬미를 드렸다고 한다.

이런 경로를 거쳐 세워진 성당이라 처음엔 교황 이름을 따라 '리베리오 성당'이라 불렀고 그 후 예루살렘에서 예수 아기가 누웠던 말구유가 성당에 안치된 뒤에는 '말구유의 성모성당(Basilica of Santa Maaria Maggiore)'이라고 하였다고 한다. 그런가하면 8월5일 삼복더위 중에 내린 백설을 기념하기 위해 '성모설지전'이라고도 했다고 한다. 그 후 이 건물은 5세기에 와서 교황 식스투스(Sixtus, 432-440)3세가 확장하고 개축을 했다고 한다.

교황 그레고리우스(Gregorius, 1371-1378)11세때에 지은 종탑은 로마에서 가장 높은 종탑 가운데 하나였다.

그런데 성년에만 열리는 성문은 현관 좌측에 성전 정면의 광장에는 마센찌오(Massenzio)의 바실리카 기둥이 있어 아름다움을 더해주고 있다.

성전 안에 들어서면 여러 가지 건축 양식의 매혹적인 장식들이 우리를 압도시키고 말았다.

아벤띠노(Aventino) 언덕의 쥬노(Giunone)신전에서 옮겨온 36개의 기둥 위에 성서를 소개한 36개의 아름다운 모자이크를 볼 수 있다. 승리의 아치나 제대 후면의 장식 등에서도 이 설지전의 매력을 느껴볼 수가 있다.

여러 가지 조각으로 장식된 바닥은 13세기에 장식된 로마의 어떤 성당보다도 아름답다. 나무로 된 천장은 르네상스 때 너무나도 유명한 안토니오 다 상갈로(Antonio da Sangallo)의 작품으로 15세기 말 콜롬버스가 신대륙에서 가져와 아라고나(Aragona)의 페르디난도(Ferdinando)왕을 거쳐 교황 알렉산더6세(Alexander, 1492~1503년)에게 선물한 금으로 도금을 했다고 한다.

중앙 제대의 화려한 천개 장식은 성베드로대성전이 베르니니 작품을 본받아 푸가(F. Fuga)가 만든 것이라 한다. 제대 밑의 '동굴경당(Cripta)'에는 베들레헴의 예수님 구유가 그대로 보존되어 있어 성탄 때에 따로 구유를 꾸미지 않는다고 한다.

여기에는 또 하나 1854년 '성모의 원죄 없으신 잉태' 교리를 선포한 교황 비오9세(Pius, 1846~1878년)가 무릎을 꿇고 있다. 제대 위의 모자이크는 5세기의 작품으로 성모님의 생애와 예수님의 어린 시절이 에베소(Efeso) 공의회와 관련되어 만들어져 있었다.

뒷면의 승리의 면류관을 받으시는 마리아의 모습을 그린 아름다운 모자이크는 훨씬 뒤인 13세기 비잔틴양식의 영향을 받은 뚜리띠(Turitty)의 작품이라고 한다. 중안 제대 양편에 커다란 경당이 둘 있는데 왼편 까벨라보르게세(Cappella Borghese)라하며 교황바오로5세(Paulus, 1601~1621)때에 세운 것이라 한다.

이 경당은 로마에 있는 수많은 경당 중에서 가장 화려한 경당이다. 제대 꼭대기의 부각은 17세기 스테파노 마데르노(Stefano Maderno)의 작품으로 그 유명한 한 여름의 눈의 기적을 그리고 있다. 맞은편 경당은 교황 식스투스5세 때 즉, 1585년에 도메니꼬 폰타나가 세운 것으로 성체를 모신 경당이다. 도금한 화려한 제대 장식은 스칼조로 만들었다. 성모 '설지전'은 확실히 가장 아름다운 성전중의 하나였다.

그 건축 양식 자체는 물론이지만 모자이크에서도 볼 수 있는 중세기의 신비주의 상갈로(Sangallo)의 천장 장식에서 나타나는 르네상스 때의 우아함, 까벨라 보르거세에서 볼 수 있는 바로크양식의 장엄함, 같은 바로크식이지만 푸가의 천개 장식의 화려함 등 그 시대의 특징을 잘 나타내고 있다.

이렇게 이 성전은 15세기라는 기나긴 세월 동안 예술뿐만이 아니라, 풍습과 역사까지도 조화 있는 산 증인으로서 전해주고 있다. 1600년대 로마의 대 예술가 베르니니의 무덤이 얇은 대리석 판에 이름만을 새겨 놓은 정도로 아무 장식도 없이 제대 오른편에 자리 잡고 있었다.

에스퀼리노 언덕의 프락세데성당

이곳 역시 로마의 일곱 언덕 중의 하나인 에스퀼리노언덕에 자리 잡고 있으며 같은 언덕에 있는 성모마리아대성당에서 불과 10m 정도 밖에 안 떨어져 있는 가까운 성당이다.

오래전부터 전해오는 이야기에 따르면 푸텔테라는 로마의 원로원 의원인 큰 부자가 사도베드로에게 직접 예수님에 관한 가르침을 받았다고 한다. 귀족이면서 부자였던 그는 이 부근에 거대한 저택을 가지고 있었으며 그 저택 안에 초세기교회 공동체 신자들을 자주 초청하여 사도로부터 직접 가르침을 받고 친교의 정을 나누었다고 한다. 사도 또한 이 집에 머무르며 신하들을 영적으로 지도 했다고 전한다.

당시 그에게는 두 딸이 있었는데 큰 딸은 푸데지아나였고 작은 딸은 프락세대였다. 네로의 첫 박해 때 두 딸은 신자들이 순교당한 곳을 찾아가서 순교자들의 피를 해면에 적셔 집으로 가져왔다고 한다. 준비한 항아리에 순교자들의 피를 다시 짜서 흘러나오는 것을 받아 보관하였다고 한다.

그들은 신자들을 집으로 초대하여 순교자들의 피가 담긴 항아리를 놓고 그 주위에 둘러서서 신앙을 지키다 숨겨간 순교자들을 위해 기도하고, 그 앞에서 자신들의 신앙을 다시 한 번 재확인 하는 모임을 자주 가졌다고 한다. 이 모임은 얼마 안 가서 발각되었고 아버지와 함께 두 딸은 순교의 관을 받고 말았다.

지금까지 전해오는 이야기는 듣는 사람들의 코끝을 찡하게 하고 있다.

그 후 교황 성비오1세(140~154)때에 자리에 제대를 놓고 성당으로 축성했다고 전한다. 이러한 사실을 두고 어떤 학자들은 이곳이야말로 로마에서 가장 먼저 세워진 성당이라고 주장하고 있다고 한다.

성당으로서의 여건을 갖추려면 크든 작든 간에 미사 성제를 드릴 제대가 필수 요건인데 이런 면에서 본다면 앞의 주장이 근거 없는 이야기는 아닌 것 같다.

5세기 말에 와서 이곳에 성당을 세웠으며 심마쿠스 교황(498~514)때 성당을 성녀 프락세데에게 봉헌하였다. 현재의 성당은 교황 파스칼리스 1세가 새로 지은 것이며 그는 교황이 되기 전 성당의 수석사제로 있었다고 한다.

교황의 업적 중에서 가장 큰 것은 성 밖의 카타콤바에서 그때까지 남아 있던 성인, 성녀들의 유골을 로마의 성 안으로 옮겨 놓은 것이었다.

교황님이 성당의 제대 아래에 순교자들의 소성당을 마련해 놓고 이곳에 순교자들의 유골을 모셔 놓았는데 그 수효만 해도 2천3백 여구나 되었다고 한다. 그 중에는 성제노와 성발렌티누스도 포함되어 있다고 한다.

성당의 제대 바로 밑에는 두 성녀 푸덴지아나와 프락세데의 유골이 안치되어 있다. 성당을 들어서서 왼쪽으로 조금만 가면 아주 작은 소성당이 있는데 이곳에는 1223년 예루살렘에서 돌기둥 하나를 가져온 것이 보관되어 있다. 이는 예수님이 채찍질을 당하셨을 때 묶였던 그 돌기둥의 일부라고 전해진다. 이 소성당은 9세기 때 만들어져서 성제노에게 봉헌되었으며 특히 이곳의 내부에 있는 모자이크는 아름답기로 유명하다.

성당의 제대 위쪽에 있는 반원형의 아치로 된 벽 위에는 구세주를 비롯하여 두 성녀와 푸텐데가 성티오데오와 성노바투스와 함께 있는 모습이 모자이크로 제작 되어 있다.

제대 뒤편 압시대의 안쪽 중앙에는 구세주와 그 양쪽에 사도 베드로와 푸텐지아나, 사도 바오로와 프락세데의 모습이 그려져 있는데 두 사도들이 성녀를 구세주께 소개하는 모습이다. 왼쪽 끝에는 성당을 새로 짓도록 한 파스칼리스1세 교황이 성당을 손에 들고 구세주께 봉헌하는 모습이 그려져 있다.

그런데 교황의 모습을 보면 구세주를 비롯한 사도들이나 성녀들의 모습과는 다르게 표현되어 있는 것이 한 가지 있다.

다른 사람들은 머리 뒤쪽의 후광이 모두 원형으로 되어 있는데 교황만은 사각형으로 되어 있는 것이다. 교황의 사각형 후광은 자신이 살아 있을 때 이곳에 모자이크를 제작 하도록 했기 때문에 사람들 즉, 이미 죽은 사람들과 다르게 하기 위해 그렇게 했다는 것이 이곳에 계신 수사님들의 후담이다.

성당의 뒤 쪽으로 가보면 오른쪽에 유리벽으로 된 상자가 있는데 이 안에는 성녀 프락세데가 순교자들의 피를 적신 해면을 짜서 그 피를 항아리에 넣고 있는 그림이 보관되어 있다. 참으로 지극했던 순교자의 참 모습이다.

68 예수성당(AL GEUS)

이 예수성당은 교황 바오로3세의(베드로 대성당 왼쪽 앞에 계시는 분 예수회 인준한 분) 조카인 알렉산드로 파르네제 추기경이 1568~1576년 사이에 건설 하였다고 한다. 이 성당이 예수회에서 처음으로 지어진 성당이라 고 한다.

이냐시오성인의 무덤이 있지만 이름은 예수성당이다. 메리워드께서도 이처럼 우리 수도회의 이름을 예수회로 하고 싶었으나 교회는 허락하지 않았다.

예수 성당의 장면을 보면 가운데 예수회 마크가 들어가고 왼쪽에는 이냐시오성인과 오른쪽에는 사베리오성인이 있다. 건물이 르네상스 초기의 바로크시대 것이라 전체적으로 많이 움직이는 느낌을 주고 있다.

여기에서 이냐시오성인은 5~6번째의 집을 갖는다.

첫 번째 집은 나보나광장(Piazzna Navona)의 삼위일체성당 부근이었고 두 번째 집은 씨스토다리 근처였고 세 번째 집은 프란지 빠니(Frangi Pani) 근처였고 네 번째 집은 현재 예수성당 왼편쪽이었고 다섯 번째 집은 현재 예수성당 오른쪽 기숙사 쪽이며 이냐시오 생애 마지막 장소였다고 한다.

왠지 모르게 내 가슴 한켠이 짠하게 시려온다.

원래 이 예수성당은 다 쓰러져 가는 건물이었는데 카밀로 이 스탈리라는 은인이 도와주셔서 다시 고친 곳이라고 한다. 여기에서 이냐시오가 첫 총장으로 선출 되었고 회원들을 파견하고 또 받아들인 곳으로 현재 이냐시오성인의 무덤이 있는 그 자리에서 이러한 일들이 이루어졌다.

그곳에는 마리아 델라 스트라다성당이 있었다.

다 무너져가는 집은 받았으나 수입이 없어 힘들었으며 거리의 주보 성모님을 공경하며 오늘날까지 모시고 있다고 한다.

그 후 예수회에서는 casa professa라는 숙소를 지어 살게 되는데 그 집이 다섯 번째 집으로 이냐시오성인께서 사신 마지막 집이다. 그 숙소 안에 이냐시오성인의 삶이 고스란히 담긴 방이 그대로 남아 있었다. 너무도 반가웠다. 아직도 그분의 온기가 남아 있는 듯 편안하고 따스했다.

다른 모든 건물들은 아꽈비바 총장께서 다시 지으신 집이다. 그때 회원들은 이냐시오성인의 방도 모두 없애려고 했는데 총장이 그대로 보존하여 경당을 만들어 오늘에 이르고 있었다. 손이라도 잡아봐야 반가움의 표현이 될 텐데 이방 저방을 다 둘러보았지만 그분의 흔적과 체취만이 나를 기다려 주고 있었다.

다섯 번째 살던 집에 메리워드께서 가셔서 무시우스 비텔레스키 총장께 수도회의 청원을 드렸다고 한다. 현재까지 그때까지 이곳이 예수회 총원이었으나 30년 전쟁 이후에는 총원이 베드로대성당 옆으로 옮겨가게 되었다고 한다.

이냐시오 자서전 11번에 보면 이냐시오성인은 예수님과 성모님의 말씀을 연필 색깔을 달리하며 썼다는 글이 나온다. 그 당시에는 생애를 글로 쓰기도 하고 그림으로도 그렸다. 그런데 추측이지만 이 방의 그림들을 메리워드와 첫 회원들이 보고 유화 생애로 남길 마음이 생겼는지도 모른다.

이냐시오 생애 마지막 방

이냐시오의 생애 마지막 장소였던 이 방을 들어서니 마음이 먹먹해 왔다.

그러면 이냐시오성인이 쓰시던 방들과 몇 점의 그림을 감상해 보기로 하자.

다음 상본에서 앞에 놓인 제대는 당신이 쓰시던 가구를 이용하여 만들었던 것 같다. 제대 앞의 성가정성모상도 그때의 것이고 이냐시오는 이 방에서 마지막 미사를 드리시고 돌아가셨다.

이 집이 이냐시오성인이 다섯 번째로 머무셨던 곳이다. 이냐시오성인처럼 선교정신이 강렬하고 내적 열정이 충만하신 분은 아직 찾아보지 못했다.

1541년 예수회 총장으로 선출 되신 후 로마에서 계속 머무르시며 회헌을 쓰고 회원들 교육에 온 힘을 기울이셨던 것 같다.

이냐시오성인께서 사무실 겸 응접실로 사용하신 그 방 그리고 마지막 미사를 봉헌하셨던 생애 마지막 방에서 우리 순례자들도 모두 뜻깊은 미사를 이 장소에서 올릴 수 있었다.

지금도 그 장소에서 이냐시오성인의 모습을 닮아가고 계시는 로마예수회 회장님과 우리 김연수 지도신부님과 친분이 있는 로마에서 공부하고 계신 예수회 회원신부님, 수사님, 수녀님들까지 함께 오셔서 이 방에서 뜻깊은 미사를 봉헌 할 수 있었다. 우리도 생애 가장 거룩한 미사로 기억 될 것 같다.

아주 좁은 공간 속에서도 이냐시오의 열정과 영성이 모두 배어 있어 마치 함께 한 공간 안에 그분과 함께 있다는 착각을 느끼게 하는 순간이 었다. 더구나 이 방이 마지막 미사를 집전 하시던 곳이었다니 정말 우리가 이번 다녀간 이냐시오 순례여정은 너무도 의미가 심장하다.

1556년7월31일 마지막 돌아가실 때까지 여기 머무셨는데 이 방은 아꽈비바 총장의 원의로 그때 그대로 유지되고 있다고 한다. 참으로 감사할 뿐이다. 이 방에서 7000장이 넘는 편지를 이 조그만 사무실에서 쓰시고 회헌 및 영성기도의 체험적인 내용이 모두 이 방에서 작성되었다고 한다. 또한 Casa Professa에서 당신의 회원들을 세상 끝까지 파견해 내셨다고 한다.

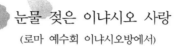

눈물 젖은 이냐시오 사랑
(로마 예수회 이냐시오방에서)

김숙자

나 여기 왜 왔던가
나 여기 무엇 때문에 왔던가
당신 나 오라 부르지 않았건만
머나먼 이곳 로마 땅 소성당에
나 무엇 하러 여기 왔던가

이 모두는 눈물 젖은 사랑 흔적이라고

누더기 신발이 말 했습니다
바래고 닳은 회헌이 말 했습니다
얼룩진 영신 수련 책이 말 했습니다
초라하기 짝이 없는 책상이 말 했습니다
기대기조차 힘들었을 의자가 말 했습니다
마지막 당신 몸 누인 한 평 그 거룩한 땅이 말 했습니다

이 모두는 하느님을 뜨겁게 사랑했다고 말 합니다
모두는 당신의 일치가 이루어냈다고 말 합니다

이냐시오성인의 하느님 사랑은 정말 끝이 없었다.

생전에 삼위일체이신 하느님과 아주 깊이 지내셨으며 성모님과도 매우 친밀한 관계로 지내셨다. 그분은 이곳에서 자주 미사를 드리셨는데 준비하고 미사 후 감사까지 합하여 보통 4시간 정도의 시간이 걸렸다고 한다.

특히 눈물의 은혜를 많이 받았기에 성무일도를 할 수가 없어 교황님께 면제를 받기도 하셨다고 한다.

운명 직전에는 완전히 쇠약해지셔서 미사를 더 이상 못 드리시고 누워 계실 때 나달이나 라이네즈 신부님께 당신이 겪으신 회개에서부터 오늘까지의 모든 영적 체험을 들려 주셨다. 결국 이냐시오성인은 마지막에 곤잘레스 까마라 신부에게 당신의 생애를 다 이야기 하시고 받아쓰게 하셨다.

그는 말년에 몸이 너무 약했고 몸이 많이 아팠기에 젊은 회원들의 도움을 받아 물리치료도 받고 산보도 했으나 별로 도움을 받지는 못했다.

이냐시오성인은 돌아가시기 전 비서 플랑코 신부에게 교황의 축복을 받아오라고 시켰다. 그러나 비서는 별로 대수롭게 생각지 않고 자기의 할 일을 다 마치고 취침에 이르렀다고 한다. 그런데 그날 저녁 어떤 형제가 이냐시오를 방문하니 운명 직전이었다고 한다.

그때서야 비서는 뛰어서 바티칸에 갔지만 교황님의 강복을 받아 왔을 때는 이미 운명을 하시고 말았다. 그분은 그때 이미 회원이 1000명이나 되었지만 그분은 외롭게 운명하셨다.

플랑코 비서가 "내일 스페인으로 가는 인편이 있어 급하게 편지를 써야 한다."고 했을 때 이냐시오는 "내 생각에는 오늘 교황님께 강복을 받아 왔으면 좋겠다, 그렇지 않으면 너희가 좋은 대로 하라."고 말씀 하셨다고 한다.

이것이 바로 이냐시오성인의 생활이었으며 이 대화가 이 세상에서 나눈 마지막 대화였다고 한다. 돌아가시는 순간에는 자신을 편안하게 하느님께 내어 놓았지만 평소 기도하시는 동안 당신이 원하는 은혜나 알고 싶은 것을 깨닫지 못했을 때는 하느님과 늘 싸우신 분이었다고 한다.

얼마나 간절히 기도하시는 성인이었는지 한번은 비서가 너무나 급한 상황이어서 편지를 들고 기도하는 이냐시오에게 가서 보여드렸더니 그 편지를 받아서 불속에 던져 버리셨다고 한다. 이냐시오성인의 돌아가실 때 마지막 말씀은 "오! 나의 하느님"이었다고 한다.

오늘날 우리가 갖고 있는 회헌과 영신 수련도 운명하실 때까지 10여 년간 이 방에서 쓰신 것이라고 한다. 지금 우리가 가진 회헌을 메리워드는 갖고 싶어서 총장이 허락치 않을 것을 뻔히 알면서도 드나드신 집이다.

메리워드는 하느님으로부터 예수회와 같은 것을 택하라는 명령을 받았기에 그 명령을 거스를 수 없어 계속적으로 그 집을 찾았고 그것이 오늘날 우리에게 전해진 사실이 매우 중요하다.

이 성당은 내부가 중앙에 큰 공간을 두고 양쪽 모서리로는 작은 제대들이 있다. 다른 성당들은 모두 3실 혹은 5실로 내부가 구분되는 게 보통인데 이 성당을 들어가면서 왼쪽 제일 앞에는 이냐시오 제대가 있고 오른쪽 제대 앞에는 사베리오 제대가 위치하고 있다. 가운데 천장에는 예수의 이름이 새겨져 있고(L.H.S) 현양하는 모든 성인 성녀들이 함께 하고 있다.

예수성당 내부를 자세히 보면 가운데는 우리가 천당으로 가는 모습의 천장화가 그려져 있고 오른쪽은 교리를 가르치는 모습이며 왼쪽은 세례를 베푸는 모습이 그려져 있으며 사베리오 제대에 있는 그림은 중국 인근 산치아섬에서 돌아가시는 모습이 그려져 있다.

'이냐시오 제대'에는 이냐시오성인이 하늘로 올라가는 그림이 나온다.

둥근 남색 돌을 가운데로 하고 영신 수련에 나오는 것처럼 삼위일체의 하느님은 세상을 굽어보고 계시고 성자를 이 세상에 파견시키신다.

조금 아래 둥근 아치형 벽안에는 이냐시오성인이 계신다. 금이나 은으로 만들었는데 프랑스혁명 때 모두 썼으며 그 이후 다시 만들어진 것이다.

제단 아래에는 이냐시오성인의 유해가 모셔져 있는 관이 있다. 이냐시오성인의 사후에는 이 성당이 아직 건축되지 않아 라 스토르타에 모셨던 유해를 후일 이 성당을 지으며 모시고 왔다.

이냐시오 제대의 대리석의 조화는 매우 값진 것이다.(남색, 초록, 금색, 연분홍 등) 그리고 1621년 로마에 도착한 메리워드에게는 교회에 대한 성실과 하느님께서 "예수회 것을 택하라."라는 명령에 아주 성실했다.

교회에 대한 봉사를 이냐시오께서 가르쳐 주신대로 하는 게 메리워드의 이상이었고 또한 우리들의 성소이기도 한 것을 잊지 말아야 겠다. 그리고 '사베리오 제대'에 관한 설명이 좀 필요하다.

사베리오는 이냐시오의 가장 큰 아들이었다. 처음에는 사베리오를 당신의 동료로 삼기는 아주 힘들었으나 일단 동료가 되고 난 다음에는 이냐시오가 원하는 것과 하느님이 이냐시오에게 무엇을 원하시는 지 가장 잘 알아들었다.

사베리오 제대 위의 유리관 속에는 많은 사람에게 세례를 베푼 오른팔이 모셔져 있다. 다른 유해는 인도 고아에 모셔졌다. 제대 위에 보면 인도로 파견 받는 장면이 나오는데 원래 인도로 갈 사람은 그 당시 다른 사람들이었다.

그러나 그 사람이 갑자기 못 가게 되어 이냐시오성인께서 사베리오에게 의견을 물으니 즉시 떠나겠다고 했다. 그런 만큼 우리가 사베리오성인께 청할 묵상은 바로 이런 것이었다. 영혼들을 위한 열성과 세상 끝까지 파견 받아가는 열성과 하느님 나라를 위해서는 어떤 수고와 희생도 마다하지 않는 사랑과 열정을 그분께 청해야 할 것 같다.

이냐시오성인은 1609년에 복자품에 오르고 1622년에 성인이 되셨다.

그때가 그레고리오15세 때였고 메리워드도 참석하셨다. 이냐시오가 제의를 입고 계심은 성체에 대한 신심을 강조하기 위해서다.

이 경당은 아래의 예수 성심경당과 쌍둥이경당이다. 성모경당에는 성모님의 일생을 그려 놓았으며 이 성모님을 이냐시오성인께서 매우 공경하신 분이다. 성화는 15세기의 것으로 이콘과 비슷하다.

이 세상을 가는 모든 길 특히 우리의 영적 여정에 함께 해 주시도록 우리는 성모님께 늘 기도를 해야 할 것 같다.

"성모님! 그동안 제게 베풀어주신 모든 은혜에 감사드립니다."

우리 순례 일행들은 이냐시오성인의 발자취를 더 잘 알아보기 위해 이번 순례여정을 떠나왔기 때문에 로마에 와서 '이냐시오성당'을 직접 와서 보는 것은 어쩌면 가장 주요한 과제 수행일 것 같다. 책에서만 이냐시오성인을 접하고 있다가 이번에 성인께서 직접 활동하셨던 활동 무대 로마 현장으로 나와서 그분의 족적을 알아보는 건 참으로 중요하고 성인을 이해해 나가는데 많은 도움이 될 것 같다.

'이냐시오성당'은 교황 그레고리오15세가 조카 루도비시 추기경께 '이냐시오성당'을 짓도록 지시를 하셨다고 한다. 성당의 겉모양은 예수성당과 비슷한데 내부 천장공사에서 예수성당처럼 돔으로 만들고 싶었으나 경제적인 어려움으로 인하여 돈이 적게 드는 천조각에 입체적으로 그림을 그려 마치 돔처럼 생각되게 하기 위해 입체적 그림으로 대체를 하였다고 한다.

이 성당 안에는 요한 벨크만성인, 알로이시오 공자가성인, 벨나르미노성인 등이 묻혀있으며 위층 건물에는 그들이 살던 방이 그대로 있다.

벨나르미노는 이 로마 대학의 교수였으며 알로이시오의 고백신부였다고 한다.

'이냐시오성당'은 든든하던 교황님이 돌아가시고 돈도 여유가 없었기 때문에 끝을 못 맺은 작품이다. 중앙 천장의 둥근 그림은 안드레아 포쪼의 그림이다.

천장 가운데 그림을 보면 그리스도로부터 이냐시오에게 빛이 들어오고, 그 빛이 다시 이냐시오한테서 사방으로 퍼져 나간다. 네 모서리에는 4대륙이 상징 되어 있으며 그림을 그릴 당시 아직 오스트레일리아는 발견되지 않았기 때문에 파견의 의미가 잘 살아난 천장화이다.

이 그림에서는 그리스도의 빛을 이냐시오가 받아 사방으로 퍼지게 하는 게 가장 중요하다.

첫째 둥근 천장은 그림이 입체식으로 똑바로 서 있는 듯이 보인다. 판판한 천에다 둥근 모양을 그려 붙인 것이다.

중앙제단은 천사들이 흰옷 입은 이냐시오를 하늘로 들어 올리는 그림이다.

이냐시오는 하늘에 오르면서도 세상 사람들의 고뇌를 끝까지 바라보고 계심을 볼 줄 알아야 한다.

가운데 글자는 "내가 로마에서 너희와 함께 있겠다. 너희를 축복하여라."하는 것처럼 라 스토르타 그림을 안드레아 포쪼가 고전적으로 그린 것이다. 즉 예수의 봉사에 이냐시오를 쓰겠다는 장면이다. 그리고 왼쪽 그림은 사베리오성인의 파견 장면이다.

'교황 그레고리오15세'는 로마대학 학생 때 이냐시오를 존경하고 사랑해서 조카한테 성당을 짓게 하고 그도 그곳에 묻히기를 원하였다.

이 그레고리오 교황은 메리워드가 1621년 로마에 들어왔을 때 제일 먼저 만난 교황이다. 1621년12월24일에 도착해서 28일에 이 교황님을 만나게 된다. 메리워드는 이 분께 수도회 인준을 청하고 제3초안을 드렸다. 메리워드는 혼자 갈 수가 없어서 친구 이사벨라의 친척이었던 비베스 주교와 갔으나 이 주교는 실제로는 메리워드에게 좋은 평을 한 사람이 아니었다.

'성알로이시오공자가(1568~1591)는 23세 때 흑사병으로 일찍 죽은 분이다.

1585년에 예수회에 입회하여 6년간 학생으로 생활하다가 죽게 되었다. 짧게 생활한 예수회원이었음에도 불구하고 성인품에 올랐고 지도신부 벨라르미노도성인이 되었다. 그 지도자는 먼저 죽은 알로이시오 옆에 묻히고 싶다고 청했다.

백합으로 묘사된 달콤한 '성인 알로이시오'로 생각하니 그 당시 공자가 성인은 북 이태리 만또아에 있는 큰 가문의 아들이었다고 한다. 그는 성장하면서 가문을 이어받을 교육을 충분히 받았다.

후에 예수회 신부를 알게 되는데 그때 그는 동생에게 모든 것을 다 물려주고 모든 사람들이 반대하는 가운데 예수회에 입회하게 된다. 메리워드의 입회도 생각하라고 하였다.

공자가의 어머니는 열심히 신앙을 가진 사람으로 아들이 하고자하는 뜻을 알아들었으나 아버지는 몹시 싫어 하셨고 아들이 가는 길을 반대하였다고 한다.

그래서 공자가 성인은 아버지의 허락을 받지 않고 도망 나오려고 아꽈비바 총장에게 편지를 썼을 때 총장은 도망 나오는 것을 돕는 듯 했으나 아버지를 설득시키고 입회하기를 원했다고 하신다.

1585년 아꽈비바 총장이 입회를 받아 수련을 마친 후 로마대학으로 데리고 왔다. 그가 모든 것을 떨치 입회하기까지의 어려움을 생각하라고 하기도 했다. 분명하고 강한 성격의 소유자로 세상의 가치와 그리스도의 가치를 비교하며 세상을 버린 단호한 분이셨다.

그는 수도회 입회 후 로마에서 복지 사업에 헌신한 분으로써 1591년에 로마에서 흑사병이 돌 때 많은 환자들을 돌보다가 전염되어 돌아가신다.

이웃을 사랑하는 봉사에 몸을 던진 분이시다. 그래서 그는 현재 에이즈병의 주보성인으로 공경되고 있다.

1605년 그가 죽은 지 14년인데 벌써 시복되었고 그 당시 총장이 어머니에게 아들의 죽음을 알린 편지가 아직 남아 있다. 그의 무덤에 보면 알로이시오는 왕관을 버리고 천사는 세상을 차 버리고 있음을 알 수 있다. 오늘따라 모든 것 안에서 하느님을 찾고 발견하며 모든 것을 그에게 주신 하느님을 향해 아낌없이 다시 드리고자 하는 마음이 잘 담긴 성이냐시오의 기도 '주님 저를 받으소서'가 내 가슴을 절절이 울려주고 있다.

주님 저를 받으소서

성이냐시오

주님 저를 받으소서
저의 모든 자유와 의지와
제게 있는 모든 것과
제가 소유한 모든 것을 받아들이소서
당신이 제게 이 모든 것을 주셨나이다
주님, 그 모든 것을 당신께 도로 드리나이다
모든 것이 다 당신 것이오니
온전히 당신 의향대로 그것들을 처리 하소서
제게는 당신의 사랑과 은총을 주소서
이것이 제게 족하나이다

71

귀족 가문 라테란의 성요한대성당

로마에서의 마지막 날이다. 참으로 의미 있었던 2주간의 이번 순례여정을 통해 나의 신앙생활과 영성생활에 많은 변화가 찾아올 것 같다. 안일하고 편협한 지식으로만 알아가고 있었던 예수님과 그의 사도들의 삶을 역사의 현장에 와서 폭 넓게 알아가는 계기가 되었다. 정말 지금까지잘 보존된 예수님의 행적들을 하나하나 성인들과 사도들의 삶을 통해속속들이 알아볼 수 있었다. 이번 성지순례의 여정은 내 인생에 있어 참으로 행복한 순간이었던 것 같다.

그 중에서도 특히 예수회를 창설하여 하느님을 알아가는 이들에게 영성 교육으로 영신 수련의 모토를 제공하신 성이냐시오의 거룩한 발자취를 잘 더듬어 볼 수 있어 너무 좋았다. 그의 일생을 통해 하느님을 어떻게 섬기고 돌아가야 하는지를 명명백백하게 알 수 있었다.

어찌 이쯤에서 내 영성의 발자국이 끝나랴. 이냐시오의 영성생활의정점을 찍었던 '이냐시오성당'에서는 정말 눈물이 나오고도 남았다.

마지막 순간까지도 영신 수련에 대한 연구와 공로로 몸이 쇠약 해 지시어 로마의 작은 성당에서 최후의 순간을 맞이하신 성이냐시오!

그분의 일생을 더듬어 보면서 정말 감탄의 연속이었다. 늦은 나이였지만 회심을 통하여 하느님을 오롯이 사랑하고 그 어느 누구보다도 열렬히 예수님을 사랑한 예수회를 창립하여 하느님께로 나아갔던 이냐시오, 내가 예수님이라 해도 예뻐하지 않을 수가 없었을 것이다.

하느님께로 나아가는 열성적인 자세와 사도로서의 뜨거운 사랑이 아마도 남달랐을 것이다. 아마도 정열적인 기사도 정신이 몸에 뱄기 때문이었을까?

어떻든 이냐시오의 하느님 사랑은 정말 불꽃처럼 뜨거웠고 활활 타올랐다.

오늘은 순례여정의 끝자락에서 라테란의 성요한성당을 오게 되었다.

그간 다녀 본 성당들이 모두다 예수님의 열렬한 제자 그 중에서도 성바오로, 성베드로, 성프란치스코, 이냐시오 마지막으로 성요한대성당을 찾아왔다.

성요한라테란성당은 '세례자 성요한'과 '성요한사도'에게 봉헌된 성당이라고 한다.

대성당은 성당과 그 주변의 땅이 원래 로마의 귀족 '라테란' 가문의 땅이었다고 한다. 콘스탄티누스 대제는 이 라테란의 가문의 여자 호우스타와 결혼을 하여 그를 아내로 맞아들였다고 한다. 이때 결혼 지참금으로 가져온 푸라티우스 라테라누스궁전과 그 부근의 많은 땅을 교황 실베스터1세에게 기증하였다고 한다. 이렇게 하여 이곳에 로마대주교의 대성당으로 가장 중요한 '라테란의 성요한대성당'이 세워졌으며 거의 천여 년 동안 교황들이 이 라테란 땅에서 거주하였었다.

이 성요한성당과 붙어 있었던 커다란 3층 건물은 '라테란궁전'으로 16세기 때 도메니코 폰타나가 만든 건축물이었다. 이 궁에서 1929년 2월 '바티칸'을 하나의 독립국가로 인정하는 유명한 라테란조약이 서명되기도 하였다고 한다.

현재 이 건물은 로마대주교의 본부로 사용되고 있다. 그리고 광장의 '오벨리스크'는 콘스탄티누스 대제가 이집트에서 가져온 것으로 로마의 경마장에 장식되어 있던 것을 1585년 식스투스5세의 명에 의해 이곳에 옮겨온 것이라고 한다.

지금 로마에 현존하고 있는 14개의 오벨리스크 중에서 가장 높고 가장 오래된 것이라고 한다. 나도 그 역사적인 오벨리스크 앞에서 기념사진을 찍어 두었다.

또 현관 안의 오른쪽에는 나무로 만든 성문이 있고 또 왼쪽 구석 벽 앞에는 콘스탄티누스 대제의 대리석상이 세워져 있었다. 로마에서는 결코 많지 않은 대제의 기념물중 하나라고 한다.

그리고 현관의 중앙 청동문은 기원 후 305년에 축조 된 것인데 원래 공회장의 원로원에서 사용했던 것으로 1650년에 이곳으로 다시 옮겨온 것이라고 한다. 이 성요한대성당은 개축과 증축을 거듭하여 왔으며 1650년 보로마니가 새롭게 단장을 끝낸 후 오늘에 이르고 있다고 한다. 성라테란성당은 참으로 대단한 성당이다.

72

차마 두 발로 오르지 못할 성계단성당(Scala Santa)

　　라테란의 성요한성당을 둘러 본 후 필자와 우리 순례단 일행은 건너 편에 있는 성계단성당에 도착했다. 성요한성당과 이렇게 가깝게 위치한 이 성당의 상부에는 교황들의 소성당인 '산타 산토룸'이 성계단 끝나는 정상에 자리 잡고 있었다. 이름만으로는 어떤 성당인지 알 수 없었으나 이 성당을 가려면 꼭 성계단을 올라가야만 한다.

　　그러나 그 성계단은 그냥 흔히 볼 수 있는 계단이 아니었다. 바로 예루살렘에서 예수 그리스도께서 빌라도 총독에게 재판을 받으러 올라갔던 그 계단인 것이다.

　　얼마나 치가 떨리고 심장이 두근거리던지 그 재판장으로 올라가시던 예수님의 형상이 눈앞에 그려지며 마구 눈물이 나려 했다.

　　입술을 지그시 깨물며 그 계단을 오르는데 차마 두 발로 서서 오를 수는 없다는 것이다. 그래서 이곳을 찾는 모든 순례자들은 이 성계단을 무릎을 꿇고 올라야 하는 것이다. 누가 그러라고 하는 바는 없으나 우리 모두는 차마 두 발조차 딛을 수 없는 성스러운 계단이기에 두 무릎을 꿇고 마음속으로 주님 수난을 묵상하며 올라가는 계단이었다. 엄청나게 많은 수의 계단 높이는 아니었지만 두 무릎에 체중을 싣고 기어오르기란 그것도 쉽지 않은 고행의 길이었다.

　　그러나 어찌 그 순간의 작은 고통도 참지 못 하랴. 예수님께서는 터무

니없는 죄명을 뒤집어쓰고도 차마 저항도 해 보지 못한 채 사형 선고를 받으러 올라 가셨던 사생이 교차되는 어마어마한 결단의 순간을 맞이하던 계단이 아니었던가? 그때 예수님의 처절한 심경으로 되돌아가 한 무릎 한 무릎씩 내 딛을 적마다 눈물이 비 오듯 쏟아져 내렸다.

내가 지금 역사의 한 장면 속에서 이 순간만은 예수님께서 그 어마어마한 심판을 받으러 가실 때 담담이 오르시던 그 성스런 계단 앞에 내가 있지 않은가? 그 엄중한 계단을 내가 오르고 있다니...

정말 눈물이 앞을 가렸다. 옆에서 함께 오르는 이들도 눈물을 훔치는 건 마찬가지였다. 어찌 그런 마음이 들지 않으랴! 나는 무릎이 아파오는 통증을 그래도 견디어가며 성 계단 위로 올라 왔다. 지금 오르던 계단의 돌은 예루살렘에서 그대로 가져온 돌을 나무의 옆면에 고스란히 옮겨 놓았다고 한다. 너무도 성스러워 성계단으로 이름 하였나보다. 이 성계단성당의 상부에는 교황들의 소성당인 산타 산토룸도 그 계단이 끝나가는 정상에 자리하고 있었다.

예루살렘의 로마총독부 건물에서 직접 가지고 온 28개의 대리석 계단을 보관하기 위해 기원 후 4세기에 이 성계단성당이 세워졌다고 한다.

그러나 현재의 건물은 1585년 식스투스5세에 의해 다시 세워졌다고 한다. 28개의 성계단은 예수그리스도께서 빌라도 총독에게 재판을 받으실 때 그 모욕과 굴욕스런 고통을 참아가며 오르셨던 치욕스런 계단임에 틀림없다. 그러기에 이 성계단을 콘스탄틴 황제의 어머니 성녀 헬레나가 이곳까지 옮겨온 것이라고 한다. 여기에 온 모든 신자들은 이 계단을 무릎을 꿇고 올라가면서 기도를 드리는 장면을 현지에서 직접 볼 수가 있었다. 이는 그리스도의 온갖 수난과 고통을 상기하며 그걸 기념하기 위한 성당이라 더 귀히 여겨진다. 내가 이곳 성계단성당의 계단을 직접 무릎을 꿇고 오르면서 내 가슴에 눈물로 솟구치는 시 한편을 이곳에 옮겨 본다.

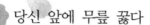

당신 앞에 무릎 꿇다

김숙자 율리아나

무엇이 당신 무릎 꿇게 했나
무슨 죄목이 당신 처형 시켰나
인류를 사랑한 게 죄라면
아픈 병자 치료한 게 죄라면
나 지금 눈떠 있을 자격도 없다

어떤 말이 당신 무릎 꿇게 했나
무슨 죄 당신 처형 시켜야 했나
목마른 자 물 주어 목축이고
굶주린 자 주린 배 채운 게 죄라면
나 지금 숨 쉴 자격조차 없다

무엇이 오늘 나 무릎 꿇게 했나
뜨건 눈물 글썽이며 오른 성 계단
주님 심판대 당당히 서신 그 계단
두 무릎 꿇고 오르면서도 모른다면
우리 두 발 땅에 딛을 자격조차 없다

73

성녀 헬레나가 세운 예루살렘 성십자가성당
Santa Croce in Cerusalemme

로마 시내에 라떼라노대성당 근처에 위치한 예루살렘 십자가대성당은 로마 7대 성당의 하나로 예수님과 관련된 귀중한 유물이 보관된 곳으로 더 유명하여 순례자들의 발길이 끊이지 않는다고 한다.

예루살렘 십자가성당에는 예수님이 태어나셨던 베들레헴과 예루살렘에서 가져온 특별한 유물이 보관되어 있었다. 예수님께서 골고타언덕으로 지고 가시던 십자가 조각 3개, 가시면류관 가시 2개, 십자가 위 팻말 조각, 그리고 토마스 손가락뼈, 예수님 탄생 마굿간 파편, 예수님 무덤 돌조각과 흙 등이 지금껏 고스란히 보관되어 있었다.

콘스탄틴 황제의 어머니 성헬레나성녀는 신심이 깊어 세례를 받고 가톨릭신자가 된 후 예수그리스도에 대한 신심과 사랑이 충만하여 성지순례를 통하여 예수님이 태어나신 곳인 베들레헴과 승천하신 장소를 기념하기 위해 성당을 세웠고 그에 관련된 성물을 수집하여 로마로 옮기기 시작하였다고 한다. 그 대표적인 곳이 '예루살렘 성십자가성당'과 '성계단성당'이라고 한다.

아들 콘스탄티누스 대제의 도움을 받아 아드리아누스가 세워놓았던 비너스신전을 허물어 버리고 그 자리에 주님의 영광을 드러내기 위한 성당을 짓는 일에 앞장을 섰다고 한다. 그렇게 시작이 된 새로운 성당은

헬레나성녀가 죽고 나서도 여러 번 개축을 거쳐 335년에야 완공을 보았
다고 한다. 그런 후 1144년 교황 루치오2세 때에는 성당이 로마네스크
양식이어서 현재의 종각을 성당에 덧붙인 것도 이 때문이라고 한다. 오
늘날과 같은 바로크양식을 띄게 된 것은 1743년 교황 베네딕도14세 때
건축가 그레고리니와 빠싸라콰에 의해서라고 한다.

헬레나성녀는 예루살렘의 성지를 복원하면서 예수님과 관계된 성스
러운 물건들을 수집하여 로마로 가지고 들어왔다고 한다. 그중의 하나
가 바로 예수님께서 죽음의 계곡 골고타언덕을 오르시며 그토록 무겁게
지고 오르셨던 성 십자가와 예수님 오른쪽에서 예수님과 똑같이 십자가
형을 받은 우측 도둑의 십자가였다. 헬레나성녀는 십자가가 너무도 크
고 무거웠기 때문에 그 십자가를 삼등분하여 하나는 당시 콘스탄티노플
에 있는 아들에게 보내고 또 다른 하나는 예루살렘 주교에게 보내고 마
지막 남은 부분은 직접 로마로 가지고 왔다고 한다. 그리하여 헬레나성
녀는 궁전에 딸려있는 큰 방을 개조하여 성당으로 만들었고 이때부터
이 성당을 예루살렘의 성십자가성당이라고 부르기 시작했다고 한다.

이 예루살렘 십자가성당 중앙 통로 위의 천장은 모두 나무로 만들어져
있으며 그 위에 성녀 헬레나와 콘스탄티누스 대제가 석고로 부조 되어있
었는데 그 모양이 천장 전체의 분위기와 너무도 잘 어울렸다.

성당 지하에 있는 성녀 헬레나소성당 바닥에는 예루살렘성지 갈보리
언덕과 예루살렘의 예수님 무덤에서 가져왔다는 흙이 수많은 세월 뒷자
락에 아직도 고대로 남아 있었다.

그리고 예수님께서 돌아가실 때 입으셨던 아마포 수의도 보관해 두었
고 십자가 옆에 기둥처럼 보이는 나무가 바로 예수님께서 매달리셨던
십자가라고 한다. 정말 심장이 멎을 것 같은 몇 순간이 지나간다.

예수님의 고통의 순간이 눈앞에 떠올라 한동안 내 정신이 혼미해졌
다.

정말 헬레나성녀는 남들이 결코 해 낼 수 없는 소중한 유품을 잘도 모아 오셨다는 생각이 든다. 제단 왼쪽 계단을 따라 들어가니 유물들을 모셔놓은 소성당(Capella della Reliquie)이 그렇게 성스러울 수가 없었다.

소성당 입구에는 그리스도의 십자가 오른쪽에 매달렸던 우도 성디즈마의 십자가 횡목도 벽 속에 보관 되어 있었다. 조금 더 올라가니 제단 뒤쪽으로 그리스도가 매달렸던 십자가의 파편과 못을 박았던 그 피 묻은 못도 하나 보관되어 있었다. 또 십자가 위에 매달렸던 예수님의 팻말 조각 그리고 심지어 예수그리스도를 믿지 못해 그리스도의 늑골에 손을 넣어 보았던 토마스의 손가락뼈까지도 모아오셨다. 더 말해 무엇하랴.

예수님께서 쓰셨던 면류관의 가시 2점까지 눈 여겨 보면서 처참함에 다시 숙연해지지 않을 수가 없었다.

그리고 심지어 그리스도가 묻힌 돌무덤을 둘러싸고 있었던 무덤 속 돌조각까지 소상하게 다 보관 되어 있었다. 성십자가 성당에 오니 예수님 안타까운 일생이 한눈에 다 보여 가슴이 쓰리고 아프다.

정말 예루살렘 십자가성당을 세운 성녀 헬레나의 신심에 감동되지 않을 사람 세상에 아무도 없을 것 같다.

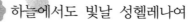

하늘에서도 빛날 성헬레나여

김숙자

하느님께 더 가까이 가고 싶어
예루살렘 되살려 낸 빛나는 성녀
아무나 볼 수 없는 가슴 저민 유품
십자가 성당에 모조리 담겨 있네

마지막 의연히 못 박히신
골고다 피 묻은 십자가 한 쪽
무덤 가로막았던 돌 한 조각
주님 몸 감싼 아마포 한 자락

피 흐른 못 자국 못 믿어
제 손 넣어본 토마스 손가락 뼈
낮은 탄생 마굿간 구유까지
십자가성당 주님 증거 유품

그 공적 하늘 향하네
아, 장하다 헬레나 큰 사랑이여
듣고도 믿지 못하겠거든
십자가 성당으로 가 보시오

74

돌풍 속의 인류를 굽어보소서

　코로나19감염병이 세계 각국으로 대유행하여 우리 인류를 큰 위험에 빠트리고 있을 때였다. 속수무책으로 늘어만 가는 희생자들을 바라보며 프란치스코 교황님께서는 특단의 조치를 내리셨다. 나날이 위험 수위를 늦추지 않고 있는 그 무서운 감염병 때문에 상상을 초월하는 숫자의 인류가 희생되어 가고 있는 광경을 더는 바라볼 수 없어 급기야 '인류를 위한 특별 기도와 축복'의 시간을 마련하셨다. 프란치스코 교황은 3월27일 비 내리는 바티칸 성베드로광장에 홀로 서서 코로나19로 고통 받는 세상을 위한 기도를 시작하셨던 것이다. 그 너른 광장이 텅 비어 있었기에 교황님께서 혼자라는 사실이 더 두드러졌다. 비록 교황님 혼자 이셨지만 전 세계 13억명의 가톨릭 신자가 모두 함께 참여했기에 그 어느 때보다 가득 찬 광장이었고 더 거룩한 시간이라 생각되었다. 정말 감동이었다. 혼자서 텅 비어 적막하기 그지없는 그 광장을 뚜벅뚜벅 걸어가시는 모습이 마치 이 세상 모든 아픔과 고통을 홀로 다 짊어지고 가시는 것처럼 보였다. 인류 전체의 고통과 함께하는 아버지와도 같았다.

　그 모습에서 가장 크게 외로움이 느껴졌고 십자가를 지고 가신 주님의 외로움을 교황님께서 절실히 느끼시며 걸어가시는 듯해서 마음이 더 아파오기도 했다. 비가 내리고 있어 상황은 더욱 더 애잔했다. 비는 주님의 은총을 상징하기도 한다. 이 어려운 시기에도 주님의 은총이 이렇게 내리고 있구나 하는 생각이 들기도 했다. 교황님의 무겁고 불편하신 발걸음을 보면서 진정한 사목자가 걸어야하는 길은 저렇게 외롭고 어려운 길이라는 것도 다시 한번 깨닫게 되는 시간이었다.

교황님께서 직접 제안한 '인류를 위한 특별 기도와 축복'의 시간은 그래서 더욱 절실하게 우리에게 다가왔다. 진정한 신앙인의 모범을 보여주시고 계시다는 생각도 들었다.

뭐니 뭐니 해도 위기와 절망에서 신앙인이 가장 먼저 해야 할 일은 기도이다.

교황님께서는 그날 혼자 기도하시는 게 아니라 세계 모든 교우들과 주변에 뜻을 같이 하는 이들과 함께 기도하는 모범을 보여주셨다.

교황님은 보편교회의 수장이시면서 전 인류의 영적 정신적 지도자이시다. 전 인류가 아파하는 고통을 하느님 아버지께 솔직히 말씀드리고 어떻게 해야 하는 지 진솔하게 묻는 모습을 보여주신 것이다.

이날 전례는 시작 기도와 복음(마르코4,35-41)낭독 그리고 로마와 전 세계에 보내는 축복(우르비 엣 오르비)을 로마시민들의 안위이신 성모와 성마르첼로 성당십자가 앞에서 아주 절절한 기도와 성체 현시 그리고 성체 조배, 성체 강복의 순으로 한 시간 가량 진지하게 진행이 되었다.

교황님은 로마와 전 세계에 보내는 축복에서 우리 모두의 '연대와 희망'을 강조 하셨다. 우리나라 시간으로는 한밤중 2시에 참여하는 기도이지만 필자도 함께 하고 싶어 그 시간을 기다려 그 축복 시간을 교황님과 함께 했다. 진심으로 함께 참여하고 기도하고 있어 그런지 더욱 공감대가 크게 느껴졌다.

교황님께서는 우리 인류가 처해 있는 이 위험의 시간들을 "돌풍으로 모든 것이 난파하는 것처럼 보이는 그 시간에 주님께서는 우리를 부르시고 연대와 희망을 가동하라고 초대하신다."라고 말씀 하시면서 "십자가 안에서 구원된 우리에겐 희망이 있다"는 말씀도 강조하셨다.

교황님께서는 '왜 겁을 내느냐?' 아직도 믿음이 없느냐?'(마르 4,40)라는 복음 구절을 언급하시면서 "주님, 저희에게 믿음을 가지라고 호소하시고 야단치십시오. 당신께 가서 의지하도록 저희가 믿게 해 주십시오."라고 절절하게 기도를 하셨다.

80이 넘으신 고령의 교황님께서는 아픈 다리를 절룩거리시면서 힘겹게 그리고 절실하게 기도를 하셨다

그리고 코로나19에 맞서 싸우고 있는 의료진, 마트 직원, 미화원, 간병인, 경찰, 자원봉사자, 사제와 수도자 등을 다 기억하고 계셨다.

"많은 이들이 매일 공포심 대신 공동 책임의 씨를 뿌리려고 애쓰면서 희망을 퍼트리고 있다"면서 기도와 조용한 봉사는 우리를 승리하게 돕는 무기라고 말씀하셨다.

교황님께서는 "하느님과 함께라면 생명은 결코 죽지 않는다."라고 강조를 하신 뒤에 "성모님의 전구로 주님께 여러분 모두를 맡긴다."면서 로마와 온 세계에 하느님 축복이 위로와 포옹처럼 내리기를 진심을 다해 기도하셨다.

그러고 나서 로마와 전 세계에 보내는 축복을 마치신 교황은 로마 시민들의 안위이신 성모가 그려진 성화와 성마르첼로 성당십자가 앞으로 걸어가시어 그 앞에서 주룩주룩 궂은비를 맞으시며 또 기도를 바치셨다. 마르첼로십자가 위에서부터 흘러내리는 빗줄기가 피흘림으로 비쳐지며 계속 흘러내리는 순간을 함께하니 내게도 핏빛 고통이 고스란히 느껴졌다.

로마의 교회에 큰 일이 일어날 때마다 신자들은 '도움의 성모님'께 도움을 청하곤 했다. 그날도 교황님은 그 전통에 따라 성마르첼로 성당십자가는 1522년 로마에 번진 흑사병을 물리친 기적의 십자가로 불린다고 하셨다.

그 당시에 신자들이 이 십자가를 들고 참회 행진을 한 뒤 그 무섭던

흑사병이 잦아들게 되었다고 전해진다. 교황님께서는 3월15일에도 텅 빈 로마 거리를 걸으며 성마르첼로성당을 방문해 기도를 하셨다고 한다.

그만큼 이번 코로나19감염병으로 인한 로마의 확진자와 사망자가 그 위험 수위를 넘어가고 있었기 때문에 내려진 특단의 조치였다고 생각된다. 그날 밤 많은 신자들은 같은 시각에 그 특별 기도에 동참하며 같은 아픔과 위로의 시간을 가진바 있다. "십자가 안에서 구원된 우리에게는 희망이 있다."면서 우리는 주님을 믿고 의지하며 코로나19 위기를 극복해 나가기를 거듭 당부하셨다.

정말 지구촌 많은 가톨릭 신자들과 함께하는 희망과 축복이 깃든 값진 기도 시간이었다. 오래오래 머릿속에서 쉽게 지워지지 않을 것 같다.

이 날 교황님은 혼자였지만 결코 혼자가 아니셨다. 전 세계에 생중계된 교황의 모습을 지켜본 전 세계 모든 이들이 교황님과 함께 하였다.

교황님께서는 주님께서 배를 타고 호수를 건너는 도중 거센 풍랑을 가라앉히시는 마르코복음을 강론하셨다. 교황님께서는 풍랑을 만난 제자들의 모습과 지금 코로나19로 인해 위험에 빠진 현재 우리 인류의 상황을 조심스레 연결시키시며 우리가 처한 위기를 타개해 나갈 통찰을 안겨주시기도 했다. 더불어 참기 힘든 아픔을 겪고 있는 모든 이와 함께 하신다는 절절한 기도를 통해 깊은 감동을 안겨주셨다.

인용하신 복음구절도 탁월하셨지만 교황님의 통찰력에 더욱 놀라웠다. 강론의 첫 구절이 '저녁이 되었다(마르 4.35)'로 시작하셨는데 그 비유가 어찌나 적절하신지 요즈음 우리 사회가 코로나19로 인해 캄캄한 저녁이 되어버린 것 같다는 말씀을 들으며 나는 갑자기 예수님의 "빈무덤"이 생각이 났다. 이른 새벽 여인들이 찾아갔던 동굴 안 예수님의 빈 무덤처럼 느껴졌다. 아주 어둡지 않은 이른 새벽은 저녁과 비슷하였기 때문이다.

우리 인류에게 구원과 희망의 빛이 필요한 지금과 너무도 일맥상통하였다.

환난 속에서 부활의 기쁨이 참으로 절실한 요즈음이라 생각되어 교황님의 특별기도는 전 인류를 위한 희망의 생명수였다고 생각된다. 그리고 지금 우리가 처한 극심한 돌풍 속에서 허우적이는 우리 인류를 꼭 구해내시리라는 굳건한 믿음도 생겨났다.

chapter 14

불안과 두려움이 깊을수록 희망을 노래하라
(로욜라 성이냐시오 순례여정을 마치고)

성경 공부를 하면서 조금씩 더 하느님께 가깝게 다가가고 싶다는 영성에 대한 호기심이 생기기 시작했다. 그래서 대전 예수 수도회에서 영성 교육을 주관하는 영성대학에 들어가 1년 동안 이냐시오 영성에 대한 이론 공부를 하게 되었다. 그러나 이론만으로 배웠던 공부의 한계를 더 채워줄 근사한 실전 프로그램이 내 호기심을 부추겼다. 때마침 1학년 학습을 끝내고 겨울 방학 중에 영성대학에서 '로욜라 이냐시오와 함께하는 순례여정'이란 프로그램으로 스페인, 포르투갈, 이탈리아 3개국을 현장 체험하는 순례여정이 준비되어 필자도 기쁘게 동참하기에 이르렀다.

나는 이렇게 좋은 기회가 또 없을 것 같아 곧바로 신청을 하여 금쪽같은 이 순례여정에 함께 참여하게 되었다. 이냐시오 영성을 가르치시는 수녀님께서는 정말 최선을 다하여 가르쳐 주셨건만 이론 학습만으로는 결코 채워주지 못한 그 벽을 이번 현장 순례 학습에서 말끔히 채우고 오게 되었다. 아니 그 이상으로 이냐시오의 발자취를 더듬어보는 그 순례길 속에서 하느님 사랑이 더 뜨겁게 불타오르는 계기가 되었다.

대전 예수 수도회에서 운영하고 있는 '영성대학'에서 주관한 2주간의 '로욜라의 성이냐시오와 함께하는 순례여정'은 그야말로 영성을 공부하고 있는 필자에겐 금상첨화의 시간이었다. 예상 했던 대로 얼마나 뜻깊은 여정이 되었던지 지금 막을 내리는 시점에 도달 했지만 벌써부터 다시 그리워지려 한다.

로욜라의 성이냐시오와 함께 하는 뜻깊은 이 순례여정은 정말 나에게 아니 우리 함께 했던 일행 모두에게 만족스러운 피날레를 장식한 것 같다.

이 순례가 이토록 보람되게 끝을 맺을 수 있었던 것은 순례여정의 전 과정을 주도했던 '예수 수도회' 두 분 수녀님 박경희 도나타수녀님과 장길선 마리아수녀님 그리고 김연수 스테파노 지도신부님의 주도면밀한 계획 덕분이었던 것 같다. 이번 이 순례여정이 '예수 수도회'에서 진행한 세 번째의 여정이어서 그런지 몰라도 정말 한 치의 오차도 없었다. 그토록 철저히 준비한 '사전 탐구'와 '보완' 그리고 빠질 수 없는 '기도의 힘'으로 이루어진 순례여서 그런지 프로그램 모두가 감동이었다. 그 중차대한 2주의 계획을 가지고 머나먼 스페인, 이탈리아, 포르투갈 세 나라의 현지를 온전히 정해진 그 시간 안에 돌아 올 수 있었다는 것은 정말 하느님의 보살피심과 이끄심이 함께 하지 아니했다면 어려웠을 것이다.

2020년2월3일 월요일 새벽에 출발하여 2월16일 일요일 오전 인천공항에 안착한 이 순례여정은 좀 타이트 하긴 했지만 우리들에게 온통 은총과 축복의 나날들이었다.

성이냐시오의 고향 스페인 바르셀로나에서 만레사, 몬세라트를 거쳐 사라고사, 예사, 팜플로나를 거쳐 이냐시오의 생가 로욜라와 부르고스 그리고 산티아고 데 콤포스텔라에 도착한 감동은 이루 말할 수가 없었다. 그리고 순례 절반 정도의 정점을 찍고 다시 스페인국경을 넘어 포르투갈로 건너가서 '파티마성모발현지'를 돌아 나와 다시 성이냐시오가 늦은 나이로 학업에 열정을 불태운 살라망카를 거쳐 아빌라성에 도착했다. 그곳에서는 성녀 대 데레사의 생가와 기념성당과 함께 대 데레사의 영혼의 성과 완덕에 이르는 길을 샅샅이 돌아볼 수 있었다.

그리고 스페인의 옛 수도 톨레도에서 톨레도대성당과 산토토메성당을 거쳐 현재의 수도 마드리드에 도착한 후 이탈리아의 수도 로마로 다시 돌아오게 되었다.

로마에서는 성인들의 고향인 아씨시에서 성프란치스코와 성녀 클라라성인을 만나보았고 아씨시를 돌아 나와 가톨릭의 본원이 있는 바티칸 그리고 로마에 있는 주요 성당들과 이냐시오성인이 마지막 생애를 끝마친 예수회성당도 돌아보았다.

이곳에서는 왠지 이냐시오가 한 발자국 한 발자국 모두 하느님 사랑에 온 몸을 불태우다가 쇠잔해진 몸으로 로마의 '예수회'에서 그의 생애를 끝마쳤다는 '이냐시오 방에서는 그냥 눈물이 소리없이 흐르며 온통 가슴이 울컥 해졌다. 끝으로 교황님이 계시는 바티칸박물관을 돌아나와 이냐시오성인이 교황님께 예수회의 승낙을 받기 위해 그의 동지들과 피땀으로 돌았을 로마의 7개 성당을 모두 돌아보는 과정으로 순례여정은 끝을 맺었다.

아, 정말 생각만 해도 성이냐시오의 영성과 그분의 숨결을 현지에서 그렇게 절절하게 잘 배울 수가 없었다. 순례가 끝을 맺어 이제 각자의 집으로 돌아온 우리는 이렇게 뿌듯하고 행복할 수가 없다. 생각해보면 너무도 숨 가쁜 일정이었지만, 이냐시오의 숨결이 담긴 그 많은 지역을 짧은 2주 동안에 숨가쁘게 함께 보고 듣고 느끼며 돌아왔다는 사실은 결코 우리만이 이루어 낸 쾌거가 아니다. 이건 순전히 출발 계획서부터 도착의 마지막 순간까지 마음 졸이며 함께 기도하고, 함께 준비하며 우리가 함께 이루어낸 우리 모두의 은총의 결과인 것 같다.

정말 2주간에 어떻게 이런 많은 곳을 잘 다녀 올 수 있었을까?

이냐시오성인께서 나고 자란 고향 로욜라성과 전쟁터에 나가 다치고 돌아온 팜플로나와 그 치료과정 속에서 마주하게 된 책 성인 열전과 그리스도의 생애를 만났던 로욜라성에서 이냐시오는 회심에 들어가게 된다. 이냐시오는 로욜라에서 회복 기간 중에 인생의 여정을 바꾸어 성공의 회관을 쓰게 하는 동기가 되었다. 지금까지의 모든 편안한 일상에서 과감히 벗어나 하느님의 기사가 되기 위해 '회심'에 들어간 이냐시오는 드디어 눈, 비바람마저 막을 수 없는 차가운 만레사 동굴에서 걸식을 하다시피 하며 오로지 하느님을 찾고 발견하는 '영적 체험' 과정을 체득하며 그간 영예로 빛나던 궁정기사로서 생명 같았던 장검을 몬세라트 베네딕도수도원 '검은성모님'께 바치고 이냐시오와 예수회 동지였던 하비에르성을 거쳐 다시 이냐시오가 나고 자란 로욜라성을 돌아 뒤늦게 후배들과 공부했던 살라망카대학가를 돌아보며 이냐시오성인의 사도적 열정과 학구열에 한없이 고개가 숙여졌다.

성이냐시오는 공부를 하는 가운데서도 예수회 동지를 하나, 둘 만들어가며 급기야 서원을 하기에 이르렀고 기어이 예루살렘으로 돌아가 예수님과 똑 같은 처지의 실천을 하려고 꿈을 꾸었으나 하느님의 깊은 뜻은 그곳에 있지 않은 것 같았다.

이냐시오는 다시 로마로 돌아와 다시금 이곳에서 예수회 동지들과 함께 힘을 합쳐 교황님께 '예수회'를 승낙받기에 이르렀고 그는 예수회 초대 총장을 지내게 되었다. 그러면서도 로마에서 예수회 회원들을 교육하여 여러 곳에 파견시키며 예수회를 확장시켜 나갔다. 그러면서 그의 동지들과 함께 세계로 예수회를 파견하며 하느님의 추종자로서 사랑으로 충만한 영신 수련의 교육을 담당하기에 이른다.

이곳에서 이냐시오는 하느님께서 부여 해주신 삼위일체의 정신으로 하느님 사랑을 돈독하게 느낄 수 있었다.

우리 순례단 모두는 아무 사고 없이 성이냐시오의 발자국을 따라 그분의 거룩한 영성을 배우기 위한 순례 일정을 잘 소화 해 내고 무사히 고국에 도착할 수 있었음을 정말 감사하게 생각한다. 이번 순례여정은 매우 만족한 순례여정이었다고 모두 입을 모을 정도이다.

필자가 재작년 가을에 산티아고로 도보 순례를 다녀 온 후에 '침묵의 그 길에서 나를 찾다.'라는 책을 쓸 수 있었던 것도 다 하느님의 이끄심이었던 것 같다. 이번에도 이냐시오 영성을 배우기 위한 순례여정에서도 그때 못지않은 나만의 보람이 이 여행기를 부추길 수밖에 없었다.

그러나 산티아고를 향해 도보 순례를 하며 긴 거리를 하느님 숨결을 침묵 속에서 느껴가며 걸어본 그 사랑과는 약간 성격은 다르지만 하느님을 향하고 하느님의 숨결을 느끼는 과정엔 두 종류의 순례가 다르지는 않았다. 그러나 이번 순례는 이냐시오성인의 영성을 중점으로 더 더듬어 보았다는 것이 좀 다를 수 있겠지만, 궁극적으로는 다 하느님께로 향해가는 여정을 더듬어 보며 하느님을 찾아 나서는 순례여정은 다 같은 길이었다고 생각된다.

다만 이번 순례여정은 이냐시오 발자국을 따라 이냐시오 영성의 체취를 느끼며 여러 곳곳 현지를 많이 돌아보며 순례를 하였기에 조금은 더 많이 힘들고 어려운 과정임에는 틀림없었다. 그러나 종착역은 모두 하느님께로 돌아오는 여정이어서 다를 수가 없다.

다만 도보 순례는 걸으며 내적 침묵 속에서 하느님의 존재를 혼자서 찾아 헤맸고 이번 순례는 여러 사람이 여러 지역을 함께 발로 찾아다니며 그곳에서 하느님의 숨결을 눈으로 가슴으로 느끼는 여정만 조금 달랐지만 종착역에서는 하느님 숨결에 매료되고 도달되어 하느님 사랑에 더 가깝게 도달되는 어쩌면 본질은 같고 무늬와 색깔만 조금 다른 하느님께로 다가가는 친교의 과정이었다고 생각 된다.

이번 이냐시오 순례여정은 가는 곳 마다 신선한 충격이었고 우리가 영성대학에서 배웠던 이론 학습에서 직접 실제의 현장학습을 통하여 보고 느낀 여정이라 정말 가는 곳마다 이냐시오와 기쁘게 만날 수 있었고 가는 곳마다 이냐시오의 숨결이 남아 있어서 반가웠고 이냐시오의 영성에 좀 더 쉽고 가깝게 접근 할 수 있었다고 생각된다.

다가오는 2학년 수업에서는 더 따사롭고 친근감 있게 이냐시오성인을 만날 수 있을것 같다. 정말 내 인생에 두 번 다시 또 올지도 모르는 '로욜라성이냐시오와 함께하는 순례여정'은 정말 행복하고 감동스러웠다

끝으로 성이냐시오에게 감사하는 마음으로 로욜라의 성이냐시오의 기도를 이 책을 대하는 모든 이들과 함께 기도하고 싶다

로욜라의 성이냐시오의 기도

사랑하옵는 주여
제가 너그러워질 수 있도록
가르쳐 주소서

당신을 섬기되
마땅히 받으실 만큼 섬기도록
가르쳐 주소서

주되 그 대가를 셈하지 아니하고
싸우되 상처받음을 마음에 두지 않으며
땀 흘려 일하되 휴식을 찾지 않게 하소서

힘써 일하되
당신의 뜻을 행하고 있음을 아는 보수 외는
아무것도 바라지 않도록 가르쳐 주소서

75

이냐시오 순례여정 후 우리들 카톡 속 후일담

박경희 도나타수녀님 : 순례여정 함께 해 주신 모든 분들께 감사드립니다. 가는 곳곳마다 받았던 선물을 되돌아보며 주님과 함께 행복하게 살아가요. 한 분 한 분이 좋은 몫을 지니고 계셔서 고마웠습니다. 3월14일에 모두 다시 만나요. 편히 쉬세요.

손인옥 사비나 : 네, 알겠습니다. 신부님, 두분 수녀님들 모두 다 감사드립니다. 성지순례 다녀온 힘으로 열심히 집 정리하고 있습니다.

김연수 스태파노신부님 : 손인옥 사비나님 감사합니다.

이희수 세라피나 : 신부님, 수녀님들 정말 고맙습니다. 모두들 함께여서 행복한 순례여정이었습니다.

권구연 데레사 : 이제 막 도착 했는데 또 가고 싶네요. 아름답고 행복한 순례였습니다. 신부님, 수녀님, 순례단원 한분 한분 모두 감사했습니다. 3월14일 뵙겠습니다.

김연수 신부님 : 이희수 세라피나, 권구연 데레사. 밀린 업무 처리중입니다. 감사합니다.

배정이 리디아 : 답톡이 늦었습니다...ㅠㅠ 이런 저런 일로 하루하루가 갔네요. 순례여정동안 큰 일없이 마칠 수 있게 돌봐주신 주님께 감사드리며 마음을 담아 매일 미사해 주시고 예쁘게 사

진 찍어주신 신부님, 크고 작은 일들을 세심히 신경 써 주시고 도움주신 도나타 수녀님, 그냥 옆에 계시기만 해도 든든했던 장마리아수녀님, 고맙고 감사드립니다. 가는 성지마다 배움의 열정으로 반짝이던 눈빛과 함께 나누었던 시간들... 오랫동안 기억에 남을 듯합니다. 3월의 만남을 기다리며 모두 모두 건강하시길 기도드립니다.

김숙자 율리아나 : 너무나 밴드를 늦게 보아 죄송합니다. 코로나19 때문에 그 모든 추억을 가슴에만 담고 있으려니 너무나 많은 추억들이 눈앞에 아른거립니다. 수녀님, 모든 계획서부터 우리가 끝까지 순례여정 마칠 때까지 마음 많이 졸이셨지요? 그러나 매일매일 공부하고 있는 저희에게는 너무도 살아있는 공부였답니다. 코로나19가 좀 잠잠해 질 때까지 건강 조심하세요. 김신부님, 장마리아수녀님, 박경희 도나타수녀님! 정말 고생 많으셨습니다.

강문영 아네스 : 지나온 모든 순례여정에 감사드립니다. 아멘!

배정이 리디아 : 오늘도 삶의 부활을 향해서 출발!

박경희 도나타수녀님 : 암울한 분위기에서 부활하신 주님께서는 빛이 되어 오신답니다. 서로 이해하고 배려하는 기회를 배우며 일상의 삶의 소중함을 절실히 느끼게 되지요. 모두들 서로에게 도움이 되는 공동선을 찾아 주님 안에 머무시길 기도드립니다.

최복희 모니카 : 모두 부활의 기쁨을 나누어요.

김연수 신부님 : 부활 축하드려요. 우리의 일상의 소중함을 느낄 수 있을 때 비로소 부활을 맞이할 수 있겠지요. 모든 사람들이 슬기롭게 인내를 가지고 잘 이겨나갈 수 있도록 기도합니다.

손인옥 사비나 : 살아계신 생명의 빵 당신 안에서 사랑만을 생각하고 실천 할 수 있는 힘을 주소서!

배정이 리디아 : 생명의 빵을 주시는 주님께 감사를 드립니다.

이희수 세라피나 : 아멘! 생명으로 오시는 분 찬미 받으소서.

김숙자 율리아나 : 우리 순례단들의 모임이 자꾸 늦어지고 있네요. 코로나가 더 잠잠 해져야 될 텐데 모든 교육기관들이 걱정이네요. 우리집에도 초등학교 1학년 손주가 있는데 신입생의 부푼 3월이 자꾸 지나가고 있네요. 우리 학우님들 보고 싶어도 꾹 누릅시다. 보고픔이 그리움이 되는 이때...

민순임 레지나 : 김숙자 율리아나 형님, 사진 감사해요. 좋은 인연 좋은 만남 형님으로 하여금 12박14일 너무 행복하고 즐거웠답니다. 저도 모르게 예쁜 사진 감사합니다.

김숙자 율리아나 : 레지나 동생 잘 도착했지? 시차 극복도 잘 하고 있는지? 언니는 건강하니 아무 걱정 말아요. 시차 적응 좀 잘 하고 나서 반가운 목소리로 또 만나요. 사랑해. 그리고 이번 순례여정에서 동생을 만나서 너무 뜻깊은 것 같아. 함께 동행한 남편, 내친구된 형제님에게도 안부 전해줘요.

민순임 레지나 : 네, 감사해요. 메시지 보니까 형님 목소리가 들리는 듯하네요. 씩씩한 모습과 함께요. 오랜만에 가족들 만나서 좋으시죠? 저는 그동안 진통제로 보내다 안먹으니 온몸이 내 몸이 아니네요. 이제는 다시 삶으로 돌아와서 열심히 살아야 되는데, 암튼 행복하고 즐거운 하루 되세요.

박근순 비비안나 : 형님! 건강하세요.

김숙자 율리아나 : 응, 나는 건강해요. 비비안나도 아프지 말고 잘지내기를! 코로나19가 우리 모두의 발목을 잡네. 비비안나도지?

박근순 비비안나 : 네. 자꾸만 지난 시간이 그리워지네요. 그리고 순례 기간 동안 한방을 쓰며 순례 기간 동안 함께 지내게 되어 너무 기뻤어요.

김숙자 율리아나 : 자꾸만 지난 시간들이 그리워지네. 보고싶당!

배정이 리디아 : 추억의 사진 보냈어요. 후반에는 사진이 별로 없네요.
　　　　　　　 담주에 만나요.

최복희 모니카 : 고마워요.

김숙자 율리아나 : 이쁜 레지나 동생! 요즈음 성당에도 못 나가고 어찌
　　　　　　　 지내는지? 우리는 주일 미사마저 집에서 보고 있어. 신부님 강
　　　　　　　 론은 톡으로 보내주시고, 그러나 성체를 영하지 못하기 때문에
　　　　　　　 미사성제 같지는 않지? 그런데 이 틈새에 어찌 하겠어? 우리
　　　　　　　 가 빠져나온 이탈리아 좀 봐. 사망이 3백 명에 가깝잖아. 우리
　　　　　　　 정말 은총 받았어.
　　　　　　　 너무너무 감사해. 어서 이 악마 같은 코로나19가 지나가고 우
　　　　　　　 리 반갑게 만나자. 그간 잘 지내. 안녕요!

김포 민순임 레지나 : 저도 남편하고 그 얘기 했어요. 너무 잘 다녀왔다
　　　　　　　 구요. 코로나19 때문에 저도 오랜만에 책도 보고 멍 때리고 방
　　　　　　　 콕하고 있어요. 빨리 코로나19 끝나길 기도도 하구요.

이희수 세라피나 : 예쁜 사진 찍느라 수고했고 고마워요.

손인옥 사비나 : 지금 계속 찾아보고 있는데 안 보이네. 본 것 같은데.

이희수 세라피나 : 그날 그 앞에서 너무 재미있었죠!

강문영 아네스 : 율리아나 자매님 모습이 살짝--

김숙자 율리아나 : 감사합니다. 주인공은 아니어도 파티마의 조연도 담아
　　　　　　　 주신건 영광이고 추억입니다. 휴식 좀 더 취하세요.

강문영 아네스 : 나는 종소리가 좋아서 담은거예요. 영상은 조잡하지만
　　　　　　　 함께해 주셔서 감사합니다.

김숙자 율리아나 : 신부님, 잘 들어가셨나요? 저희는 이제 대전 진입하
　　　　　　　 여 수도회로 가고 있습니다. 차속에서 신부님 사진 몇 장 우선
　　　　　　　 보내 드립니다. 순례기간 동안 의미 깊었고 참 행복했습니다.

신부님 고생 많으셨는데 편히 휴식 취하세요.

김연수 스태파노신부님 : 저는 잘 도착하였네요. 함께해서 즐거운 성지 순례였습니다. 사진이 참 멋지네요.

김숙자 율리아나 : 신부님 때때로 스냅 장면이 더 있을 것이오니 더 보내드릴게요. 어서 여독 잘 풀으시옵소서. 이번 순례 일정 모두는 주님의 은총이었고 신부님의 사랑 어린 기도의 결과임을 잘 알고 있답니다. 이 모두의 순례여정 오래오래 추억 되어 곱게 흔들릴겁니다.

김연수 스태파노신부님 : 감사합니다.

김숙자 율리아나 : 우리 이번 스페인 ,이탈리아, 포르투갈 함께 순례한 순례팀! 우리는 이번 얼마나 은총 받은 사람들인지 아시겠지요? 지금 우리가 떠나 온 후 이탈리아와 스페인 좀 보세요. 우린 반드시 은총받은 몸들입니다. 좀 더 방콕 하세요. 우리 영성 공부도 지금 코로나19 조짐으로 본다면 4월에나 가능 할 것 같네요. 곧 연락 주시겠지만 그렇게 되어야 맞을 것 같아요. 이건 어디까지나 제 생각입니다. 좋은 시간들 보내세요.

손인옥 사비나 : 네. 마치 이스라엘민족이 하느님의 도우심으로 이집트의 추격을 피하여 갈라진 홍해바다를 건너듯이 저희 순례의 시작과 끝이 그랬습니다. 그러나 그렇게도 맑던 청정지역, 특히 깊은 카톨릭국가인 이탈리아, 스페인등이 특히 코로나19바이러스가 더 심해지고 있다니 정말 마음이 아파요. 하루 속히 온 세계가 이 환난에서 벗어나기를 기도합니다. 학우 여러분! 오늘도 주님을 깊이 만날 수 있는 은총의 하루 되소서!

김숙자 율리아나 : 맞아요. 지금 이탈리아와 스페인 전역의 사정을 감염병이 휩쓸고 있지만 분명 환난 같아요. 하루에도 그 수많은 사망자들의 명복도 빌어야겠어요. 하루빨리 코로나19 악마의

발톱이 멈추었으면 좋겠어요.

자작나무숲 : 참으로 안타까운 사태입니다. 김숙자 율리아나의 베란다 정원이 참 풍성하네요.

손인옥 사비나 : 김숙자 형님네 정원 너무 멋져요. 저희집 화단은 새싹 보리, 아기상추 등등이 자라고 있습니다.

배정희 리디아 : 화단 멋지네요. 정성이 대단하십니다. 좋은 먹거리도 있고 훌륭하네요.

이희수 세라피나 : 다들 코로나19가 위험한 시기인데 화단들 다 멋지십니다.

손인옥 사비나 : 사실 나는 제 책상에서 바라본 풍경입니다. 성경 필사를 세 번하셨다는 우리 최순옥 마리아 형님을 본받아 이번 코로나 환난기간 동안 신약 필사 완성에 도전! 말씀과 함께 하니 많이 힘이 되네요.

자작나무 숲 : 손가락 아프실 텐데 저는 지금 신약 완독하고 묵상하고 있습니다.

손인옥 사비나 : 굿! 굿! 완독은 예언서 중심으로 예정입니다.

배정희 리디아 : 손인옥 회장님네도 분위기가 굿!
절로 성경 통독, 필사가 되겠어요. 너무 좋아요.

김숙자 율리아나 : 모두들 이 시기를 성경 말씀과 성서 쓰기 등으로 잘 보내고 계시네요. 우리 영9기 회원님들 파이팅!

손인옥 사비나 : 지혜로운 이탈리아 할머니, 우리도 개강하면 윙크로 인사해요. 아쟁과 건반의 만남 가슴이 절절 하네요. 모르고 지냈던 일상이 감사... 그리움... 그럼에도 시간을 통독과 필사와 묵상과 성찰로 더욱 깊어지는 우리 영9기 파이팅!

김숙자 율리아나 : 스페인 아빌라대성당 종탑 위에 재두루미가 둥지를 틀고 높은 종탑 위에 앉아 있는 모습을 시로 옮겨 보았습니다.

종탑 위의 재두루미

김숙자

고고한 자태로 앉아 있는 건
값진 성찰의 시간이구나
잿빛 미사보 드리우고
하늘 향한 뜨거운 갈망
값진 관상의 시간이구나
매일 청아한 종소리 들으며
복음 말씀 몇 권 독파 했니
날마다 심오한 묵상의 시간
달디 단 생명 말씀 품으며
복음 나래 활짝 펴겠구나

듣고, 또 들어도 진리에 찬
주님 말씀 그 종탑 위에선
더 거룩히 들리겠구나
나는 언제나 너처럼
깃털같이 가벼워진 몸으로
하느님 가깝게 날 수 있을까

자작나무 숲 : 참 아름다운 시네요. 대단한 재능을 가지셨습니다.

이희수 세라피나 : 역시 최고!

손인옥 사비나 : 저도 그곳이구나라고 생각했지요.

김숙자 율리아나 : 로욜라성이냐시오와 함께 하는 순례여정에 학우 여러분들의 뜨거운 관심과 사랑 정말 감사 했습니다. 특히 순례여정을 잘 이끌어주신 김연수 스태파노신부님과, 박경희 도나타수녀님, 장 마리아수녀님, 모두 너무 수고 많으셨습니다. 이번 로욜라의 성이냐시오와 함께하는 순례여정은 우리 영성에 큰 도움이 될 것입니다. 하루빨리 코로나19천염병이 종식되기를 기도하는 마음으로 순례 후 카톡은 여기서 끝을 맺을까 합니다. 감사합니다.

십자가 위에 피어난 아름다운 부활의 꽃

로욜라의 성이냐시오 순례여행기가 끝나갈 무렵은 코로나19가 전국뿐만 아니라 세계적인 대유행을 넘어 온 지구촌을 휘감으며 세계가 몸살을 앓고 있는 때였다. 2020년 암울한 3월부터 지금까지 모든 학생들마저 신학기 입학과 등교를 뒤로 자꾸 미루어가며 두려운 코로나 감염 예방 치료 방책에 교육계뿐만이 아니라 전국이 비상시국이 되어 있었다.

필자는 '이냐시오 순례여정'에서 돌아와 그 귀중했던 2주의 시간을 되돌아보니 감염병으로 인한 비상시국만 제외한다면 분명 내게 그 시간은 오롯이 은총의 시간이었다고 감히 말할 수 있을 것 같다.

아니 내 인생에서 정말 뜻깊고 복된 시간이었다고 자부도 하고 싶다.

이 모든 시간들을 곰곰이 생각해 보니 그 황금 같은 시간들은 모두 나에게 거룩한 성작을 닮아가는 아름다운 영성의 시간이었다고 감히 회고를 하고 싶다.

내가 이번 로욜라성이냐시오와 함께 했던 모든 순례 지역들을 눈을 감고 지도상에서 한곳한곳을 조심히 더듬어 보게 되었다.

세계 속으로 발자국을 내딛으며 다녀온 스페인의 곳곳과 포르투갈, 이탈리아의 이곳저곳을 지도 위에서 가만히 눈을 감고 거닐어보니 내 눈앞에 어렴풋이 '성작의 모습'이 어른거리고 있다. 왜 이럴까? 하고 반문을 하며 다시 또 내딛었던 발자국을 지도 위로 또 옮기기만 하면 내 눈앞에는 거룩한 '성작'의 모습이 선연하게 떠오른다.

곧바로 내가 다녀온 스페인, 포르투갈, 이탈리아의 이곳저곳의 지도를 펼쳐보다가 잠시 위쪽으로 지도를 다시 세워보았다. 아뿔사! 아까

내 눈앞에 아른거렸던 거룩한 '성작'의 모습은 더 뚜렷하게 내 앞에 그려지는 게 아닌가? 다시 한 번 지도위로 내가 다녀온 곳곳에 점을 찍어가며 이어보니 마음속으로 여러 번 그려지던 그 점선의 그림은 '거룩한 성작'의 모습으로 눈앞에 선명하게 나타난다. 세계지도에서 이탈리아에서부터 스페인, 포르투갈 내가 다녀왔던 순례지역을 점선으로 이어보니 내 눈에는 여전히 거룩한 성작의 모습으로 떠오른다.

내가 다녀온 세 나라 이탈리아, 스페인, 포르투갈지역 중 순례자 되어 내 발자국이 찍힌 지역만을 연필로 이어놓고 오른쪽으로 잠시 세워봤을 뿐인데 왜 그렇게 내 눈에 점선으로 따라 돌아 나온 그곳 모두를 이어보니 이건 틀림없는 '성작의 모습'이었다. 이건 어디까지나 내 눈에 그리 보여진 현시이고 내 느낌이 그러했으므로, 이 또한 하느님께서 이번 순례의 귀중했던 시간들을 마치 거룩한 성작처럼 중요시 여기라고 다녀온 곳곳의 모습을 내게 그렇게 보여주시지 않았을까?

이렇게 생각하고 나니 더욱 내 마음이 확연해졌다. 나는 이제 내게 보여 지는 대로 믿기로 했고 내게 보여지는 대로 받아드리기로 했다. 남의 눈에서야 어떻게 보이건 느껴지던 상관할 바 아니다. 어찌되었건 나는 내게 보여지는 자체 그대로 받아들일 것이다.

우리 가톨릭에서 모든 전례용구 중에서 성작은 성찬 전례 때 포도주를 봉헌하고 성혈로 축성된 후 받아 모시기 위해 사용되는 가장 존귀한 '축성된 잔'이지 않는가?

정말 하느님의 피와 살이 담길 가장 중요한 성작은 성서에서도 유일하게 언급이 되었지만 예수님은 "당신들도 내가 마시는 이 잔을 마실 것" (마르코, 1:39)이라고 하셨고 최후의 만찬에서도 예수님께서 제자들에게 "내 계약의 피를 마셔라."하며 피 같은 포도주를 담은 잔이 나온다. 그것이 바로 매일 미사성제 안에서 거룩히 다루어지는 예수님의 성스러운 몸과 피를 담는 잔 바로 내 눈앞에 매일 그려졌던 그 거룩한 '성작'인 것이다. 게쎄마니에서도 예수님은 "이 잔을 저에게서 거두어 주소서."라고 기도하시는 성찬전례에서 축성된 성체와 성혈을 담는 아주 성스러운 제례용구 성작!

이번 순례여정은 그래서 더욱 소중한 것이다. 이렇게 귀중하고 거룩한 성작의 과정인 만큼 이번에 다녀온 '로욜라의 성이냐시오와 함께 하는 순례여정'을 나는 이렇게 명명하고 싶다. 그 순례여정 모두를 성스러운 '성작을 닮아가는 거룩한 시간'이라고 말이다.

정말 나에게 그 시간들은 거룩한 성작을 닮아가는 성스럽고 귀중한 영성의 시간이었음에 틀림없었다.

성이냐시오의 숨결을 찾아 떠난 순례여정은 수업 시간에 이론만으로 이해가 잘 가지 않던 모든 행적들이 성소의 그 현장에 가서 보고 듣고 느끼고 오니 저절로 감동 몇 배로 되돌아 왔다. 성이냐시오가 태어나고 자라고 장성한 고향 로욜라성, 전투에서 다리를 다쳤던 팜플로나, 다친 다리를 치료를 하는 과정 중에서 회심의 순간들을 엿볼 수 있는 이냐시오의 회심의 소성당, 눈, 비도 피할 수 없을 만큼의 황량한 만레사의 노천 '동굴성당'에서 특별한 미사를 봉헌하는 그 순간만은 나도 모르게 떨렸고 저절로 눈물이 흘러나오고 말았다.

어디 그 뿐이랴. 톱니처럼 뾰족뾰족하고 거대한 돌들이 하늘높이 솟아있어 마치 영험한 기운마저 감도는 몬세라트의 수도원성당에서 이냐시오의 장검을 발견했을 때도 반가우면서도 이냐시오의 굳은 각오에 섬뜩함까지 느껴졌다. 얼마나 이냐시오의 회심이 굳었는지를 새삼 느끼게 해 주었다.

이제 이냐시오는 더 이상 궁정의 화려한 기사가 아닌 하느님의 기사가 되겠다고 다짐하며 바쳤을 그 장검을 몬세라트성모님께 바쳤다는 것만 보아도 이냐시오의 뜨거운 영성과 하느님 사랑을 느낄 수가 있었다.

이렇게 하룻밤을 몬세라트의 수도원에서 이냐시오와 함께 지내고 가는데 그 신비와 깊이를 알 수 없는 몬세라트의 영험한 구름파도와 해돋

이 광경은 평생 잊을 수가 없을 것 같다. 또 그날 밤 베네딕도수도원성당에서 울려 퍼지던 어린 소년합창단의 노래 소리는 바로 '천상에서 부르는 천사들의 노래'라는 생각이 들 정도였다.

그리고 이냐시오가 늦은 나이에 만학도로서 어린 동생들과 같은 학생들과 끼어 공부하던 살라망카에서는 이냐시오의 사도적 열정이 더 뜨겁게 느껴져 또 한번 눈시울이 붉어지기도 했다.

마치 필자가 교육계에 근무 할 때 배움의 의지가 남달라 만학도 생활을 해가면서 치열하게 박사 학위 취득에 까지 도전했던 시간들이 떠올라 어쩌면 동병상련의 마음으로 연민의 정까지 느껴졌다.

어디 이뿐이랴. 공부를 하는 틈틈이 맘에 맞는 동지들을 모아 영신 수련을 시켜가며 예수회를 조직하던 그 열성 그리고 예수님과 똑같은 고행과 수난을 겪고자 예루살렘으로 가고자 했던 계획이 여러 번의 시도에도 불구하고 자꾸만 방향이 어긋났다.

그토록 예루살렘으로 가서 예수님과 똑같은 고난의 삶을 살고 싶어 했건만 그때마다 그에게 다른 길이 주어졌던 것이다. 결국 이냐시오는 로마로 돌아와 교황님께 예수회를 승인받기에 이르렀고 그는 다시 예수회의 초대 총장이 되어 예수회를 확장 시키고 세계 속으로 예수회 회원들을 파견시키며 하느님의 말씀을 교육하고 전파하는 일에 일생을 고스란히 불태웠던 것이다. 정말 로마에서 마지막 숨결을 불살랐던 초라한 이냐시오의 작은 방에서는 명치끝이 아려오기도 했다. 그렇게 가난을 살며 가장 큰 예수님의 과업을 달성시키려는 교육서 '영신 수련'을 완성시킨 이냐시오의 노고가 곳곳에 어려 있는 그 마지막 방을 보면서 가슴과 눈시울이 또 뜨거워졌다.

그곳에서 이냐시오는 마지막 숨결이 다 쇠진되는 그 순간까지 7천여 통이나 되는 편지글을 보내고 그 많은 양의 영신 수련 책자를 보완하며 완성하고 예수회 제자들을 양성하는 등 하느님 사랑에 온 몸을 불태운 이냐시오 !

로마의 작은 경당 '라 스토르타'에서 뜨겁게 다진 '예수회' 이냐시오는 그리스도를 통하여 삼위일체이신 하느님의 동반자가 되기 위해 줄기차게 노력하였다는 사실이 뼛속깊이 느껴졌다.

그리고 내적으로 체험한 환시로 예수회의 동료가 될 것을 다짐하고 또 다짐하던 그 열정의 이냐시오 ! 순례 기간 내내 뜨거운 이냐시오의 맥박이 내 가슴에서 뛰고 또 뛰었다. 내 가슴에서 내가 혼자 사는 게 아니라 이제 그와 함께 숨을 내쉬고 있었던 것이다.

첫발을 로마에 딛고 바르셀로나를 거쳐 만레사, 몬세라트, 사라고사, 예사, 팜플로나 로욜라를 거쳐 부르고스, 산티아고 데 콤포스텔라를 돌아보고 다시 포르투갈로 넘어가 파티마 성모발현지를 돌아보고 파티마에서 다시 살라망카를 거쳐 아빌라로 그리고 아빌라에서 다시 톨레도로 톨레도에서는 다시 현 수도 마드리드를 거쳐 다시 로마로 돌아오게 되었다. 그래서 다시 돌아온 로마에서는 4일 동안이나 성인들의 도시 아씨시를 거쳐 이냐시오가 예수회를 결성하기 위해 그의 동지들과 로마의 주요 성당 7군데를 돌아 나오며 기어이 교황의 예수회 설립 인가를 받기 위해 열정적으로 뛴 의욕적인 이냐시오 !

마지막 생이 끝나는 그 순간까지 열정을 모두 예수회에 불태운 성인중의 성인 이냐시오를 이번 순례 기간 동안 오롯이 흠모할 수밖에 없었다.

정말 누가 뭐래도 이번 순례여정은 이냐시오 영성을 통하여 우리 하느님께 오롯이 당신 몸과 피를 다 바친 거룩한 '십자가 위에서 핀 부활의 꽃'처럼 아름다웠다고 감히 회고 해 볼 수 있다. 끝으로 우리 순례여정에 한치 오차도 없이 함께 뛰어다니며 온갖 배려를 다 기울여주신 스텔라여행사 최성익 사장님과 현지를 함께 뛰며 우리 영성 공부에 보탬이 되도록 일일이 안내를 해 주신 가이드 두분 형제님께도 심심한 감사를 드리고 싶다.

고통, 그리스도와 하나 되는 특별한 은총

로욜라의 성이냐시오와 함께하는 순례여정을 잘 끝마치고 돌아온 지 어느새 4개월이 넘어섰다.

이 많은 시간의 강을 지금 우리는 세계적 대유행이 되고 있는 코로나19감염병과 아직도 함께 하고 있다.

우리는 지금 여러 대륙으로 확산되어가는 코로나19 사태로 일찍이 어느 누구도 예측하지 못했던 혼란과 고통을 겪고 있다. 많은 지구상의 인류들이 이번 사태의 원인과 경로를 새로운 바이러스의 우연한 출현이 아니라는 것을 우리가 먼저 인식해야 할 것 같다.

우리 인간이 그동안 무절제한 욕망으로 아무런 제어 없이 개발에만 질주 해온 개발 위주의 무분별한 성장 정책이 빚어낸 부산물임을 공감해야 할 것이다. 우리가 야생동물의 생존권을 존중하지 않은 무분별한 개발로 삼림 파괴는 물론 동식물의 멸종이 인간 세계와 먼 거리에 있었던 바이러스들을 숲 밖으로 불러낸 것이라 할 수 있다.

정말 인간 세계의 고속화된 교통과 유통망들이 이들을 순식간에 전 세계로 확산 시켰다고 볼 수밖에 없다. 정말 코로나19 사태는 많은 이들을 고통과 죽음으로 몰아넣었으며 각국의 국경폐쇄와 물류 차단 등으로 발생하는 경제 위기는 전 세계가 감당하기 어려운 불황까지 예감하게 하고 있다.

그래서 우리가 해 왔던 종전의 개발과 성장 일변도의 경제 정책을 또 다시 이 후에도 꾸준히 이어간다면 우리는 많은 과학자가 예측하고 경고하고 있는 더 큰 재난 상황을 또 초래하게 될 것이 너무도 뻔하다.

그래서 급기야는 이 위기가 기후 변화까지 심각한 재난의 표징을 보여주고 있지 않은가?

그동안 우리 인류는 이 세상의 주인 행세를 하면서 무책임하게 모든 피조물을 남용하고 혹사시키고 심지어 약탈까지도 일삼았다. 그 결과 우리 '공동의 집'인 지구 생태계가 파괴되어 심각한 오염과 질병과 기후 위기를 불러들여 우리가 그 위기에 이미 봉착하여 우리는 지금 울부짖고 있는 것이다. 지구는 우리가 만들어 낸 소유물이 결코 아닌데도 무분별하게 남용을 해오고 있다.

이번 코로나19 사태를 지켜보며 우리는 똑똑히 직시 하여야 할 것 같다. 이제라도 우리가 다른 피조물들과 더불어 행복한 생활을 해 나가려면 이제 그들을 우리가 지키고 보호할 소임을 받은 관리인으로 살아가야 할 것 같다. 그래서 우리가 지구 생태계 안에서 함께 공존하는 가족 구성원으로서 생활양식을 과감하게 바꾸며 살아가야 할 것 같다.

이제 더 이상 무절제한 개발과 생산, 소비 그리고 버리는 생활양식을 과감하게 지구 환경을 살리는 쪽으로 개선해 나가야 할 것 같다. 그러나 코로나19 유행 정국에서도 그나마 기적 같은 사실은 우리 순례단 일행이 스페인, 포르투갈, 이탈리아를 순례하는 동안 어느 누구도 코로나에 감염되어 마스크 하나 쓰는 사람이 없었다. 그런데 우리가 인천공항에 도착 된 이후부터 걷잡을 수 없이 가속화 되어 가는 걸 눈앞에서 똑똑히 목격하게 되었다.

우리는 의무적 격리상태는 아니지만 사태가 너무 심각해졌기 때문에 자연스레 집에서 자가격리를 해 가며 대인관계를 피해가고 각자의 집안에서 연금된 사람들처럼 지금까지 외부와의 인연을 거의 끊고 지내고 있다. 우리 순례단 일행들은 그날 이후 모두 잘 도착하여 개인별로 잘 지내고 있다. 그래서 순례를 다녀온 이후 서로 한 번도 만나지를 못하여 소식들이 모두 궁금해 있다.

정말 생활 속에서 불편함과 어려움이 이만저만이 아니다. 직장인은 직장인대로 학생들은 학생대로 모두가 제 갈 길을 못 찾아 사회적 혼란과 불만이 가중되고 있다. 그렇지만 정부의 방역체계가 꾸준히 잘 유지해 가고 있고 우리나라 의료진들의 물샐틈없는 검사와 치료가 과학적으로 잘 이루어지고 있어 세계적 칭송을 받고 있다는 건 다행이라 할 수 있다. 그래도 이 재앙으로 인해 유명을 달리하신 분들과 가족 분들에게는 심심한 위로를 보내며 앞서 가신 영혼들에게는 평화와 안식을 비는 마음 가득하다.

그래서 지난 3월 말쯤엔 특단의 조치로 바티칸에서 프란치스코 교황님의 '특별기도' 시간까지 마련되었다.

비가 주룩주룩 내리는 스산하기 짝이 없는 저녁나절 텅 비어 적막한 그 베드로광장에서 교황님의 애처로운 특별기도 장면이 아직도 머릿속에서 떠나지를 않는다.

교황님의 그 침통하고 거룩한 기도와 성체강복으로 지구촌의 많은 신자들이 코로나 상황에서 큰 위로를 받았을 것이라 생각된다. 다행히 우리나라는 5월에 들어서면서 진정국면에 들어서서 확진자가 많이 줄었었는데 거듭된 연휴를 보내고 난 뒤, 또다시 유흥시설에서의 확진자가 다시 불붙는 사태가 일어나고 있다. 확진자가 안정국면으로 접어드는 시점에서 아직 정신 못 차리는 젊은이들이 유흥업소에서의 밀집 접촉으로 또다시 코로나를 부추겼던 것이다. 코로나는 아직 안심할 단계가 못되어 학생들이 아직 복교도 서두르지 못하고 있는 엄중한 이 시기에 일부 경각심 무너진 젊은 세대들이 앞장서서 정신을 차렸으면 좋겠다. 정말 지금부터가 더 중요한 시간이 요구되고 있다. 아직 방심만 하면 이곳저곳에서 또다시 확진자가 고개를 쳐들고 다시나온다.

지금 이런 감염병의 경고로 인하여 우리는 큰 교훈을 얻어야 한다.

다시는 코로나 이전처럼 행동하고 모든 일에 경각심이 풀어진다면 언제든지 코로나 위협에 또다시 봉착된다는 사실을 망각해서는 안 될 것 같다.

우리 인류의 무분별한 생태계 파괴가 가져오는 일종의 경고로 받아들여야 한다.

난개발로 인한 무분별한 생태계 파괴를 일삼았던 우리들이 이제 공동의 집, 지구의 눈물을 닦아줘야 할 시기가 돌아왔다. 우리 인간은 이제 모두가 지구 공동의 집을 지킬 관리자가 되어야 한다.

그래서 어서 하루빨리 우리들의 일상생활이 자유롭게 정상으로 재개되기만을 바랄뿐이다.

그래서 학교 가는 자녀들이 하루빨리 학교로 복귀가 되고 예전의 자연스런 일상생활로 어서 환원되었으면 좋겠다.

주님께서는 우리에게 주시는 이 고통을 또 다른 은총으로 바꾸어 주실 수도 있다. 누구든 고통을 겪고 있는 그 순간은 몹시 힘들고 어렵지만 그 고통 뒤에는 찬란한 보람과 은총도 뒤따른다는 것을 잊지 말아야 할 것이다.

필자도 유럽 순례여정을 끝마치고 곧바로 외출을 못하게 되어 많은 불편과 고통이 뒤따랐었다. 그렇지만 하느님께서는 그 고통의 시간들을 통해 그간 가족과 함께하지 못했던 오붓한 시간도 주셨고 내게 글을 쓸 수 있는 편안한 시간도 허락해 주셨다. 일부러 그렇게 시간을 내려면 많은 제약이 따를 수도 있었을 것이다. 그렇지만 어차피 외출은 할 수 없고, 누구든 만나는 일을 줄여야만 하는 사회적 거리두기 때문에 집에서 자연스레 글을 쓸 수 있는 시간은 나에게 금쪽과도 같은 시간이었다.

주님께서 그 귀중한 시간을 내게 특별하게 허락해 주신 것 같다. 어쩌면 이것이 하느님께서 내게 주신 특별한 은총이 아닌 가 싶기도 하다.

고통은 어느 누구에게나 다 고통스럽지만은 않다. 이 어두운 고통의 시간을 나름대로 잘 감내하면 반드시 발전의 시간 영광의 시간도 기다릴 것이라고 나는 생각한다. 다 같이 지금의 격리기간을 홀로 고요히 머물며 자신들의 특별한 영적성장의 시간으로 가꾸어 가면 더 의미 있을 것 같다.

정말 이번에 무사히 이냐시오 순례여정을 끝마치고 아무 탈 없이 잘 도착 할 수 있도록 은총을 내려주시는 주님께 다시 한 번 감사와 찬미를 드리고 싶다. 그리고 코로나19라는 어두운 터널을 통과하는 동안 편안한 가정미사 시간, 개인기도 시간 등을 오롯이 자율로 할 수 있어 참 좋았다. 그래서 저마다 우리 주 그리스도와 더 자연스런 만남의 시간을 길게 더 자주 가지며 하느님의 오묘한 섭리를 묵상하는 좋은 시간으로 가꾸어 갔으면 좋겠다.

성경읽기 시간, 성서쓰기 시간, 집에서 가족과 함께 미사하는 시간, 스스로 주님과 함께 기도하고 성찰하는 시간이 많아지니 마음이 더 편안하고 행복하다.

더 감사한 것은 이번 이냐시오와 함께하는 순례여정을 담담하게 회고하며 이 거룩한 여정을 여행수필로 정리해보고 있는 시간이다. 이처럼 혼란한 시기에도 불구하고 필자에게 이런 글을 쓸 수 있도록 건강을 허락해 주신 그리스도의 특별한 은총에 정말 감사하다. 끝으로 로욜라 이냐시오와 함께하는 순례여정에 끝까지 동행 하시며, 우리들에게 영적지도를 해주신 김연수 스태파노신부님, 또 모든 순례여정 계획서부터 실행에 이르기까지 한치 오차도 없이 멋지게 순례를 마칠 수 있도록 심혼을 다해주신 박경희 도나타수녀님과, 장 마리아수녀님께 심심한 감사를 올리고 싶다.

그리고 이 순례여정을 끝까지 잘 마칠수 있도록 필자를 든든히 지원해 주고, 집에서 나의 일까지 병행 해 준 남편 이준희 베네딕도와 사랑하는 우리 가족들에게 특히 고마운 마음을 전하고 싶다. 그리고 순례 기간 내내 필자의 건강과 순례여정에 관심을 쏟고 있을 영성대 학우들과 대전카톨릭문학회원들, 여성문학회원들, 글마중문학회원들과, 모든 글벗

동인들에게 감사의 마음을 전하고 싶다. 끝으로 순례여정을 함께 했던 우리 영성대9기 급우들과 이 여정에 함께 동참했던 형제, 자매님들께 무한 감사를 드리고 싶다. 특히 이냐시오 순례여정에 불편이 없도록 세세한 부분까지 일일이 신경을 써주신 스텔라여행사 최성익 사장님께도 깊은 감사의 인사를 드리고 싶다. 그리고 우리와 날마다 이 여정의 길에 동반하여 이냐시오성인의 숨결을 더 자상히 느끼게 해주시려고 어려운 걸림돌을 치워주시며 손수 도움을 자처하신 정성스런 하루하루가 너무도 감사하다. 그리고 자상하고 해박한 지식으로 이냐시오 영성을 우리에게 더 가깝게 다가오도록 세심한 안내를 해 주신 가이드 두분 형제님께도 깊은 감사의 인사를 올리고 싶다.

이 귀한 순례여정이 절대 일회성으로 끝나지 않고 주님 안에 더 끈끈한 형제, 자매들로 이 뜻깊은 이냐시오 여정의 인연을 오래오래 이어갔으면 하는 바램이다.

그리고 가장 중요한 점은 로욜라 이냐시오성인의 거룩한 영성의 발자취와 고귀한 그 숨결에 심심한 경의를 표하고 싶다. 그리고 하느님 사랑과 그의 열정적 삶에 거듭 감동과 감사를 올리며 이냐시오성인의 고귀한 행적과 깊은 영성을 존경하면서 조금이라도 그분을 닮아가며 본받는 예쁜 신앙인이 되어야겠다고 다짐해 본다.

마지막으로 이 순례여정에 예쁜 옷과 향기를 뿌려 세상에 멋지게 내놓아 주신 박문사 윤석현 사장님과 김민경 편집장님 그 외, 함께한 편집진 모두에게 감사의 마음을 전합니다.

다같이 '찬미 받으소서' 기도를 올리며 후기를 마치고자 한다.

찬미 받으소서

사랑하는 하느님
하늘과 땅과 그 안에 있는 만물의 창조주이신 주님
저희를 주님 모습으로 창조하시어
우리 공동의 집 모든 피조물의 관리자로 삼으시고
너그러우신 은혜로 해와 물과 땅의 축복을 베풀어주시어
만물이 자랄 수 있게 해 주셨나이다

저희 마음을 여시고 어루만져 주시어
저희가 주님 선물인 피조물을 돌보게 하소서
우리 공동의 집이 저희만의 집이 아니라
모든 미래 세대가 살아갈 집이고
저희에게 이 집을 지킬 책임이 있다는 사실을
저희가 깨달을 수 있도록 도와주소서
저희도 모든 사람이 필요한 식량과 자원을 누리며 살아가는 데에
이바지 하게 하소서

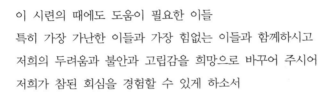

이 시련의 때에도 도움이 필요한 이들
특히 가장 가난한 이들과 가장 힘없는 이들과 함께하시고
저희의 두려움과 불안과 고립감을 희망으로 바꾸어 주시어
저희가 참된 회심을 경험할 수 있게 하소서

저희가 이 세계적 감염병 확산의 여파에 맞서
창조적 연대를 보여 줄 수 있게 도와주소서
저희에게 용기를 주시어 저희가 공동선을 추구하는 데에
필요한 변화들을 기꺼이 받아들일 수 있게 하소서
지금 그 어느 때보다도 저희가 모두 서로 연결되어 있음을 절감하여
지구의 부르짖음과 가난한 이들의 부르짖음을
드높이는 데에 노력하게 하소서

우리 주 그리스도를 통하여 비나이다. 아멘!

|참|고|한 | 책 |

「로욜라의 성이냐시오영신 수련」 정제천, 이냐시오 영성연구소,
    2010.

「로욜라의 이냐시오 」 슈태판 키홀레, 이규성 옮김, 분도출판사,
    2010.

「로욜라의성이냐시오자서전 」예수회 한국관구 옮김, 이냐시오 영성연
    구소, 2011.

「마리아의 비밀 」 산티아고 마르틴 지음, 최효선·최선희·최진호 옮김,
    가톨릭출판사, 2015.

「베네딕도이야기 」 정하돈 옮김, 분도출판사, 2007.

「프란치스코 교황 」 스칼파리 외 「무신론자에게 보내는 교황의 편지 」
    최수철·윤병언 옮김, 바다출판사, 2014.

「예수의 성데레사 완덕의 길 」 최민순 옮김, 바오로의 딸, 1967.

「베네딕도수도 규칙 」 이현우 옮김, 분도출판사, 1991.

「성 베네딕도수도 규칙 」 허성석 번역, 주해, 들숨날숨, 2011.

「공지영의 수도원 기행2 」 공지영, 분도출판사, 2014.

「로욜라의 성이냐시오와 함께하는 순례여정(3차) 」 예수 수도회 교육
    센터 영성대학, 2020.

「불멸의 힘을 지닌 여인 」 임몰라타 베터 지음, 박숙자 옮김, 1994.

「메리워드의 위대한 선물 」 크리스틴버그 지음, 린뮤어 그림, 장혜선
    옮김,2017.

「성 베네딕도 규칙 」 허성석 번역, 주해, 들숨날숨, 2011.

「시편가 아가 」 최민순 옮김, 가톨릭출판사, 개정신판, 2014.

「성경 」한국천주교 주교회의, 2005.

「삶과 거룩함 」 토마스 머튼, 남재희 옮김, 생활성서, 2003.

「고백록 」 A 아우구스티누스 지음, 최민순 옮김, 바오로딸, 2016.

         로욜라의 성이냐시오 연표

1491년. 스페인의 로욜라에서 태어나다.

1506년. 카스티야지방의 아레발로에서 후안 벨라스케스 데 쿠에야르의 시종으로 일하기 시작하다.

1521년. 5월 20일 팜플로나전투에서 부상을 입고 6월 24일 종부성사를 받다. 8-9월에 루돌프의 「그리스도의 생애」와 야코부스 데 보라지네의 「금빛 전설」을 읽고 회심하다.

1522년. 3월 21일 몬트 세라트에 도착하다. 3월 25일부터 1523년 2월까지 만레사에서 머물다. 8-9월에 카르도네르강 강가에서 조명을 받고 「영신 수련」을 쓰기 시작하다.

1523년. 3월 중순에 바르셀로나를 떠나 예루살렘과 야파 등으로 성지순례를 시작하다.

1524년. 1월 베네치아에 도착하고 2월에 바르셀로나에 이른다.

1525년. 1년 정도 바르셀로나에 머물면서 사도직과 라틴어 문법 공부를 시작하다.

1526년. 3월 말 바르셀로나를 떠나 알칼라에서 논리학, 문리학을 공부하다. 사도직을 수행하면서 의혹과 신문을 받아 투옥되다.

1527년. 6월 21일에 알칼라를 떠나 살라망카로 가다. 투옥되어 신학을 공부하기 전에 신학을 강의하는 것이 금지되다. 9월 중순에 파리로 출발하다.

1528년. 2월 2일 파리에 도착하여 몽테귀학원에서 라틴어를 시작하다.

1529년. 10월 1일 생트바르브학원에서 철학과정을 시작하다. 피에르파브르와 프란치스코하비에르를 만나다.

1533년. 3월 13일 철학 리체시아 학위 시험에 합격하고 도미니코 회원에게서 신학을 시작하다. 4월 13일 라이네스와 살메론을 만나다.

1534년. 8월 15일 7명의 동지와 함께 몽마르트르언덕에서 서원하다.

1535년. 3월 14일 문학 석사 학위를 받다.

1536년. 베네치아에서 병원을 방문하고 신학을 공부하고 영신 수련을 지도하면서 지내다.

1537년. 6월 24일 동료들과 함께 사제 서품을 받다. 로마로 향하던 11월 중순경에 라스토르타에서 현시를 받다.

1539년. 3월 중순에서 6월 24일까지 예수회 첫 동지들이 모여 사도직 활동을 벌일 새로운 수도회 창립을 숙의 하다. 9월3일 교황 바오로3세가 예수회 기본법 초안을 읽고 예수회를 구두로 잠정 인가하다.

1540년. 포르투갈과 인도를 향해 호드리게스는 3월 4일에, 하비에르는 3월 16일에 떠나다. 교황 바오로3세가 9월 27일에 칙서 「전투 교의회 통치」를 통해 예수회를 공식으로 인가하다.

1541년. 4월 8일에 총장으로 선출되어 4월 22일에 성바오로대성당에서 장엄 서원을 하다.

1542년. 예수 회원을 파견하여 코임브라와 파도바에서 대학을 시작하다.

1544년. 1월에 청빈을 중심으로 「회헌」을 작성하기 시작하다.

1545년. 11월 29일 나날을 예수회에 받아들였고, 교황의 요청으로 라이네스와 살메론을 트랜드 공의회에 파견하다.

1546년. 10월 9일 성 프란치스코 데 보르하를 예수회에 받아들였고, 예수회 최초 관구인 포르투갈 관구를 설정하다.

1547년. 폴랑코를 예수회 비서로 임명하다.

1548년. 예수회원을 메시나로 파견하여 대학을 설립하다. 7월 31일 영신 수련을 교황 바오로3세의 인가를 받아 출판하다.

1551년. 2월 22일 콜레조 로마노를 설립하고 다른 많은 대학을 설립할

구상을 하다.

1553년. 8월에 자서전 구술을 시작하다.

1556년. 7월 31일 타계하다.

1583년. 교황 그레고리오13세가 예수회 회원을 인가하다.

1609년. 7월 27일 교황 바오로5세에 의해 시복되다.

1622년. 3월 12일 프란치스코 하비에르와 함께 교황 그레고리오15세에
의해 시성되다.

청림 김숙자

chungrim7612@naver.com / 010-7612-4423

* 한남대학교 대학원 교육학 박사
* 천안성남, 천안청룡초등학교 교장 역임
* 황조근정훈장 수훈
* '월간문학' 동시 신인상 수상
* '월간아동문학' 동시 신인상 수상
* '대전일보 신춘문예' 동시 당선
* 한국아동문학회 이사 및 운영위원
* 대전여성문학회 회장 역임
* 대전아동문학회 부회장 역임
* 한국아동문학연구회 충남 지회장
* 대전글마중문학회 창립 고문
* 대전가톨릭문학회 전 회장
* 대전문학상, 박경종 아동문학상
* 한·중 옹달샘 아동문학상, 대일문학상
* 제37회 한국아동문학 작가상
* 제2회 금남문학상 수상
* 대전문화재단 문화지원금 수혜
* 동시집 '모시울에 부는 바람' 외 6권
* 시집 '비울수록 채워지는 향기' 외 5권
* 동화집 '예쁜이가 내다 본 세상'
* 수필집 '내 영혼을 불사른 달콤한 중남미문명'
* 수필집 '침묵의 그 길에서 나를 찾다'
* 자기 계발서 '시련은 아무에게나 꽃이 되지 않는다'
* 교육서 '현대 아동 시 창작 교육'
* 교육기관, 평생교육원에서 인문학, 시 창작 강의